黄杜经验

一个江南小村的发展与扶贫史

薛凡 ◎ 著

中国大百科全书出版社

图书在版编目（CIP）数据

黄杜经验：一个江南小村的发展与扶贫史 / 薛凡著
. -- 北京：中国大百科全书出版社，2024.6
ISBN 978-7-5202-1520-6

I. ①黄… II. ①薛… III. ①扶贫－研究－安吉县
IV. ① F127.555

中国国家版本馆 CIP 数据核字（2024）第 079010 号

黄杜经验：一个江南小村的发展与扶贫史

薛　凡　著

出 版 人	刘祚臣
策 划 人	曾　辉
责任编辑	林思达
特约编辑	鞠慧卿
责任校对	程　园
封面设计	末末美书
责任印制	李宝丰
出版发行	中国大百科全书出版社
地　　址	北京市西城区阜成门北大街 17 号
邮　　编	100037
网　　址	http://www.ecph.com.cn
电　　话	010-88390636
印　　刷	北京新生代彩印制版有限公司
开　　本	710 毫米 ×1000 毫米　1/16
字　　数	200 千字
印　　张	17.75
版　　次	2024 年 6 月第 1 版
印　　次	2024 年 6 月第 1 次印刷
书　　号	ISBN 978-7-5202-1520-6
定　　价	79.80 元

目录

导　语

　　2022 年 2 月，来自浙江的一位茶农在北京奥林匹克森林公园成为冬奥会第 12 棒火炬手，在冬奥会开幕式上，和全国各行各业的代表一起，将五星红旗手手相传。这位茶农就是安吉县溪龙乡黄杜村党总支书记盛阿伟。

　　20 年来，在盛阿伟书记的带领下，黄杜村党员群众一直在打造"一片叶子富了一方百姓"上做文章，最终走出了一条景美、人和、民富、村强的共同富裕之路。2018 年 4 月，黄杜村 20 名农民党员给习近平总书记写信，提出希望捐赠 1 500 万株茶苗帮助西部贫困地区群众脱贫。习近平总书记对此作出重要指示："增强饮水思源、不忘党恩的意识，弘扬为党分忧、先富帮后富的精神，对于打赢脱贫攻坚战很有意义。"在总书记的亲切关怀下，黄杜村把"白叶一号"茶苗捐赠到了四川青川，湖南古丈，贵州沿河、普安和雷山三省五县。截至 2022 年 5 月，已累计捐赠茶苗 2 240 万株，种植面积达 6 217 亩，成功带动受捐地 2 064 户 6 661 人脱贫，奔向共同富裕。2021 年 2 月，黄杜村被中共中央、国务院评为"全国脱贫攻坚先进集体"，盛阿伟受邀参加了建党 100 周年纪念活动，并被中共中央授予"全国优秀共产党员"称号。

共同富裕是社会主义的本质要求，是中国式现代化的重要特征，也是中国人民长久以来的共同期盼。伴随着共同富裕这一重大战略任务部署的渐次展开，黄杜人先富帮后富、东西部人民携手一起奔向共同富裕之举措，激励着全国人民团结奋斗、阔步新征程。探索黄杜共同富裕的精神财富，讲好黄杜共同富裕的实践故事，对于实施共同富裕的"中国方案"，形成一批可复制、可推广的成功经验具有重要意义。

一、弘扬奋斗精神：党的坚强领导下农村脱贫致富实践

奋斗是中华民族的精神特质，是共同富裕的不竭动力。党的坚强领导是农村脱贫致富的根本保证，是"饮水思源、不忘党恩"的意识源头。在黄杜村脱贫致富的道路上，党组织（见图 0.1）始终发挥统揽各方的领导核心作用，把定方向、谋大局、定政策、协调各方面资源投入、发挥党员干部模范带头作用、动员群众积极参与作为主要抓手贯彻其中。黄杜人一步一个脚印、扎扎实实地用勤劳的双手创造价值，用智慧和力量实践"幸福都是奋斗出来的"真理。

黄杜村位于浙西北山区，祖祖辈辈靠天吃饭，20 世纪 90 年代初人均耕地 1.1 亩，耕地少、山地多，收入低于全县平均水平，是远近闻名的"北大荒"。穷则思变，黄杜人没有"等靠要"，没有自暴自

图 0.1　黄杜村党群服务中心

弃，从种植板栗、杨梅到辣椒、菊花，再到外出打工，一步步脚踏实地地走出了贫困。村党组织带领村民兴修水利、改善交通、办砖瓦厂，凝心聚力脱贫致富。1996 年，通过调研走访，溪龙乡党委、政府发现黄杜村适合种植刚刚研制成功的安吉白茶，于是下决心推广种植。因为缺乏资金和技术，群众在思想上很有顾虑。面对困难，乡、村两级党组织通过"干部带头、以点示范、政策扶持、科技指导"的策略，由乡党委筹集启动资金，村干部带头种植，在村里建设白茶基地，为村民发放种植补贴 150 元 / 亩、栽培技术培训补贴 5 元 / 次，经过努力，村民终于愿意尝试种植白茶。种植伊始，黄杜人克服了病虫害频发、水电资源短缺、采茶困难、交通不便等种种困难，一步步艰难走上正轨。随着白茶产业迅速发展，黄杜村一举脱贫致富，成为富裕村。

2003年4月，时任浙江省委书记的习近平前来考察，盛赞黄杜村"一片叶子富了一方百姓"。受到鼓励后，黄杜村在白茶品质上下大功夫，延长产业链，提升附加值。村里建设白茶产业街，大力发展民宿旅游。截至2021年，黄杜村旅游接待人次达30.5万。黄杜村户户种植白茶，家家经营茶场，全村茶园面积近5万亩，产值超4亿元，村集体经济总收入249.5万元，人均年收入6.4万元。村里公路全线贯通且完成道路硬化，供电设备和供电方案全部优化，以满足炒制茶叶的特殊需求。通过大力营建生态绿地和景观大道，村庄变得"三季鲜花飘香，四季树木常绿"，环境优美、村容整洁。同时，黄杜村还建设了文化礼堂、党员活动室、茶文化中心、妇女活动中心等文化教育基地。全村到处都是旅游景点，人人都是美好风景。（见图0.2）

图 0.2　黄杜村一角

二、坚持科学精神：“绿水青山就是金山银山”理念指引下的绿色发展实践

　　“绿水青山就是金山银山”（以下简称“两山”）理念是习近平总书记对人与自然和谐关系的哲学解读，是对经济发展与生态保护两者之间辩证统一关系的科学表达。黄杜村深入实践“两山”理念，不仅守住了家乡的绿水青山，而且源源不断地得到了金山银山。在绿色发展过程中，黄杜人始终遵循自然生长规律、产业发展规律和市场规律，科学谋划，精准施策，将生态环境优势转化为经济优势，促进绿水青山与金山银山的良性循环，实现百姓富、生态美、经济强的和谐统一。

　　黄杜村作为“中国白茶第一村”，最大底气是绿水青山，最大亮点是美丽乡村，最大动能是科学创新。安吉自古就是茶乡，“茶圣”陆羽《茶经》有言，好茶“生安吉、武康二县山谷”。但因品种不佳、质量不高，安吉茶叶销路不好，在市场上不受欢迎。1981年，安吉县林科所茶叶研究室主任刘益民和黄杜村民盛振乾建立课题组，专门研究湖州地区的茶树品种。经过多年良种选育、繁殖培养等种植过程，又通过对茶叶的生产、产量、品质等层层把控，终于研制成功了安吉白茶。其香气浓郁，味道鲜爽，经检验氨基酸含量在6%以上，远高于市面上一般茶品的2%—4%。刘益民和盛振乾被尊称为“安吉白茶之父”，村里最高处还矗立着他们的铜像（见图0.3）。刚开始种植白茶时，黄杜人就主动联系中国农业科学院茶叶研究所（以下简称中茶

图 0.3　黄杜村"白茶之父"铜像

所)和浙江大学农学院,向其寻求帮助。中茶所是国家一流茶叶研究
机构,在黄杜村专门成立博士工作站,常驻村里研究指导,还量身定
制茶园病虫害无人机防治技术和减少化学农药使用系统方案。黄杜人
在遇到困难和问题时,可直接拨打专家电话咨询。2013 年 8 月,黄杜
村万亩茶园因持续高温出现热汗害,中茶所及时编印《高温汗害茶园
减灾与恢复技术措施》等材料送到茶农手中,帮助其渡过难关。在专
家建议下,黄杜村从日本引进茶园防霜风扇系统防治霜冻,在茶园套
种香榧等经济作物防治水土流失,并建立科学商标体系和营销体系。
当地发明了"母子商标"模式,即在安吉白茶母商标下,引导各企业
和农户注册自己的白茶子商标,上下同心做大做强安吉白茶品牌,最
终使安吉白茶成为享誉海内外的安吉标志。2021 年,安吉白茶总种植
面积 20.06 万亩,总产量 1 950 吨,总产值 27.59 亿元,安吉白茶品牌
价值已经达到了 41.64 亿元。

三、厚植家国情怀：为党分忧使命担当下的先富帮后富实践

天下兴亡，匹夫有责；党之兴亡，党员有责。为党分忧，是党员心中有党、牢记意识宗旨的分量所在、价值所在。一直以来，黄杜人爱党、忧党、为党、护党、兴党，弘扬爱国主义、集体主义、社会主义旗帜，提倡爱家、爱国相统一，与党同心同德、同频共振、同向奋斗，用"一片感恩叶，携手奔小康"的深情，先富帮后富，描绘出"南方有嘉木，苍山情深深"的感人画卷，彰显出以人民为中心的深厚家国情怀、为党尽责的强烈使命担当和共同富裕的殷切期望。

富裕起来的黄杜村，从未忘记中国特色社会主义共同富裕的目标。2018 年的村民大会上，村党总支提出向贫困地区捐赠白茶苗的帮扶方案得到积极响应。但捐赠到哪里、如何对接受捐地区，村里党员试着向总书记写信汇报。没想到收到了总书记的批示，总书记的批示和关怀让黄杜人振奋不已。作为国务院扶贫办考察组重要成员，黄杜人深入贵州、湖南、四川等省份，仔细分析当地的海拔、土壤、湿度、气候等情况，于 2018 年 7 月确定捐苗地点。村里制定好苗标准，党员干部带头认捐，1 500 万株上等茶苗培育任务很快落实；同时邀请受捐地技术代表赴黄杜村接受为期两个月的系统技术培训。茶苗移交后，村党总支每个月都会带着村里种植白茶十几年以上的"土专家"往返受捐地，他们克服思乡之情、水土不服等各种困难，实地查看白茶的种

植情况，现场指导当地村民提高种植技巧和管护经验，累计400余人次，奔波近20万千米。2020年3月，捐赠的茶苗第一次迎来大丰收，采摘6 000余斤；2021年采摘2万余斤。制成的茶被命名为"携茶"，携茶成为"中国扶贫第一茶"，受到消费者的欢迎。黄杜人带去的不仅仅是茶苗，还有思维的变革、理念的更新、产业模式的升级。当地通过茶叶深加工、土地流转租金、发展茶园观光经济等形式，快速奔向共同富裕。

四、坚定文化自信：中华优秀传统文化传承下的德善仁爱实践

中华优秀传统文化是中华民族的精神命脉，是中华民族发展进步的灵魂和根本，是坚定文化自信的重要来源。农村是中华优秀传统文化的重要继承者和实践者。黄杜村因茶而兴，大力保护和弘扬优秀传统历史文化、民俗文化、家族文化、艺术文化、茶文化等，为培养村民人文情怀、丰富精神生活发挥了巨大作用。社会主义的黄杜村，正努力实践着马克思主义与中华优秀传统文化的结合。黄杜人经常把"厚发德善之光，凝聚仁爱魅力"挂在嘴边，德善仁爱精神已经深入黄杜人的价值实践和生活习惯。（见图0.4）

盛振乾为安吉白茶种植第一人，当时溪龙乡党委、政府找到他并希望他为推广白茶提供帮助时，盛振乾没有丝毫犹豫，低价为乡亲们供应第一批茶苗。宋昌美从外村嫁到黄杜时生活极其贫困，年夜饭餐桌上摆的是木头做的"木鱼"。早年她外出闯荡，历经种种艰辛，后

图 0.4　黄杜村文化礼堂

回乡种植白茶，成为全村第一个从茶园里种出宝马车的能人。为更好地带动周边妇女致富，她于 2001 年成立溪龙乡女子茶叶合作社，联合村里近 50 位种茶能手，带领 200 多户农村妇女一起创业。通过传帮带和解决茶苗、资金、销售渠道等实际问题，全乡 90% 的妇女做起白茶相关工作。如今，合作社社员种植白茶面积从几十亩到几百亩不等，总种植面积在 1 万亩以上，年收入高的上百万元，少的也有十几万元。宋昌美还成立了仙子关爱儿童成长基金，关心少年儿童特别是女孩的成长，为溪龙乡三岁以下的儿童购买保险。宋昌美获得全国三八红旗手称号，还光荣当选党的十八大代表。黄杜村的安吉白茶实业服务中心长年为游客提供免费茶水，茶叶由村民自愿供应，由于村民供应太积极，村里只能竞拍，出茶多者得之。80 后贾伟大学毕业后选择回乡，从事白茶创业。2014 年 11 月，他牵头成立溪龙乡新青年创业联盟并担任理事长，带领一批青年创业者专注于创新研发，不断改良制茶工艺，改善白茶口感，创造出安吉养生茶、安吉红茶、安吉奶茶等10 余个新品种，得到市场的积极反馈。

"捐好扶贫茶苗，结出富裕果实"的黄杜故事，让中西部 5 000 多亩荒山变成了茶山，茶山变成了金山，一片片茶叶子成为富裕一方百姓的金叶子。知党恩、跟党走，为党分忧、先富帮后富、共同富裕的黄杜实践深刻阐释了共产党人的感恩与奉献，让党的声音更加响亮、形象更加鲜亮，汇聚起共同富裕的强大力量，为中国农民开启新生活、新奋斗添枝加叶。

第一章 "江南好，风景旧曾谙"：自然地理与村庄历史

　　村落文化是我国社会主义文化的重要组成部分，代表着中国传统乡村文化的传承和发展，极具文明价值和传承意义。地理环境和社会文化环境在乡村形成、发展和扩散中起到重要作用，经过较为长期的历史积淀，可能会形成一些具有自身特色特点与差异化特征、脱颖而出的村庄，"一些非常特殊的典型村庄是时代的特殊产物，有其自身发展的特定问题，因而不能复制。但是有些村庄的发展，实际上是中国整个城乡社会发展的缩影，可以反映社会发展的某些基本趋势"①。

　　村落作为一种聚落形态和社会单元，大约起源于原始社会中期的新石器时代。最早的村落是以血缘关系形成的氏族部落的聚居之地。伴随着农耕技术的进步和农业生产的发展，当时的人类开始从完全依赖大自然的采集、狩猎等无自主性生产生活方式过渡到耕种土地、饲养畜禽、照顾动植物等以人工生产为主的农业畜牧型经济生产活动，

---

① 林聚任、马光川：《改革开放四十年来的中国村庄的发展与变迁》，《社会发展研究》，2018年第2期，第45页。

人类逐渐告别居无定所的环境，开始固定居住下来，生产成果平均分配，从而出现了最早的村落。在人类聚居的村落里，由于饱含着相对的安全感和相对于以往基本生存需要的满足，人类开始了认识自然、利用自然和改造自然的发展历史。原始村落的产生代表着原始公有制社会生产力的巨大进步，人类社会出现了第一次社会大分工，农业和畜牧业分割开来。定居生活的形成，又进一步促进了农业的发展。私有制的产生促进了社会分化和阶级的出现，村落也必然出现分化，并在不断的进化中产生了城市。

以城市为中心的地缘一体化及其所带动的村落的群团化发展，最终产生了国家，村落也具有了国家和阶级的属性。接下来在漫长的历史时期，"不同尺度分异形成的多样性地域自然环境特征，决定了乡村聚落选址、饮食、文化习俗等要素发展的分化，进而形成不同形态的乡村，乡村社会的衣食住行、经济生产和消费生活都受到自然资源和环境条件的制约"①。

中国村落是中国历史上家国一体构建的重要载体与历史起点，是中华民族及其文化的根与魂。它与中华民族的历史文化唇齿相依，是中华民族文明发展史的"实证"，更是中华文明渊源的"活证"。②得益于温和的气候、适中的雨量，以及肥沃的土壤，优越的自然条件使得中国成为世界最古老的农业国之一。大量的考古遗址中粟、黍等植物遗存的发现，证明了早在远古时期中华先民就已经开始种植作物。

---

① 宁志中：《中国乡村地理》，中国建筑工业出版社，2019年，第46页。
② 胡彬彬、邓昶：《中国村落的起源与早期发展》，《求索》，2019年第1期，第53页。

"早期中国以国家形式出现后，村落作为一个实际存在的生产生活单位，以其聚族群体性和血缘延续性的特质，紧密地与国家联系在了一起，在维系和巩固国家的稳定、繁荣与发展方面发挥着极其重要的历史作用。"①秦汉时期冶铁技术的发展使得铸铁农具应用于农业生产并推广开来，农业生产力水平大幅度提高，人口数量的增加促进了村落形态的规模化效应。两晋南北朝时期，永嘉之乱后衣冠南渡的大量中原地区移民带来的先进农耕技术，长江、淮河流域温暖的气候、充沛的降雨量，以及水稻等农作物的持续高产，促进了江南地区人口大量增加，中国经济中心逐渐向南方转移，南方村落也由此快速发展起来。唐宋是中国村落发展的关键时期，精耕细作的中国传统农业进一步提高土地利用率和单位产量，社会稳定下的中国村庄读书风气渐浓。我国历史上最早的成文乡约——《吕氏乡约》的产生，标志着传统乡村治理取得巨大突破，在村落文化史上具有里程碑的意义。元明清时期，耕地面积的扩大和玉米、土豆等作物的传入满足了人口进一步快速繁衍的需要，安土重迁的村落文化进一步根深蒂固。今天各个村庄的建筑、民俗、乡约、教育、信仰等都形成并传承于这一时期。

中华人民共和国的成立实现了中华民族最伟大、最彻底的历史变革，"新中国成立初期，中国共产党及其领导的新政权，通过集体合作的经济社区取代自给自足的自然经济空间、阶级关系纽带取代血缘关系纽带、国家政权的直接监管取代村落自治、中共意识形态取代儒家伦理等手段和环节，采用正确的路径和方法，对传统乡村村落空间进

---

① 胡彬彬、邓昶：《中国村落的起源与早期发展》，《求索》，2019年第1期，第56页。

行了有效的改造，终于将村落这一宗法社会的核心变成了现代社会的基础[①]"。70多年来，从社会主义集体经济的确立，到改革开放家庭联产承包责任制的兴起；从建设社会主义新农村的奋力探索，到脱贫攻坚全面建设小康社会的伟大胜利，再到实现乡村全面振兴的中国式现代化实践：中国农村实现了追求"富裕乡村"到打造"美丽乡村"的华丽转身。

村庄自然地理和历史的研究是具有学术合理性的，是历史文化研究的重要方面。一个村庄就是社会上所有乡村的一个缩影，一个村庄的发展史凝聚着中国村庄的文化图景。中国目前有将近70万个村庄，黄杜村只是其中之一。通过对其自然地理条件和村庄历史的梳理，希望可以"看到一个鲜活而生动的文化变迁画卷，并强烈地感受到作为乡村发展主体的农民在这一进程中发挥的实践智慧"[②]。笔者希冀通过对黄杜村历史文化传统的描述，寻找"白茶第一村"诞生过程中的家国情怀、传统文化自信和民族凝聚合力，探求"为党分忧""先富帮后富"背后所蕴含的普世价值，加快推进农业农村现代化，汇聚更强大的力量，为全面推进乡村振兴做出一定的贡献。

---

① 谢迪斌：《论新中国成立初期中共对乡村村落的改造与重建》，《中共党史研究》，2012年第8期，第41页。
② 侯长汐、虞炯霞、沈康：《新中国70年乡村道德文明变迁的村庄样本》，《中国改革报》，2019年12月2日，第7版。

第一节　地理视角下的文明推演

一、湖州地理文化特征

浙江地势北低南高，北部多平原、湖泊，南部多山地、丘陵。北部地区为长江三角洲平原区的一部分，雨量充沛，土地肥沃，沿钱塘江、杭州湾一线分为靠北的杭嘉湖平原和靠南的宁绍平原。杭嘉湖平原北起太湖，东达天目山，南到钱塘江和杭州湾，面积约7 620平方千米，为浙江省面积最大的冲积平原。杭嘉湖平原地势低平，平均海拔3 米左右，平原地面总体东南稍高、西北稍低，大小河流纵横成网状结构，密度居全国之冠。这里是著名的鱼米之乡。

湖州地处北亚热带季风气候区，四季分明，雨热同季，气候温和，空气湿润。最冷月平均气温0.4—5.5℃，最热月平均气温24.4—30.8℃，年平均气温12.2—17.3℃。年日照时数1 613—2 430 小时，年降水量761—1 780毫米，年降水日数116—156 天，年平均相对湿度在80%以上。冬半年盛行西北风，夏半年盛行东南风。春季气温回升，冷暖起伏大，天气多变。初春时有强冷空气影响，造成倒春寒和晚霜冻。四月到五月中旬，雨水明显增多，常有连阴雨天气。五月下旬到六月上旬，降水较少，天气相对晴好。少数年份春雨结束迟，梅雨来得早，春雨连梅雨，阴雨时间长，严重影响农业生产。夏季是全年降水最多的季节。六月中旬至七月上旬，闷热潮湿，多暴雨，俗称梅雨期。七月中旬至八月中旬，晴热少雨，多高温天气，是全年最热的时段。七、八月出现35℃以上高温日数占全年35℃以上高温日数的87%以上。该时段也是年极端最高气温出现时段。城、郊区年极端最高气温高于37℃出现的概率为59%。这一时期，除台风和局地雷阵雨外，降水较少，常有伏旱出现。秋季前期多雨，后期秋高气爽。九月是初秋多雨期，降水量多，降水强度大。资料表明，24小时最大降水量可达372.2毫米，最大过程降水量达505.6毫米。九月是全年降水量最多的一个月，降水以台风暴雨降水为主。台风暴雨极易造成洪涝。十月由于北方冷空气势力增强，活动频繁，气温下降，降水显著减少，多晴朗天气，白天温度高，夜间辐射降温快，气温日较差大。冷得早的年份，十月下旬至十一月初最低气温可降到4℃以下，出现初霜冻。冬季寒冷干燥，是一年中气温最低、降水量最少的季节。十一月下旬到十二月下旬，天气干冷，雨雪较少，多霜冻。在强冷空气影响下最低气温可降到–6—–5℃。一月到二月上旬是全年最冷的时段，极端气温一般可达–9—–7℃，少数年份在–10℃以下。二月中旬到三月下旬是全年日照最少的时段，多阴冷天气，升温缓慢，在强冷空气影响下，时有乍暖骤冷天气发生。[1] 综上所述，得天独厚的气候条件促进了该地区稻、麦、油、桑、鱼、茶、竹、果、木等的产量丰富和种植业、养殖业、手工业等产业的形成发展，非常适合人类生存。

长兴七里亭遗址和安吉上马坎遗址的发掘充分证明，100万年

---

[1] 《气候条件》，湖州市人民政府网站，http：//www.huzhou.gov.cn/col/col1229213503/index.html。笔者根据原文整理。

前，就有人类在这片土地上生产生活、繁衍生息。七里亭遗址位于湖州市长兴县泗安镇白莲村，于 2004 年被发现，2005—2006 年被发掘。遗址地层堆积共分 19 层，可分成三大堆积层，出土石核、石片、断块（片）、砍砸器、刮削器、尖状器、石球等 800 余件。时代为中更新世，最早的地层距今 100 万年以上。七里亭遗址保存良好，内涵丰富，区域文化鲜明，它把古人类在浙江省境内劳动、生息的历史提前到 100 万年前，也为旧石器时代文化溯源研究提供了重要的资料。[①] 2002—2005 年发掘的位于湖州市安吉县溪龙乡溪龙村的上马坎遗址，属于旧石器时代的大型旷野遗址，距今 80 万年，地处天目山东支山脉和由西南向东北流至太湖的西苕溪交界地带，东西长约 350 米，南北宽约 200 米，总面积 7 万余平方米。发掘出土的石制品包括石核、石片、刮削器、砍砸器、石球、石锥、手镐、雕刻器、尖状器等 500余件，极具南方旧石器时代特点，为研究人类起源与文化发展提供了重要的资料。[②]

　　邱城遗址和钱山漾遗址的发掘充分证明，早在 4 000—6 000 年前的新石器时代，湖州便进入了农耕文明。遗址出土的石犁农具、稻谷、蚕丝织物、绢片、动物遗骸等，说明湖州先民已开始种植和养殖，过着原始文明生活，我国江南地区是真正的丝绸和丝绸文化的起源地。邱城遗址位于湖州邱城山，分上中下三层遗址。下层遗址距今 6 700年左右，其中发现大量的印纹陶、石器、竹器和较多的牛、鹿、猪、

---

① 《七里亭遗址》，浙江省人民政府网站，https：//www.zj.gov.cn/art/2020/12/2/art_1229441734_82.html。笔者根据原文整理。

② 《上马坎遗址》，浙江省人民政府网站，https：//www.zj.gov.cn/art/2020/12/2/art_1229441734_76.html。笔者根据原文整理。

鱼类等动物遗骸。中层距今约有 5 000 年历史。上层即城墙部分，城墙用灰土夯成，含有大量的印纹陶、原始陶、红陶和少量的青铜镞、黑皮陶脆片、石器和玉器。城墙被东汉墓葬打破，城墙底部压着以黑陶为主要随葬品的墓葬，说明人们已在此长期定居，从事原始的农业、捕捞、狩猎、纺织、制陶和饲养家畜等生产活动，此处是湖州市区现知最早的人类聚集地。"[①] 钱山漾遗址位于湖州东南 7 千米处，在常路乡钱山漾东南岸，1934 年由当地考古前辈慎微之发现。文化堆积分上下两层：上层是以夹砂陶为主，并有少量几何印纹陶和原始瓷的青铜时代遗存；下层为早期良渚文化遗存，出土多种植物种子、丝麻织物、竹木器。1972 年，经中国科学院考古研究所实验室用碳素断代测定，其年代为距今 4 715 ± 100 年。石器工具有斧、长方形锛、长条形刀、斜柄刀、犁形器、耘田器、镞等；有一件石斧上有墨绘回纹。陶器有鱼鳍形足的鼎、长颈鬶、纺轮、网坠、豆、壶、簋等；竹编织有篓、篮、谷箩、簸箕、竹席、倒梢等；木器有翼长柄短、长 1.8 米左右的木桨、木杵，以及用独木剜成的千篰和木槽。下层中的新石器晚期的草编、丝麻织物，以及丝织品绢片、丝带和丝线，经测定为家蚕丝。残绢片长 2.4 厘米、宽 1 厘米，为平纹织物，经密每厘米 52 根，纬密每厘米 48 根，同现在生产的 11153 电力纺的经纬密度相近，这是我国至今发现年代最早的纺织品实物。苎麻织品有麻布片和麻绳，经鉴定，平纹麻布的细密程度与现在的细麻布相似。此外，出土的还有骨器、

[①] 《古迹遗址之邱城》，湖州南太湖新区管理委员会网站，2020 年 4 月 2 日，http：//taihu.huzhou.gov.cn/hzgov/front/s534/zjxq/lswh/fycy/20200402/i2658227.html。笔者根据原文整理。

玉器、稻谷、芝麻、甜瓜、蚕豆、花生、毛桃、菱等。[①]

湖州地处长三角中心区域，北滨太湖，西倚天目山，东与江苏接界，旧有"居吴之阳，负越之阴"之语。[②]湖州位于杭嘉湖平原北侧，地理位置、交通环境颇有优势，与长江三角洲地区的重要城市呈扇形辐射，是沪、杭、宁三大城市的共同腹地，距杭州75千米、上海130千米、南京220千米；同时又处在长三角洲地区的中心位置，是长三角南北两翼和东中部地区的节点城市，经济文化上东、南可连接上海、浙江诸市，西、北可沟通安徽、江苏两省。湖州拥有全国一流的铁路、公路网络和内河水运中转港，交通十分便捷。全市辖吴兴、南浔两区和德清、长兴、安吉三县，面积5 820平方千米。

二、湖州历史

湖州是一座具有2 300多年建城史的江南古城，也是全国唯一因太湖得名的文化古城。夏朝，防风氏在今德清县武康境内建国。商朝，此处属勾吴地区。西周时期，太伯开辟"三吴"地区，即苏州、湖州、吴江，湖州为"三吴"之一。东周时期，楚考烈王十五年（前248年），春申君黄歇徙封于此，在此筑城置菰城县，此为湖州建城之始。菰城县因泽多菰草而得名。秦王嬴政二十五年（前222年），在此置乌程县，乌程县因城中乌申、程林两家善酿酒而得名。汉高祖十二年

---

① 《钱山漾遗址》，湖州市人民政府网站，http://www.huzhou.gov.cn/art/2008/11/26/art_1229213512_54685880.html。笔者根据原文整理。
② 蔡一平：《试论湖州在我国历史文化中的作为与贡献》，《湖州师专学报》，1993年第4期，第55页。

（前 195 年），属吴王刘濞封国。三国吴宝鼎元年（266 年），吴主孙皓设置吴兴郡，取吴国兴盛之意。隋文帝开皇九年（589 年），废郡置州，废乌程、武康、长城（今长兴）等县，合置湖州。湖州以滨太湖而名，湖州之名从此始。唐玄宗天宝六载（747 年），改湖州为吴兴郡，改临溪县为德清县。元元贞元年（1295 年），浙江省下废州置路，设湖州路，湖州路领一州五县，即长兴州、乌程县、归安县、安吉县、德清县、武康县。至正二十六年（1366 年），复改为湖州府，领乌程、归安、德清、武康四县。明武宗正德二年（1507 年），升安吉县为安吉州，领孝丰一县，仍隶湖州府。清乾隆三十九年（1774 年），改安吉州为安吉县，与孝丰县一并隶属于湖州府。民国元年（1912 年），撤道废府，乌程县、归安县合并为吴兴县。1949 年 4 月 27 日，湖州解放。1950 年撤销湖州、嘉兴两市，1951 年恢复湖州市建制，1953 年开始先后设浙江第一专区、嘉兴专区和嘉兴地区，治所长期设在湖州。1979 年恢复湖州市建制，1981 年撤销吴兴县并入湖州市。1983 年 10 月撤销嘉兴地区，设置湖州、嘉兴两个省辖市，湖州市下辖德清、长兴、安吉三县。1988 年撤城区、郊区两区建制，1993 年设立城区、南浔、菱湖三区，2003 年撤销城区、南浔、菱湖三区，设立吴兴、南浔两区。

湖州是江南地区文明发展的重要发生地，其经济地位在历史上一直非常重要。春秋战国时期开始，此处就是江南地区经济重镇，由于其得天独厚的自然条件和水陆交通的便利，当地种植业、纺织业、冶铁业、盐业、制陶业都发展较早且较为发达，商业贸易繁荣发展。唐宋时期开始，伴随着经济中心南迁，其经济在江南地区乃至全国经济发展中扮演着重要的角色。明清时期经济发展达到了一个高峰，湖州成为全国经济最繁荣、最发达、最富裕的地区之一。造船业、手工业得到快速发展，刺绣工业冠绝全球，湖州成为著名的海外贸易中心。

经济发展是文化发展的基础，湖州成为中国蚕丝文化、茶文化、湖笔文化的发祥地之一。在市郊钱山漾遗址出土的蚕丝织物，是迄今为止发现的世界上最古老的蚕丝织物。南浔"辑里丝"曾获1915年巴拿马太平洋万国博览会金奖。长兴顾渚山建有中国历史上第一座贡茶院，是"茶圣"陆羽进行茶事活动的主要场所。被列为"文房四宝"之首的湖笔产于湖州善琏，百姓尊秦朝大将军蒙恬为"笔祖"。湖州人才辈出，人文荟萃，在历史上既哺育了唐代诗人孟郊、元代书画家赵孟頫、明代小说家凌濛初、近现代书画大师吴昌硕等一批名人，也吸引了王羲之、颜真卿、陆羽、苏轼等不少名流。[①]

三、安吉概况

安吉县位于湖州西部，地处长三角地理中心位置，黄浦江由此地发源。安吉县地势西南高、东北低，呈现盆地地貌，天目山从三面环抱安吉县境，从东北方开口，中间为凹陷平原地带。南端龙王山是境内最高山，海拔1 587.4米，也是浙北的最高峰。县内主要水系为西苕溪。苕溪是浙江八大水系之一，八大水系自北而南为苕溪、钱塘江、曹娥江、甬江、灵江、瓯江、飞云江、鳌江，其中只有苕溪最终向北流

---

① 《历史沿革》，湖州市人民政府网站，http：//www.huzhou.gov.cn/col/col1229213501/index.html。笔者根据原文整理。

入太湖，其他七支都向东流入大海。西苕溪主流全长 110.75 千米，由西溪、南溪两条支流于塘浦长潭村汇合而成，沿途有龙王溪、浒溪、里溪、浑泥港、晓墅港等支流汇入，从西南方奔腾流向东北方，从小溪口出县进入太湖，最后注入黄浦江，县内流域面积达 1 806 平方千米。

安吉境内人类活动源远流长，远在四五千年前，境地即有人类栖息，他们从事采集、渔猎和原始农业。商与西周时，中原文化渐及县境。春秋战国时，初属吴，吴灭属越，越灭属楚。秦为故鄣县（一说鄣县）。西汉前期，境地先后为荆王刘贾、吴王刘濞、汝南王刘非的封地。元封二年（前 109 年），改鄣郡为丹阳郡，郡治移往宛陵（今安徽宣城），鄣县隶属于丹阳郡。[①]

今安吉县古时曾为安吉和孝丰两县。"安吉县建于公元 185 年，县名取《诗经》'安且吉兮'之意。"[②]东汉灵帝中平二年（185 年），统治者为应对黄巢起义，在故鄣县南境置安吉县。安吉县属丹阳郡，县治设于天目乡（今孝丰镇）。安吉正式建县，至今已 1 800 余年。东汉末至三国时期，北方持续战乱促使大批中原人南迁至安吉县定居，同时大批军事失败的山越族人来此屯田开垦，安吉遂得到进一步开发，物产日渐丰盈，成为东吴重要军粮基地。东吴宝鼎元年（266 年），析吴、丹阳两郡一部，新置吴兴郡，安吉县隶吴兴郡。隋开皇九年（589 年）并撤郡县，废郡为州，安吉县被撤，并入绥安县。唐

---

① 安吉县地方志编纂委员会编：《安吉县志》，浙江人民出版社，1994 年，第 1 页。笔者根据原文整理。
② 潘卫芬：《历史文化与乡村旅游融合发展的探索——以安吉县为例》，《教育教学论坛》，2015 年第 44 期，第 134 页。

麟德元年（664年），恢复安吉县建制，改隶湖州。唐时，生产发展迅速，社会渐趋繁荣。安吉丝和丝制品质量上乘，被奉为贡品。茶叶生产已经较为普遍，竹产业尤为发达。开元二十六年（738年），县治北移至今安城镇址附近。五代十国时，安吉属钱氏吴越国。两宋时期，经济文化进一步发展，稻谷产量提高，蚕丝生产进一步发展，文化教育发展迅速，县内学子考取进士48人，安吉出现大量文化名人。南宋时，安吉为首都临安西北门户，成为军事重镇、兵家必争之地，金兵、元兵南下攻宋均取道安吉。"在县境边缘垒筑独松关后，接着垒筑幽岭、高坞、湛水、福水、铜头、唐舍、铁岭、虎岭、乌山等关隘，派兵驻守。"[①]元至正十六年（1356年）开始，朱元璋和张士诚部反复争夺安吉县十余年。明成化二十三年（1487年），分境南九乡置孝丰县，并将长兴县的荆溪、顺零、晏子三乡划归安吉县。正德元年（1506年），升安吉为州。次年安吉州领孝丰一县。清乾隆三十九年（1774年），降安吉州为安吉县，安吉县与孝丰县并属湖州府。清朝，安吉、孝丰两地经济明显发展，粮食产量增加，安吉丝远销西洋，商业也开始兴盛。咸丰十年（1860年），太平军进军安吉、孝丰两地。战乱加上暴发于同治元年（1862年）的瘟疫，使人口锐减、田地大量荒芜。

清宣统三年（1911年），安吉、孝丰两县响应武昌起义，驱除清廷势力。1912年，两县分别成立县公署。1914年，废府设道，两县同属钱塘道。1927年废道，两县直属浙江省。中华民国成立后两县内大

---

① 安吉县地方志编纂委员会编：《安吉县志》，浙江人民出版社，1994年，第2页。

致安定，各项近代事业如邮电、交通等开始引进，近代工业和资本主义商业逐渐兴起。1932—1939 年先后隶属于浙江省第三行政督察区、浙江省第六特区行政督察区、浙江省吴兴行政督察区、浙江省第一行政督察区，1940 年隶属于浙江省第二行政督察区。1937 年 12 月，日本帝国主义侵入两县，开始残暴统治并大肆炸、烧、杀、抢、掠，全县民众苦不堪言，民族危亡加剧。中共安吉县工委（不久改称县委）于此时成立，一批共产党人联合国民党开明人士共同抗日，国共两党领导的军队在县内与日军浴血奋战，直至抗战胜利。1948 年 8 月隶属于浙江省第九行政督察区。

1949 年 4 月 30 日和 5 月 1 日，安吉、孝丰两县解放。6 月两县分别成立县委和县人民政府，两县隶属于浙江省第九专区（后改为临安专区）。1950 年冬起，两县进行土地改革，3.8 万余户无地少地农民分得土地，农民生产积极性空前高涨。1958 年 11 月，经国务院批准，撤销孝丰县，其所辖行政区域并入安吉县。安吉县隶属于嘉兴专区（1970 年改称嘉兴地区）。县治初在天目乡（今孝丰镇），几经变迁，1958 年 11 月迁至递铺镇。递铺本是一偏僻小镇，街长不足 0.5 千米，县人民政府入驻后，成为全县政治、经济、文化中心。1983 年撤销嘉兴地区，设立地级湖州市，安吉属湖州市。安吉县与湖州市吴兴区、德清县、长兴县，杭州市余杭区、临安区和安徽省宁国市、广德县为邻，县域面积 1 886 平方千米，共辖 15 个乡（镇、街道）215 个村（社区）。经过多年发展，截至 2022 年末，全县实现地区生产总值 582.4 亿元，完成财政总收入 109.7 亿元，城乡居民人均可支配收入分别为 68 446 元和 42 062 元。全县植被覆盖率、森林覆盖率常年保持在

70% 以上，地表水、饮用水、出境水达标率均为 100%，空气优良率维持在 87% 以上，被誉为气净、水净、土净的"三净之地"，先后获评全国首批生态文明建设示范县、首个联合国人居奖获得县，成为新时代浙江（安吉）县域践行"两山"理念综合改革创新试验区。全县上下正在高水平打造生态文明典范城市先行区，高质量建设国际化绿色山水美好城市，奋力谱写中国式现代化安吉篇章。[①]

安吉县属于东部发达地区的少数民族代表性地区：主要民族为汉族，约占总人口的 95%；少数民族主要为苗族、壮族、畲族、彝族等，人口比例小且主要为流动人口，从事经商、务工的少数民族流动人口占比达到 87%，并呈逐年上升趋势。各民族大分散、小聚居，互嵌、散杂居于全市。少数民族聚居区位于安吉县报福镇中张村和章村镇郎村两个少数民族村，此两村为畲族聚居村落。

第二节　由远及近的村落变迁

一、溪龙乡

溪龙乡位于安吉县东北部，距安吉城区 16.3 千米，东南与昆铜乡接壤，西南与递铺镇相邻，西北、东北、正北部毗连梅溪镇，区域面积 32.3 平方千米。溪龙乡交通便捷，省道 S306 线贯通全境，县

---

① 《安吉县县情简介》，安吉县人民政府网站，http：//www.anji.gov.cn/col/col1229211445/index.html。

乡（镇）级公路四通八达，总长度达 22 千米，境内通航河道长达 3 千米。

溪龙乡历史悠久，古称溪衖。清乾隆时期刘蓟植所著《安吉州志》卷五区里篇目安区昆山乡子目下有"四庄，溪衖村"，可见在清乾隆之前溪龙应称为"溪衖"。"衖"通"弄"，意为小巷，"溪衖"即为"溪弄"之义。又因为安吉方言"弄""龙"同音，久而久之，"溪衖"雅化成了"溪龙"，但具体时间已不可考证。

根据《安吉县志》记载，唐朝时安吉县管 20 乡、100 里，设安吉、梅溪两镇。北宋前、中期，安吉县管 25 乡、1 镇。北宋后期和南宋时期，管 1 镇（梅溪）、16 乡，每乡各 5 里，共 80 里。其乡、里名称为：

顺安乡：昆山、引济、定福、马鞍、尚义；

安福乡：洪桃、帅阁、太和、安寿、永太；

鱼池乡：皎仁、西茂、龙化、永昌、孝和；

灵奕乡：仁化、五白、里荣、景和、回平；

凤亭乡：沈珠、陶源、清宾、慈政、永宁；

太平乡：光顺、幽西、庆善、上宝、国昌；

铜山乡：桃源、深谷、临泉、修竹、铜山；

金石乡：永安、天目、大顺、憧想、古仁；

定福乡：招贤、宝成、安邑、宋成、永和；

梅溪乡：瑞竹、东午、温泉、泉永、新丰；

昆山乡：仙涧、茗水、侯溪、三山、合川；

移风乡：清泉、武泰、嘉祥、白杨、崇仁；

孝丰乡：芝草、曲禄、孝弟、尚仁、修仁；

天目乡：仙溪、安吉、苕水、苕元、公平；

广苕乡：苕上、太平、青泉、吴山、青山；

浮玉乡：碧岩、广福、灵岩、仁丰、静丰。[①]

此时，溪龙乡隶属于安吉县昆山乡管辖，但是在昆山乡的具体位置，目前已不可考。明成化二十三年（1487 年），分置安吉县和孝丰县，分置前安吉县管 16 乡、90 里，分置后长兴县的荆溪、顺零、晏子三乡划归安吉县。正德元年（1506 年），安吉县升格为安吉州，到嘉靖年间，安吉州管 10 乡，除顺零乡管 6 里外，余皆各管 5 里，共51 里；孝丰县管 9 乡，每乡各管 6 里，共 54 里。清代沿袭明代旧制。同治、光绪年间（1862—1908 年），安吉县管 9 乡，每乡辖 5—7 里不等，共 49 里；孝丰县管 9 乡，每乡各辖 6 里，共 54 里。[②] 明清两代，溪龙乡隶属于安吉县昆山乡，大概为昆山乡第四、第五、第六庄，下有 17 村。

中华民国成立之初，地方建制一如清朝。1918 年，将原来的乡改为区，名字和行政区划不变，溪龙乡隶属于昆山区。1930 年，各区进行合并，安吉县、孝丰县各辖 5 区，区名各从第一到第五，溪龙乡隶属于安吉县第三区。1931 年，又改区为乡镇。1940 年，重新设区，并且重划乡镇。安吉县管 3 区，共 18 乡、4 镇；孝丰县管 4 区，共 18 乡、2 镇。区、乡（镇）名如下：

---

① 安吉县地方志编纂委员会编：《安吉县志》，浙江人民出版社，1994 年，第 6 页。
② 安吉县地方志编纂委员会编：《安吉县志》，浙江人民出版社，1994 年，第 7 页。
根据原文整理。

安吉县

直属镇：桃城镇；

梅溪区：紫梅镇、梅墅镇、大同乡、大东乡、高葛乡、杏红乡、荆溪乡、安溪乡；

递铺区：递铺镇、古梅乡、石马乡、朗里乡、木莲乡、东山乡；

南湖区：张芝乡、浮石乡、上舍乡、九龙乡、长隆乡、古城乡、南湖乡。

孝丰县

直属镇：孝景镇、报福镇；

白水区：南屿乡、灵峰乡、移风乡、浮玉乡；

报福区：云语乡、汤口乡、苕秀乡、协和乡；

杭垓区：唐松乡、西硒乡、望杏乡、太平乡、赤坞乡；

西亩区：永福乡、孝子乡、崇德乡、三安乡、景吴乡。[①]

溪龙乡主体位于梅溪区的杏红乡。杏红乡为新建乡，区域位于清代昆山乡第四、第五庄和铜山乡第四庄。原昆山乡第六庄位于新建的大东乡，杏红乡和大东乡共同隶属于梅溪区。1945年，杏红乡改名磐山乡，下辖7保。1946年—1947年间，撤区并乡，安吉调整为4镇（桃城、梅溪、晓墅、递铺）、6乡（九龙、南湖、昆铜、玉磐、三港、荆安）。其中，磐山乡与大东乡合并为玉磐乡，溪龙乡为第七至第十二保，下有46甲，溪龙乡由此隶属于玉磐乡。

中华人民共和国成立初沿用旧制，1949年7月安吉县撤乡建区，

---

① 安吉县地方志编纂委员会编：《安吉县志》，浙江人民出版社，1994年，第8—9页。

玉磬乡第七至第十二保与昆铜乡、晓墅镇合并建昆铜区。1950年5月，并区建乡。昆铜区晓七、溪龙、三全等村与梅溪区新河村合并建溪龙乡，属昆铜区；徐村湾（又称徐家）、黄杜等村被划入马鞍乡，属城郊区。1953年2月，溪龙乡新河村被划入乌山乡。1956年2月，马鞍乡徐家村、黄杜村并入溪龙乡。1958年，安吉县成立人民公社，初设城郊（后称安城）、递铺、梅溪、晓墅、南湖5个人民公社。同年，孝丰和安吉两县合并，安吉县增加丰城、青山、报福、永太、塘浦5个人民公社。1958年10月，溪龙乡并入晓墅人民公社，称徐家管理区。1961年8月，调整人民公社规模，安吉县将原10个人民公社分建为38个人民公社，将徐家管理区从晓墅公社分出，设置为溪龙人民公社。溪龙人民公社辖5个生产大队、53个生产小队。1982年3月，另建后河大队，后河大队位于徐村湾大队北部。1983年12月，政社分开。1984年1月，溪龙人民公社改称溪龙乡，辖溪龙、新丰、后河、横山、徐村湾、黄杜6个行政村，乡政府驻地为凉亭岗。2007年11月，横山村并入溪龙村，至此溪龙乡辖溪龙、徐村湾、后河、新丰、黄杜5个村。

中华人民共和国成立以来，特别是经过改革开放40余年的发展，溪龙乡已经成为中国美丽乡村精品村全覆盖乡、国家级卫生乡镇、全国环境优美乡、国家级标准化农业示范区，被称为"中国白茶第一乡"。"2022年全乡完成财政总收入1.19亿元，同比增长12.86%；规上工业总产值16.5亿元，工业增加值3.33亿元，外贸出口2.8亿元，企业研发投入5 932万元，规上企业利税总额1.43亿元，逆势增长3.87%；实现固定资产总投资2.63亿元，其中工业投资1.3亿元，分别增长 239.97%、379.3%。农民人均可支配收入 5.28 万元，增幅 11%。"[①] 溪龙乡深入践行"绿水青山就是金山银山"理念，已建成高标准农田 3 956 亩、高效节水灌溉 5 000 亩，水稻收割烘干自动化率达 100%。白茶产业特色鲜明，溪龙乡成为安吉白茶商品茶原产地，建立起种植、加工、销售全链条的产业链，真正将白茶种植打造成了一个富民强乡的大产业。

二、黄杜村

黄杜村位于安吉县东部、溪龙乡南部，东与梅溪镇路西村交界，南与递铺镇接壤，北邻溪龙乡徐村湾村、溪龙村、横山村，区域面积 11.5 平方千米。山林面积 1 4167 亩，耕地面积 915 亩，森林覆盖率高达 82%。距离安吉县城 20 千米、杭州 80 千米、上海 200 千米。黄杜村属于北亚热带季风气候，冬季较冷，夏季较热，年平均气温 16.1℃，年平均日较差 9.8℃。季风显著，四季分明，雨热同季，降水充沛，光温同步，日照较多，气候温和，空气湿润。夏季盛行东南风，冬季盛行西北风，年降水量 1 423.4 毫米，年雨日 152.8 天，年日照时数 1 771.7 小时。

黄杜村已有近百年历史，最早因黄姓、杜姓居民较多而得名。历史上这里曾是一片茫茫荒原，但是平坦的地形、温暖湿润的气候、丰富的水源等得天独厚的自然条件使得村庄人口不断增加，最早聚集的

[①] 《溪龙乡 2022 年工作总结和 2023 年工作计划》，安吉县人民政府网站，2023 年 3 月 1 日，http：//www.anji.gov.cn/art/2023/3/1/art_1229518589_3914037.html。

人口多数从安徽巢湖、宣城等地迁徙而来。黄杜村先民在这片原始的土地上劳作生息，勤恳劳动，依靠种植、养殖、手工等产业基本实现自给自足。主要种植水稻、大麦、小麦、玉米等粮食作物，同时种植棉花、油菜、果树、茶树、竹等经济作物，从事竹编等手工业。经过近 200 年的开垦耕种，村落土地日益扩展，居民也越来越多。

1948 年，黄杜村属玉磬乡，为玉磬乡第八保。1949 年 10 月安吉县解放，不久黄杜村隶属于安吉县昆铜区。1950 年 5 月，并区建乡，黄杜村被划入城郊区马鞍乡。1956 年 2 月，黄杜村与马鞍乡徐家村一起改隶安吉县溪龙乡，先是改组为合作互助组，后成立生产合作社。1958 年成立安吉县晓墅公社，村名改为晓墅人民公社新联大队。1961 年分置溪龙人民公社，村名为溪龙人民公社新联大队。1983 年大队改为村，村名改为溪龙人民公社黄杜村。1984 年政社分开，公社改名乡，村名改为溪龙乡黄杜村。

由于黄杜村缺乏产业发展的良好资源，所以长期面临着集体经济薄弱、基础设施较差、经济发展落后、环境污染严峻等各种问题，成为当地的薄弱村、帮扶村。为改变这一现状，黄杜村在习近平总书记"绿水青山就是金山银山"的理念指引下，在地方党委、政府的关心支持下，在历届村党组织的带领下，坚持党建引领乡村振兴，立足农村基层实际情况，从无到有，做大、做强、做精安吉白茶产业，开创了脱贫攻坚事业新局面。2003 年 4 月 9 日，时任浙江省委书记的习近平在黄杜村调研时充分肯定了其"一片叶子富了一方百姓"的辉煌成绩。又经过 20 年的发展，黄杜村充分构建了党建引领乡村振兴发展的新格局，实现了党组织领导乡村、服务乡村的全覆盖，建立了完善的乡村治理体系，引导群众、团结群众、动员群众、教育群众、服务群众，把社会主义核心价值观融入农村社会发展的各个方面，从而使黄杜村党建飘"红"、产业透"绿"、百姓增"金"、民生添"彩"，村容村貌整洁有序，社会和谐，民富民安，民心向善，村民崇德，孕育出文明乡风、良好家风、淳朴民风。2018 年 4 月，黄杜村 20 名党员给习近平总书记写信，希望捐赠 1 500 万株茶苗帮助贫困地区脱贫增收，得到了习总书记的充分肯定和"要把扶贫苗种好、种实、种出成效"的重要指示。如今的黄杜村，已经成了远近闻名的富裕村、和谐村，基层社会治理走上了良性发展道路。

截至 2023 年 6 月，黄杜村共有 6 个自然村、9 个村民小组，农户420 户，人口 1 536 人，村党总支下设两个党支部、4 个党小组，党员61 名。全村所有农户均从事白茶种植、生产和销售，白茶种植经营户达 325 户，茶园面积达 1.2 万亩，被誉为"中国白茶第一村"。2022年村级集体经济经营性收入达到 151 万元，农民人均纯收入 7 万元以上。黄杜村是远近闻名的富裕村、文明村、道德村，先后荣获省级全面小康示范村、省级文明村、省级民主法治村、省高质量就业村、市新农村实验示范村，以及中国美丽乡村精品村等荣誉，成功创建金叶子景区并成为国家 AAA 级景区。

第三节 "农为邦本"的传统经济生活

一、古代的传统经济生活

黄杜村所在的浙北地区，自新石器时代就进入农耕文明时期，出现了农业、畜牧业和纺织、制陶等手工业生产方式。得益于得天独厚的自然条件和资源，这里土地肥沃，降雨充沛，光照充足，气候温和，非常有利于水田稻作的农业生产系统，主要粮食作物是水稻；家养猪、狗、水牛等牲畜；人们还会纺纱织布、灌水育田：这里是著名的"鱼米之乡"。唐代高僧皎然写有一首诗《兵后早春登故郿南楼望昆山寺白鹤观示清道人并沈道士》，描述这一带美妙绝伦的山水景色和先民们娴静优雅的田园生活：

新阳故楼上，眇眇伤遐眷。违世情易忘，羁时得无倦。

春归华柳发，世故陵谷变。扰扰陌上心，悠悠梦中见。

苍林有灵境，杳映遥可美。春日倚东峰，华泉落西甸。

钟声在空碧，幡影摇葱蒨。缅想山中人，神期如会面。

别离芳月积，岐路浮云遍。正值入空门，仙君依苦县。

隳形舍簪绂，烹玉思精炼。事外宜我心，人间岂予恋。

身遗世自薄，道胜名必贱。耳目何所娱，白云与黄卷。[①]

随着中原人士不断迁入，带来了先进耕作技术和劳动力资源，筑堰建塘、围涂造田和新稻种的推广应用使得水稻产量增加，此地经济一直保持繁荣。从唐宋起，丝、茶、棉、果、竹等就已经盛名远播。《嘉泰吴兴志》载，宋代"（安吉）今发上供丝五万两，系安吉以税绢折"。又载，"（安吉）今发上供绵岁五万余两，安吉以产绢和买折纳"[②]。此地产的杨梅、梨、板栗曾在一段时间内都是贡品。漆器在江南一带也很有名气。从明代开始，随着育竹经验的积累，竹林面积不断扩大，竹产品不断丰富，竹手工业不断发展，很多人借竹为生。缫丝、造纸、制陶等手工业也发展起来，利润颇为可观。黄杜村畔的西苕溪从唐代以来就是货物进出的通道和集散之地，溪上货船穿梭繁忙，络绎不绝。

二、近代以来的传统经济生活

太平天国运动对长江流域经济生活影响甚大。天京事变之后，太平军开始经略浙江，并于咸丰十年（1860年）攻入安吉，和清军展开争夺拉锯，长达四五年之久。连年战乱加上瘟疫暴发，整个浙江十室九空，人口锐减。据学者统计，"太平天国战争之前的浙江大约有人口3 127万，战争之后全省人口只剩1 497万，人口损失1 630万，损失

---

① [清] 彭定求等编：《全唐诗》第 14 册，中华书局，1999 年，第 365 页。
② [宋] 谈钥：《嘉泰吴兴志》，浙江古籍出版社，2018 年，第 243 页。

比例为52%"①。田地也大量荒芜，人民生活在水深火热当中，左宗棠曾经向同治皇帝如此汇报：

> 通计浙东八府，惟宁波、温州尚称完善，绍兴次之，台州又次之，至金华、衢州、严州、处州等处孑遗之民，则不及从前二十分之一矣。或壮丁被掳而老稚仅存，或夫男惨亡而妇女靡托。臣师行所至，灾黎环吁马前，泣诉痛苦情形，幽咽莫办，亦惟有挥泪谢之而已。其浙西三属，惟嘉善、石门、平湖、桐乡等县素赖蚕桑为生计，数年之后，或可复？其近山各县情形亦与金、严等处相似。②

大量土著人口的损失引发了外来人口涌入当地的潮流。从同治年间开始，河南、安徽、湖北、江苏和浙东各地人口大量迁入，开垦荒地，种植粮食，从事手工劳动，人口日渐增长，经济开始复苏，资本主义经济形态也开始出现。

1912年中华民国成立，安吉、孝丰两县出现了银行、邮电、发电等近代设施，各种工厂也开始出现，如造纸、机器舂米、面粉、林木、竹制品等工厂皆有发展。城镇和商业也有所发展，随着近代教育的不断壮大，西方的教育观念逐渐为人们所接受，与传统不一样的生活方式在各城镇方兴未艾。穿西装旗袍、吃西餐、乘汽车、打电话等成为时尚。然而，在黄杜等农村地区，在帝国主义的侵略之下，人民生活却越来越困苦。根据《安吉县志》记载：

> 在帝国主义经济侵略下，自民国二十年后，茧价骤跌，竹材滞销，

---

① 王毓玑、吕瑾：《浙江灾政史》，杭州出版社，2013年，第123页。
② 左宗棠：《浙省被灾郡县同征三年应征钱粮分别征蠲折》，《左文襄公全集左文襄公·奏稿·卷九》，转引自王毓玑、吕瑾：《浙江灾政史》，杭州出版社，2013年，第122页。

谷价惨落，农村经济陷于困境。《警光月刊》载："安吉于民国二十二年每担茧价，由19年的30—45元跌至15—20元；每百两丝价，由50—70元跌至30—40元。在三年前桑田甚多，无家不育蚕。近年来蚕户因售茧价与生产费相抵，缺本很大，故以前如成林之桑树，现已渐成为田地丘墟矣。"民国二十三年《浙江省生产会议报告书》载："安吉除少数富裕之家外，大都拮据，尤以近来谷价惨落，为农民入不敷出主因，兼之因受帝国主义者经济侵略，益形竭蹶"；孝丰"年来竹产滞销，农村经济日濒枯境"。

抗战期间，经日本侵略军摧残，农村生产力遭受严重破坏，两县经济更趋衰败，民众极其困苦。为了战争需要，竹材禁运，毛竹大量积压，民国二十八年12月后，才准根部直径13厘米以下的中、小毛竹出运；蚕桑、茶园面积大量减少，产量锐减。日本侵略军除直接掠夺外，还利用奸商在梅溪等地强购新米，民间乏食，米价飞涨。为了度荒，乡民开山种粮，水土大量流失，加剧洪水危害。市场萧条，面粉、煤油、棉花、西药等商品奇缺，物价不断上涨。民国三十三年孝丰还出现盐荒。两县电厂因日机轰炸停办。[①]

中华人民共和国成立前，与全国其他地方一样，黄杜村一直是以土地为基础的生产资料私有制，在私有制基础上形成剥削与被剥削的封建生产关系。黄杜村大量耕地和竹山林木等生产资料为少数几家地主、富农占有，重要生产工具也为地主、富农所有，广大农民不拥有土地或者很少拥有土地，靠长期租住地主耕地或者做雇佣帮工生活，

---

① 安吉县地方志编纂委员会编：《安吉县志》，浙江人民出版社，1994年，第82页。

不得不接受剥削和压迫。主要的剥削方式有地租剥削、雇工剥削、典压田产、高利贷等。地租是最主要的剥削形式，黄杜村大约60%以上的土地由地主拿来向农民出租。农民租用土地通常要请人担保或者缴纳高额押金，一旦地租不能按时交纳，就扣除相应的押金。地租一般占到总收成的40%—60%。根据史料记载，当时佃农租种土地的负担非常重，甚至很难维持生活。据《安吉县志》记载：

据浙江省战时合作工作队游击区直属分队民国二十九年10月《安吉之经济调查》："安吉土地相当集中，几个大的地主有二三千亩，普通的农民是种十来亩租田，……地租相当高，一般均占收获量的百分之五十，普通的地租谷是一百四十斤。"又据浙江省第二行政督察专署民国三十年统计，佃农每亩田交租谷："安吉县在平原上等田150斤、中等田140斤、下等田130斤，山间上等田120斤、中等田100斤、下等田80斤；孝丰平原上等田200斤、中等田150斤、下等田100斤，山间上等田130斤、中等田100斤、下等田80斤。"①

地租之外，黄杜农民在农忙前后还要到地主、富农家里做帮工或者牧童。有些无地者要常年在地主、富农家劳动，是为长工。长工工资稀薄，黄杜村大概是全年10石米；短工更少；牧童则没有工资，一般只管吃饭。黄杜农民如果生活困顿或者债务紧逼，不得不向富户典押田产，价格只有正常价的20%—30%，期限3—5年。如果到期不能赎回，田产就归富户所有。黄杜贫困农民被生活所迫不得不向富户借贷，利息非常之高：月利息高者达15%，年利息高者达180%；月利息

---

① 安吉县地方志编纂委员会编：《安吉县志》，浙江人民出版社，1994年，第92页。

低者也普遍超过 3%，年利息低者达 36%。如果借实物，春天家中缺少粮食借大米 1 石，到了秋收要还至少 1.3 石，甚至 2 石以上。有时候黄杜穷人没有办法，只能将未成熟的青苗低价贱卖，这也是高利贷的一种。总之，在中华人民共和国成立前，黄杜穷人深受地主、富农的剥削，生活穷苦贫困，梦想丰衣足食而不可得。

三、中华人民共和国成立后的传统经济生活

1949 年 10 月安吉县解放，在中国共产党的领导下，穷人终于当家做主。安吉县成立农会，带领广大群众进行减租减息和反对恶霸地租的斗争，当年黄杜村农民的地租就下降为原来的 3 成。1950 年根据新颁布的《中华人民共和国土地改革法》，开始进行彻底的土改。黄杜村也成立了土改工作队，工作队大力宣传国家土改政策，充分发挥群众积极性，给全村农户划分阶级，将地主的土地依法予以没收，并平均分配给全村农民。安吉县土改的具体过程如下：

在土改运动中，对贫、雇农进行阶级教育，开展回忆诉苦，挖苦根，吐苦水，认清地主阶级的剥削罪恶。在此基础上，整顿基层政权、农会和民兵等组织，纯洁基层队伍。按照《中央人民政府政务院关于划分农村阶级成分的决定》，在当地农民协会领导下，由群众自报公议，民主讨论评定，报政府批准确定阶级成分。乡成立没收征收委员会，依法宣布没收地主土地、耕畜、农具、多余的粮食，及其在农村中多余的房屋。然后本着团结互让、有利生产的原则，经过无地少地及缺乏其他生产资料的贫苦农民民主协商，乡农民协会同意，公平合

理地进行分配。对地主及其家庭成员，每人也分给同样一份，使其改造成为自食其力的劳动者。

土改运动一开始，就遭到地主阶级反抗。一些不法地主散布谣言，用钱财、美女腐蚀基层干部和积极分子，把地分散在家族成员名下，藏匿地契，宰杀或弄死耕畜，砍伐树木，破坏农具，个别恶稍地主甚至成立互反动组织，藏匿武器。对此，各级农会多次召开斗争会。揭露、批判不法地主破坏土改的违法行为，开展说理斗争。人民法庭及时依法惩办企图组织反抗并进行阴谋破坏活动的地主、恶霸和特务、反革命分子，保障土改工作顺利进行。

1951 年初春，两县土改运动基本结束。两县县委又组织力量，逐村逐乡进行土改复查，对个别成分划错的，通过群众讨论，政府批准，予以纠正；对土改不彻底的村，予以补课。至 4 月，土改全部结束。6 月，政府颁发《土地、房屋所有证》。[①]

土改使得黄杜村各阶级、各阶层生产资料占有情况发生巨变，土改前少数几家地主占有超过 50% 的土地，土改后地主只占有 5% 左右的土地，超过 85% 的农民真正拥有了土地。土改使黄杜村真正实现了广大农民耕者有其田，农村生产力得到极大解放。

农村土地改革结束后，黄杜村从 1952 年开始共成立互助组 3 个，参加互助组的农户超过全村农户的 80%，各农户在农具、劳动力等方面相互帮助，提高生产效率。到 1956 年，黄杜村成立生产合作初级社，开始通过记工分进行分配，按入社土地股数享受土地分红。1956

---

① 安吉县地方志编纂委员会编：《安吉县志》，浙江人民出版社，1994 年，第 92—93 页。

年成立生产合作高级社，至此土地、农具、牲畜等成为共有财产，入社农户通过多劳多得来获得产品，黄杜村的社会主义改造完成。1958年的人民公社化运动中，取消各级乡镇政府，合并组建体量巨大的人民公社。人民公社建立了"一大二公""政社合一"的统一集中管理体制，黄杜村改名新联大队，隶属于晓墅人民公社。人民公社初期以公社为核算单位，各生产资料由公社统一使用调配，出现了"平均主义""浮夸风""共产风"等问题，严重影响群众的积极性。1961年根据中央贯彻《农村人民公社工作条例（草案）》（"农业六十条"）等政策的要求，对人民公社的体制进行调整，把生产队作为基本核算单位和组织生产单位，建立公社—生产大队—生产队三级管理体制。新联大队隶属于刚成立的溪龙人民公社，下辖9个生产队，黄杜农民生产积极性明显提升。

中共十一届三中全会后，率先在农村开展经济体制改革，开始推行包产到户、包干到户。"1982年1月1日，中共中央批转《全国农村工作会议纪要》，指出，目前农村实行的各种责任制，包括小段包工定额计酬，专业承包联产计酬，联产到劳，包产到户、到组，包干到户、到组，等等，都是社会主义集体经济的生产责任制；1983年中央下发文件，肯定联产承包制是在党的领导下我国农民的伟大创造，是马克思主义农业合作化理论在我国实践中的新发展，要在全国推行这种社会主义集体经济的生产责任制。至此，一场由农民自发掀起的改革转向国家自上而下推动的大型改革。"[1] 1983年，黄杜村各生产队

---

① 龚建文：《从家庭联产承包责任制到新农村建设——中国农村建设30年回顾与展望》，《江西社会科学》，2008年第5期，第230页。

都实行了家庭联产承包责任制，推行包产到户和包干到户，以生产队为单位与各农户签订承包合同。同时，黄杜村的大部分山林也落实林业生产责任制，由农户承包。随着经济体制的市场化改革，黄杜村的发展进入一个新的阶段。

第二章 "绿水青山就是金山银山"：村庄生态经济的"振翅蝶变"

2005 年 8 月 15 日，时任浙江省委书记的习近平来到湖州市安吉县天荒坪镇余村调研，他以充满前瞻性的战略眼光首次提出"绿水青山就是金山银山"的理念。8 月 24 日，习近平同志在《浙江日报》"之江新语"专栏上发表了重要评论文章《绿水青山也是金山银山》，在文中，习近平这样说道：

> 我们追求人与自然的和谐，经济与社会的和谐，通俗地讲，就是既要绿水青山，又要金山银山。
>
> 我省"七山一水两分田"，许多地方"绿水逶迤去，青山相向开"，拥有良好的生态优势。如果能够把这些生态环境优势转化为生态农业、生态工业、生态旅游等生态经济的优势，那么绿水青山也就变成了金山银山。绿水青山可带来金山银山，但金山银山却买不到绿水青山。绿水青山与金山银山既会产生矛盾，又可辩证统一。在鱼和熊掌不可兼得的情况下，我们必须懂得机会

成本，善于选择，学会扬弃，做到有所为、有所不为，坚定不移地落实科学发展观，建设人与自然和谐相处的资源节约型、环境友好型社会。在选择之中，找准方向，创造条件，让绿水青山源源不断地带来金山银山。[①]

"绿水青山就是金山银山"理念深刻阐明了生态环境和发展生产力的辩证关系。保护生态环境不仅能在各经济体系当中寻找到创新增长点，把环境资源、生态资源、自然资源转化成财富资源、经济资源、社会资源，同时可以保护好经济社会发展的潜力和后劲，实现可持续发展，让绿水青山变成金山银山，让好风景、高颜值带来新经济、高产值，赋能"美丽经济"，发展"美丽事业"。

党的二十大报告从九个方面明确了中国式现代化的本质要求，"促进人与自然和谐共生"是其中一个重要方面。报告指出：

中国式现代化是人与自然和谐共生的现代化。人与自然是生命共同体，无止境地向自然索取甚至破坏自然必然会遭到大自然的报复。我们坚持可持续发展，坚持节约优先、保护优先、自然恢复为主的方针，像保护眼睛一样保护自然和生态环境，坚定不移走生产发展、生活富裕、生态良好的文明发展道路，实现中华民族永续发展。[②]

① 习近平：《之江新语》，浙江人民出版社，2007年，第153页。
② 《高举中国特色社会主义伟大旗帜 为全面建设社会主义现代化国家而团结奋斗——在中国共产党第二十次全国代表大会上的报告》。

"绿水青山就是金山银山"是我国在中国特色社会主义现代化伟大征程中一直秉持的伟大理念，"作为中国式现代化生态观的理论枢纽，深刻回答了'人与自然和谐共生'何以可能、如何可能的这个基本问题，从而在生态追求和发展需求之间建立起了贯通和协调的智慧走廊"①。人与自然和谐共生是中国式现代化的重要特征、鲜明特色和本质要求。

1978 年，党的十一届三中全会开启了改革开放的伟大征程，中国从此进入了改革开放和社会主义现代化建设的历史新时期。作为当时全国最穷的省份之一，浙江"七山一水二分田"的起步发展平台非常低，山高水长而又人口众多。铁路公路通车里程少，交通严重不便，自然资源短缺，工业发展严重落后。缺乏水利，土地资源拮据，人地矛盾非常突出，有限的资源不能发挥更大的经济效益，农业生产也极为落后。1978 年地区生产总值为 123.72 亿元，仅占全国生产总值的 3.39%，在全国排位非常靠后。1978 年浙江省工业化率为 43.3%，低于全国平均水平的 47.9%。

然而浙江却做了中国改革开放的排头兵，而且一直在做排头兵。40 多年来，浙江一直走在改革开放的最前沿，特别能吃苦，特别能战斗。从永嘉县农田承包制到温州桥头纽扣市场，从义务小商品市场到杭宁台温的民营企业异军突起，从农村到城市，从计划经济到市场经济，浙江省始终紧紧抓住机遇，敢为天下先，敢喝改革开放的第一口水，在经济、科技、教育和文化等领域发展取得了巨大进步。2003

---

① 《用"两山理论"丰厚生态智慧》，中工网，2023 年 4 月 4 日，https：//baijiahao. baidu.com/s？id=1762205868807127431&wfr=spider&for=pc。

年7月，时任浙江省委书记的习近平提出，要进一步发挥八个方面的优势，推进八个方面的举措，即"八八战略"，这个着眼发展大格局、指引浙江改革发展和全面小康建设的宏图大略焕然而生。20年来，浙江坚持一张蓝图绘到底，经济社会发展取得新的历史性成就，发生历史性变革，取得标志性成果，在努力做到"干在实处、走在前列、勇立潮头"的同时，在共同富裕和中国式现代化进程中示范先行。

20世纪八九十年代，黄杜村还是贫困村、落后村、后进村，千方百计想要摆脱贫困，走向富裕。如今，终于在各级党委政府的号召支持下，在村党员干部的积极带动下，在种茶实际经济效益的鼓励推动下，黄杜人研发了白茶新品种"白叶一号"并在全村推广开来。在党的有力领导下，依靠白茶的优异品质和黄杜村茶农的吃苦耐劳精神，白茶种植取得了显著成果，不仅获得市场的高度肯定，村民也获得了实实在在的、远高于过去的经济收益。村民收入两年就能翻一番，这是过去绝对无法看到的。随着白茶及相关产业链的加深扩大和迅速发展，只有400多家农户的黄杜村，小汽车拥有量达60%以上，人人住上小洋楼。截至2023年6月，安吉全县白茶的种植面积达到17万亩，"安吉白茶"品牌价值超过30亿元，黄杜村成为名副其实的"中国白茶第一村"。

在发展白茶产业的过程中，黄杜村一直秉持"绿水青山就是金山银山"的理念，保护好美丽生态环境的同时利用好生态环境，大力发展绿色生态产业，把美丽的生态环境作为经济发展的重要支撑，保护绿色风景就是保护生产力、保护产业、保护财富、保护资本，把生态效益更好地转化为经济效益、社会效益。除了白茶种植和白茶加工，黄杜村目前正在朝着"三产"融合的方向快速挺进，不仅出售白茶，更在出售茶山风景和饮茶文化："休闲观光园区、帐篷客酒店、白茶民俗村令人心旷神怡；茶食品、茶含片、茶博园风生水起；'印象溪龙'实景剧、白茶手工炒制非遗、白茶会客厅目不暇接。"[①] 村里的百姓们依靠自己的勤劳与智慧，切切实实地将绿水青山转化成了发家致富的金山银山。

经过多年发展，黄杜全村就是一处景区，一户人家就是一个景点，拥有独特景色、超高品质、别样韵味，村容优美，家家创业，处处和谐，人人幸福，在安吉可以看到美丽中国，在黄杜可以看到美丽乡村。一片叶子富了一方百姓，今后还将富裕更多百姓。

第一节　一片叶子的足迹

一、饮茶的历史

茶，这一自古以来伴随人类文明的饮品，几千年来一直活跃在中国人的日常生活之中，承载着无数烟火气十足的故事和传统，代表了中国人滋味绵长的生活品质。它不仅是一种饮料，也是一种生活的态度和哲学的表达，更是中华优秀传统文化中庸和谐、礼乐人伦的精神体现。从大自然茶树的一片绿意，到鲜爽甜香、赏心悦目的一品茶叶，

---

① 《一片叶子，致富一方百姓》，中国农村网，2013 年 11 月 17 日，https：//www.crnews.net/zt/wdxk/dj/440561_20210126030705.html。

再到茶杯里泡开的一杯清茗，茶不仅仅给人带来口感上的愉悦，还能带给人视觉上的享受，使人们到茶香的魅力，领略到千年茶文化的魅力，与自然相互融合，达到灵魂惬意。

茶叶的发现可以追溯到几千年前尝百草的神农氏。神农氏是中国古代神话的重要人物之一，他制造耒耜，辨五谷，使人们能够更高效地进行农耕生产，是古代农业的发明人；他躬尝百草，亲辨药性，辨别出有益的草药，为人们治疗各种疾病提供了帮助，成为中医药的发明人。清代学者吴乘权编著的《纲鉴易知录》中讲：

> 民有疾病，未知药石，炎帝始味草木之滋，察其寒、温、平、热之性，辨其君、臣、佐、使之义，尝一日而遇七十毒，神而化之，遂作方书以疗民疾，而医道自此始矣。复察水泉甘、苦，令人知所避就。由是斯民居安食力，而无夭札之患，天下宜之，故号曰神农氏。[①]

传说某天神农氏正在专心制作药材，身旁的水壶正在煮水，几片野外的树叶不小心掉到了正煮水的水壶当中，登时满屋子香气四溢，扑面而来，神农氏稍稍饮用，发现水的味道也变得鲜美异常，不仅味道好，还令人感到神清气爽，精神焕发。神农氏仔细搜集这种树叶，并将其饮用方法传递给广大百姓，由此茶便产生了。

茶自从被发明之后，因为具有解毒清热的功效，刚开始是作为医

---

① ［清］吴乘权：《纲鉴易知录》上册，中华书局，2009年，第3页。

药进行使用的。随着历史发展，逐渐被人们当作提神醒脑的饮品，成为大家日常饮用之品，茶文化的发展之路也慢慢铺展开来。至于中华民族先辈何时开始把茶当作饮品来饮用的具体时间，有"历史文献指明，人工栽种茶树与广泛饮用，已是上古晚期，相当于战国秦汉时期"①。西汉时期王褒著的《僮约》被视为中国第一篇关于茶的文献，其中提到"武阳买茶"和"烹茶净具"，意思是每天都要用到茶与茶具，说明彼时中国人已经有饮茶之风气。三国时期，饮茶显然已经被普及开来，且已经进入皇宫为皇帝和大臣享用。据陈寿所著《三国志》中记载：

> 皓每飨宴，无不竟日，坐席无能否率以七升为限，虽不悉入口，皆浇灌取尽。曜素饮酒不过二升，初见礼异时，常为裁减，或密赐茶荈以当酒，至于宠衰，更见逼强，辄以为罪。又于酒后使侍臣难折公卿，以嘲弄侵克，发摘私短以为欢。②

吴主孙皓经常举办酒宴，参加人员每次都要喝满七升酒，看到自己的老师曜素酒量不佳，只能喝二升，暗中吩咐给他换上茶水，让他以茶代酒。这说明当时茶已经成为宫廷中的常备饮料，且在一定程度上成为可以代替酒用来社交或致敬的重要物品。

唐代时，茶叶生产迅速发展，产地分布逐渐扩大，诞生了陆羽的《茶经》一书。"这本被誉为茶界百科全书的巨著第一次全面、系统地

---

① 郑培凯：《茶饮有道的历史进程》，《故宫博物院院刊》，2023 年第 9 期，第 4 页。
② ［晋］陈寿：《三国志》下册，崇文书局，2009 年，第 648 页。

论述和总结了当时的茶艺形式"①,标志着中国茶文化的成熟。这部经典之作对茶的起源、品种、产地、制茶技艺以及饮茶艺术等各方面进行了详细论述,为后世茶道的发展奠定了基础。宋代喝茶风气十分兴盛,并传播到日本、朝鲜、中亚等国家和地区。从烹饪方式上来说,茶青采摘后以水蒸的方式加工,饮茶时唐代主要进行蒸煮,宋代主要采取煎炒或者抹茶。明朝时炒青散茶和冲泡饮茶成为主流,并通过茶马古道传入西藏、南亚等地。17世纪茶被带入欧洲,随后传遍世界。布拉干萨王朝的凯瑟琳嫁给英格兰国王查理二世,带动整个英国贵族社会的饮茶习惯。

滚滚长江东逝水,千年文化竞相传。安吉地处长江三角洲腹地,气候温和湿润,适宜茶树的生长,是历史上著名的茶乡,漫山遍野都是茶树,历来产好茶。纷纷长河的历史和浩瀚如海的中华典籍一直提到安吉茶的故事,这大大丰富和繁荣了中国茶的历史与文化。"茶圣"陆羽在《茶经》的开篇中就讲道:"茶者,南方之嘉木也。一尺,二尺,乃至数十尺……其树如瓜芦叶如栀子,花如白蔷薇,实如拼榈,蒂如丁香,根如胡桃。"②在《茶经》的第八章关于茶叶的产地中,他还讲到浙西的茶以湖州最好,安吉县是湖州茶的重要产区,即"浙西以湖州上",湖州的好茶"生长城县顾渚山谷""生乌瞻山、天目山、白茅山悬脚岭""生凤亭山伏翼阁飞云、曲水二寺、啄木岭""生安吉、武康二县山谷"③。

---

① 周文劲:《中国饮茶方式的历史演进》,《茶叶》,2012年第1期,第60页。
② [唐]陆羽:《茶经》,三秦出版社,2005年,第3页。
③ 同上,第56页。

二、文献中的白茶

白茶的最早记载也出自《茶经》，在第七章"茶之事"中。茶史简记中描述："《永嘉图经》：永嘉县东三百里有白茶山。"[①] 只可惜引用的古籍《永嘉图经》已经失传，白茶的确切起源早已不可考证。安吉白茶是安吉茶的一个品种，典籍对安吉白茶的记载最早是在北宋年间，吴兴人刘异的《北苑拾遗录》中载："官园中有白茶五六株，而雍焙没有乃至。茶户惟有王免者，家一巨株，向春常造浮屋以隆风日。"[②] 宋子安的《东溪试茶录》也记载道："茶之名有七。一曰白叶茶，民间大重，出于近岁，园焙时有之，地不以山川远近，发不以社之先后。芽叶如纸，民间以为茶瑞。"[③] 神秘的安吉白茶在茶叶专著中惊鸿闪现，而记载最为详细的则是宋徽宗赵佶的《大观茶论》，其中说道：

> 白茶自为一种，与常茶不同，其条敷阐，其叶莹薄，崖林之间，偶然生出。虽非人力所可致。有者不过四、五家，生者不过一、二株；所造止于二三胯而已，芽英不多，尤难蒸焙，汤火一失则已变而为常品，须制造精微，运度得宜，则表里昭彻，如玉之在璞，它无与伦也。[④]

这一记载充分说明了安吉白茶的精美绝伦、清新淡雅、质朴典雅，

[①] [唐]陆羽：《茶经》，三秦出版社，2005年，第44页。
[②] 方健：《中国茶书全集校证》第一册，中州古籍出版社，2015年，第121页。
[③] 同上，第142页。
[④] 同上，第173页。

以及当时的人们对其的喜爱。安吉白茶历史悠久，一千多年传承不断，弥足珍贵。

近代安吉白茶发现于 1930 年，民国时期编撰的文献中有记载：在孝丰镇北面的马铃冈，发现了几十株野生的白茶树，树非常高，并且长得枝繁叶茂。树枝上结出来的嫩芽颜色很漂亮，颜色如云一般白润，烘焙之后的茶叶颜色微微发黄，用来泡茶喝的时候，味道清爽又甘甜。这几十株质量上乘的茶树是附近金光寺的庙产。

因为安吉白茶是变种茶叶，所以数量很稀少，这次在野外发现的野生茶树，数量也只有数十棵。现在所说的安吉白茶其实是绿茶，是绿茶株遗传突变形成的特异种类，其品种与上述的典籍不同，产自安吉县天荒坪镇大溪村横坑坞。1982 年，在天荒坪镇大溪村横坑坞 800米的高山上，一棵年龄超过百年的野生安吉白茶茶树被人发现，科研人员开始对其插穗繁育，从而有了今天的安吉白茶。

三、安吉白茶的发现与培育

长期以来，安吉虽然漫山遍地都是野茶树和野茶苗，当地人想喝茶了，随手抓一把叶子炒了就能喝，但是这些茶叶往往口味不佳。茶树也没有经过培育，虽种类众多，但大而不强，缺少特色，没有能拿得出手的品种。总体来说，安吉茶的质量不高，在全省和全国都没有影响力，安吉茶的品牌效应和经济效益都较差。因为没有经济收益，当地群众也很少有开展茶产业种植的。当地党委政府早就发现了问题端倪所在，于是决定先从选育优良品种入手。

我国茶树野生资源多、分布广，长期以来，经过不断的自然杂交、人工培育，衍变出丰富的茶树品种资源。实践证明，优良品种能比较充分地利用自然条件和栽培条件中的有利因素，抵抗和减轻其中的不利因素影响，并能有效地解决生产上的一些特殊问题，因此，优良品种在农业生产上十分重要。茶树的优良品种选育主要是培育优良品种、提纯复壮，繁育出高抗、高产、高品质的优良品种或者改良品种，进而提高茶叶产量和市场竞争力。

茶树的优良品种选育在茶叶生产中具有重要作用。一是可以增加茶叶产量。茶叶产量与芽叶数量息息相关，高产就是指在单位面积上能采摘到较多的适于制茶所需的茶的芽叶，它与生长速度的快慢有直接关系，同时要求在其大面积推广过程中能够保持持续而均衡的增产，总结起来有多、重、快、长四个产量因子。在同等自然条件和管理水平下，优良品种可以比普通品种增产30%—80%，甚至更多。二是可以改进茶叶品质。茶类对品质的要求很高，甚至超过了对产量的要求，茶叶的品质由色、香、味、形四个因子构成，改进栽培和采制技术，虽能在一定程度上提高茶叶品质，但茶叶品质的好坏，主要还是由芽叶的内含物和外部形态特征所决定的。茶树优良品种不仅芽叶形状美观、叶片较厚、茸毛较多、叶色旺盛，而且所含有的多酚类、氨基酸、香气成分等遗传物质要明显偏高，茶叶的色泽、滋味、形状、香气等品质也就较好。三是可以增强茶树的抗逆性和抗病虫害性。茶树比较娇嫩，容易受到各种不利外界环境因素的影响。茶树抗逆性是茶树种的一个基本特征，可以在多种气候和土壤因素环境地区栽培并稳定产量和质量，有效推进扩大茶区面积的扩大，实现品种推广种植。在出现寒害、旱害、病虫害等环境因子单独发生或者同时作用的时候做到不死亡、不减产、不降质。虽然对这些因素可以采取各种栽培措施加以防治,但是最经济而有效的途径是选育对这些不利因素具有抗性的品种。四是可以提高采茶效率。在采茶季,优良品种发芽密度、整齐度、芽叶大小比较一致,采茶时可以适当采用机械进行采摘,大大提高采茶效率,降低人工成本。

1981年,安吉县党委政府成立了浙北地区茶树品种选育课题组,组织精干力量进行选育优良品种的工作,由安吉县林业科学研究所负责该项目的具体实施。安吉县林业科学研究所党委经过仔细研究,决定由经验丰富的茶叶专家刘益民作为项目组负责人。刘益民当时任林业科学研究所茶叶研究室主任、高级农艺师,其科研水平高,长期进行茶叶选育研究。资金和实验场地都已经到位,人手却还是不足。刘益民又选择安吉县溪龙乡黄杜村农民盛振乾做了项目组成员,两人一起进行研究。盛振乾比刘益民小一岁,长期担任当地生产队长,对茶叶很有研究,喜欢种茶、喝茶。在乡亲们的眼中,盛振乾虽然读书不多,但是为人正派、厚道,做事认真,踏实肯干。他还学习过茶苗扦插、栽培种植技术,算是民间茶树护理的行家里手。刘益民和盛振乾两人被尊称为"安吉白茶之父"。

课题组需要先调研和排摸出整个浙西北地区的茶树资源和品种,利用现代科学技术选育出最优质、最具培育价值的茶树品种,然后再进行培育和推广。课题组深入田野,通过大量调查,观察过大量的茶树品种,结果都不满意。正在这个时候,经过群众的推荐,大溪村横坑坞的古茶树进入了课题组的视野,课题组进行了深入研究。横坑坞本来有一株高山野茶树，海拔超过 800 米，与其他的茶树品种不同，其叶子平时更加泛绿色，不开花、不结籽，在采茶的季节却泛玉白色，非常漂亮。茶叶加工之后饮用，味道非常鲜美，等过了茶叶季节，又恢复绿油油的颜色，被当地人称为"白茶祖"。关于这一株茶树，还有一则美丽的传说。

民间传说中是白素贞喝下雄黄酒，道行不济，现出原形，吓得许仙人死去。为了救许仙，她从杭州起程，飞往昆仑山，要去采摘灵芝仙草。昆仑山是一座仙山，满山都是仙树、仙草、仙花、仙果。白娘子搜寻一番，发现陡峭的岩石之上，有几棵蘑菇形小草，红中透紫，闪闪发光。白娘子急忙攀上悬崖，轻轻地掰下一枝，衔在嘴里，准备驾云起飞。这时她感觉身边有一股幽香，令人神清气爽。举目一望，幽香来处，是一株仙茶树，枝叶间挂着几个褐色的果子，这就是解惑定神的仙果。她摘下一个，放入袖口，御风而回。喝了灵芝仙草汤的许仙，慢慢苏醒过来，心神却安定不下来。白素贞想起仙果来。哪知道袖中空空，不见踪影。原来飞行之时仙果滑出袖口，掉入东天目山的一个大峡谷之中。彼时的白娘子心情急切，飞得又快，浑然不知。这个仙果落入凡间，按说命运难测，幸好这峡谷是人间仙境，山好水好，跟仙果的原初生存环境匹配度高。仙果心情愉快，按照自己的生命节奏，继续生根、发芽，长成新的茶树。一到初春，茶树的顶部就抽出粉白色的嫩芽，晶莹剔透，一股清香，不知经历了几多风雨，依然生机勃发。[①]

虽然有美丽的传说加持，也要经过课题组的科学处理和科学验证，才能证明其真正的价值。课题组工作进展仔细而又缓慢，茶叶选种育种工作本就是在时间流淌中才能找得到最好的品种。

1981—1987 年，课题组用 6 年的时间走遍浙江西北地区的大江南北和高山湖泊，对全部的茶树品种进行了认真的调查。课题组的工作进行得非常艰苦，需要调研人员长年累月在野外埋头苦干，仔细检查每一株茶树的每一个部位、形状和品相。

在此期间共发现了 1 000 多个良莠不齐的品种。在调查排摸茶树品种的同时，课题组还开展育种工作。从这 1 000 多个品种中选取了各方面最优秀、最有培育价值的 77 株茶树进行优良品种选育工作，并对每个品种的最佳生长气温、需求雨量、土壤 pH 值、海拔高度、各时期性状、抗病虫害性和抗药性等信息进行详细的记录和评估。安吉县大溪村横坑坞的古茶树就是其中之一，表现得很不错，这让课题组相当兴奋。

依托安吉县林业科学研究所提供的资金、技术和场地，课题组建立了茶树品种无性繁殖苗圃基地，占地约 2 亩。在基地里，课题组将上述 77 种选定好的茶株树剪枝插穗，进行扦插，做无性繁殖，培养新的植株，通过观察茶株的成活率、发芽期、产量、口感等综合评价来优中选优，结果是大溪村横坑坞的古茶树以优异成绩胜出。课题组工

---

① 王国平：《一片叶子的重量——脱贫攻坚的"黄杜行动"》，浙江文艺出版社，2020 年，第 61 页。

作人员从这株横坑坞古茶树剪取茶穗 537 株，当年继续进行无性繁殖育苗，成活 288 株，成活率上比其他品种好很多。课题组将其换到良种选育小区的对比实验田种进行种植，种植 82 株，成活 75 株，成活率得到了大幅提高。

为了确认各个茶树品种的品质，1985 年，课题组委托浙江农林大学茶叶系的专家对实验基地的茶树和制作而成的茶叶进行为期一年的长时间生化测定，共有 5 个茶样表现优异，其中也包括横坑坞古茶树。

1986 年课题组对各品种无性繁殖品系的发芽期和抗逆性进行考察，横坑坞古茶树依然表现优异，取名"大溪白茶"，正式参加湖州市农业局 1987 年举办的浙北茶树优良品种选育初评会，经过全国专家的多轮评选，"大溪白茶"品种得到了一致认可，光荣胜出。

培育出"大溪白茶"新品种后，课题组就开始了实验种植，在安吉县林科所、长兴县茶场、湖州农垦场茶场、湖州市埭溪镇关宅茶场、德清县莫干山乡何村茶场 5 个单位分别建立 5 个区域种植试验茶园，专心种植和管护"大溪白茶"，并对"大溪白茶"和茶叶在育种、产量、品质、性状等各方面进行了深入系统的了解和分析。

1992 年种植两亩，产出茶叶 15 千克，冲泡之后味道甘甜，富含人体所必需的各种氨基酸，氨基酸含量在 6% 以上，远远超过一般茶叶氨基酸含量的 2%—4%，市场表现也出人意料，其价格也比国内其他知名茶叶高出两倍以上，充分得到市场认可。

"大溪白茶"参加多次比赛，并取得优异成绩。1985 年 5 月，在浙江省茶叶学会组织的第二届全省斗茶会上获得第一名；1991 年，在浙江省名茶评比获省级一类名茶奖；1992 年，通过当时农业部茶叶质量监督检验测试中心的鉴定。至此，安吉白茶优良品种培育工作基本完成，现在火遍全国的安吉白茶就是横坑坞古茶树品种。曾经历过大溪白茶、山河白茶、安吉白茶、湖州白茶等曾用名阶段，后考虑到产权因素，又因为商品茶与茶树品种名字相同会引起概念混淆，所以在2001年将茶树品种定名为"白叶一号"，一直延续至今。

第二节　一片叶子富了一方百姓

一株树龄150年左右的野生白茶树的发现，使安吉白茶产业发展按下了启动键。30年来，曾经的黄杜村贫苦穷困，条件落后，缺少产业，自从在"绿水青山就是金山银山"理念指引下，找到了种植白茶这个农业特色产业、绿色产业、支柱产业、富民产业、关键性产业，一举实现了脱贫致富和乡村振兴，推动了安吉白茶从无牌、创牌到名牌的蝶变。

20世纪八九十年代，黄杜村的贫穷在安吉县远近闻名，是安吉县最贫困的乡村之一，村里各项指标在全乡甚至全县都是倒数第一。黄杜村位于浙北山区，地理位置欠佳，交通严重不便，除了务农，村里没有任何可以发展的产业。村里没有工业、商业，也没有乡镇企业，村民在村里老老实实种地也没有出路，农业发展需要土地，村里却土地奇缺，人均耕地面积不足7分。并且村里山林多、平地少，可耕地又多位于上坡之上，不仅种植不方便，也没有办法使用农用机械，手工种植的小麦、水稻、玉米等农作物产量也很低，当时全年人均收入不到400元，远远低于全县农村平均水平。

村里基础设施更是可怜，村中全是黄泥路，一下雨满脚都是泥泞，寸步难行。村里没有体育设施和文化设备，也没有公共路灯，甚至还没有通电，照明都还需要煤油和蜡烛，电视和电话那时候只存在于黄杜村村民的梦想里。因为种地没有前途，村里的青壮年劳力全部都外出打工，平时村里根本没有年轻人，只剩下老弱病残照看着家和几亩薄田。村里的贫困必然会反映在婚恋市场上，黄杜村成了方圆几十千米内婚姻鄙视链的最底端，只有黄杜村嫁出去的女儿，没有娶回村的媳妇。当地流传着"有女不嫁黄杜村"的说法，女方父母听说男方家是黄杜村的，第一个就不同意，因为黄杜村太穷了，嫁到黄杜村就不会有好日子过，肯定也不会幸福。

因为没有产业，村集体也根本没有收入，一些必要的支出又不能少，所以村里只能借债度日，几年下来更是债务累累，当时的村党支部书记盛阿林经常被人追着讨债，很多时候都不敢出门。村部和村小学房子都很破旧，按照现在的标准都属于危房的范畴，村里也没有费用进行翻修，只能凑合。当地的习俗，年夜饭一定要吃到鱼，象征着年年有余，图个吉利。这个简单的愿望在当时也实现不了，因为买不起鱼，很多村民年夜饭端到餐桌上鱼只能看不能吃，那是因为用木头做的"木鱼"。为了脱贫致富，村干部曾带领村民种植辣椒、毛竹、板栗、杨梅、菊花、西瓜，也都没有赚到钱，始终没有实现富起来的愿望。

安吉白茶是黄杜村的生命线，也是黄杜村人脱贫致富的一张金名片。白茶的推广种植主要依靠的是政府引导、科技兴茶、母子商标、各方支持等多方力量，不可或缺的是黄杜村民的努力与勤奋。

一、政府引导

30 年前，安吉县各级党委、政府以强烈的责任心和敏锐的洞察力，首先发现了新品种白茶种植的商机。通过反复研判，在充分认识到安吉白茶的产业前景后，使出浑身解数在村民中大力推广白茶种植。为打消村民顾虑，县、乡、村各级干部走门串户，苦口婆心地进行劝导；各级政府出政策、出资金、出办法；在产业根本、资金纽带、集聚优势、白茶推广、品牌打造、产业链升级等方面出大力气，问题出现均第一时间解决；村干部带头种植，做足模范带头作用。一系列组合拳终于打动了广大村民，积极种茶得到的收益最终说服了村民。各级党委、政府继续努力，以前瞻性、市场化、科学化、产业化、精细化、品牌化的管理和服务体系建设，终于使得白茶大面积种植，产业效率大幅度提升，产业增值高水平增长，从而带动了茶农致富、乡村振兴和利益共享，并联动茶旅、茶文化等相关产业发展，推动了茶产业朝健康、可持续的方向发展。

课题组在完成"白叶一号"安吉白茶的品种培育和市场前景调查之后，建议推广到广大村民中进行种植。课题组给出了相应的理由：因为当地的气候、土质、积温、海拔等方面，相当适宜"白叶一号"白茶生长。

安吉白茶属于绿茶，是中国特有的珍稀茶类。因其茶树品种和种植地域不同，茶叶颜色呈现出"绿叶夹银白色"的特殊品质，被誉为茶中贵族。安吉白茶的外形肥壮挺直，匀整，芽叶连枝，肥嫩匀亮，茸毛特多；叶色绿中泛白，叶缘微卷，叶面呈波状；叶肉肥厚，色泽嫩绿光润；叶底嫩匀明亮，芽叶成朵肥壮；冲泡后色泽嫩绿鲜润，白毫显露，香气鲜嫩清高，滋味鲜爽甘醇。

安吉白茶对生长环境的要求殊为苛刻："土壤方面，安吉白茶属浅根性树种，根系分布较浅，要求土层深厚、疏松、肥沃的壤土或沙壤土，以保水保肥能力强、通透性好的壤土为好。在栽培管理上要做到浅耕、深耕，在茶树生长期内要适时追肥，注意防治病虫。温度方面，安吉白茶喜温暖气候，耐寒力差。水分方面，安吉白茶适宜在年降水量在 1 000 毫米以上的地区种植。安吉白茶较耐旱，土壤湿度以60%—70% 为宜。土壤相对湿度在 75%—80% 为好。"[1]

黄杜村是盆地地形，地处山区，海拔相对较高，空气湿度比较浓厚，无霜期比较短，冬季相当寒冷，年平均气温 16℃—18℃，最低月平均气温为 -2℃—3℃，最高月平均气温为 29℃—30℃，最冷月平均气温为 1℃—3℃，且 10℃ 以下的绝对低温期持续时间久，最高月平均气温在 30℃ 以上的村庄。再加上当地工业企业少，土地空气纯天然无污染，有利于白茶氨基酸等营养物质的积累，所以当地生长的白茶产量高，口味好，营养价值高。投放市场之后，肯定会有很好的市场反响和收益。当地党委、政府在收到课题组建议之后，深以为然，敏锐地嗅出口味鲜爽、香气醇香的"白叶一号"白茶是一个发展突破口，开始谋划在当地发展安吉白茶产业，改变当地贫穷落后的面貌。

虽然课题组的选种育种工作完成得非常出色，给出的建议也相当中肯、切中时弊；然而，课题组选育出的安吉白茶最好品种"白叶

---

① 《什么是安吉白茶？安吉白茶是白茶吗？》，SYC 善茶缘，2023 年 5 月 29 日，https：//baijiahao.baidu.com/s？id=1767198513355437996&wfr=spider&for=pc。

一号"在实际推广种植中还是异常艰难。溪龙乡党委、政府看到了白茶种植的广阔前景，在推广白茶种植发展白茶产业的过程中，主动迎难而上，勇往直前，越过一个个"拦路虎"，解决一个个困难。要本来相当贫困的村民主动种植"白叶一号"白茶，首先要解决的就是茶苗培育、资金扶持、技术指导等问题：茶苗从哪里来，村民没有钱进行前期投入要怎么办；其次要解决白茶销售、市场发展等问题：种出来的白茶能否销售出去，价格怎么样，能否实现持续增收；最重要的是要解决信心问题：种植白茶是不是确实可行，是否会赔得本钱都没有。

经过沟通、协调、斡旋，茶苗由课题组成员、本村乡亲盛振乾提供茶苗。盛振乾是老党员，政治觉悟高，愿意承担大量辛苦的技术育苗工作，并为全村乡亲们低价甚至无偿提供茶苗。安吉白茶育苗工作复杂且烦琐。一般采用无性繁殖短穗扦插育苗技术，采用短穗扦插育苗能保持母本的特性，后代性状一致，繁殖系数高，成活率高。育苗地块选择、种植时间等都必须经过精心挑选，还要做好温度、灌溉湿度管理，争取每一株都是精心培育的好苗子。

育苗要选取健康、生长良好的母树，采摘当年生长旺盛、长势良好的嫩梢。这些嫩梢要尽量保持完整，茶叶质量优良，没有受到病虫害的侵害。安吉白茶母树在春茶采摘后马上修剪，然后将这些嫩梢经过专业的处理，包括修剪、浸泡等，剪去蓬面鸡爪枝、细弱枝，修剪深度以能长出粗壮枝梢为度，使其适合用来培育茶苗。加强肥培管理，在施足氮肥施用量与同等生产茶园相同的基础上增加磷、钾肥的施用量，以增强新梢的分生能力。要加强病虫害防治，保证母树新梢枝叶健壮、完整。

将处理好的嫩梢放入苗圃中进行育苗。苗圃地应选择在交通方便、地势平坦、有足够水源、排水方便的农地或水田。土质要求疏松、微酸性的砂质或轻黏质壤。安吉白茶苗的育苗需要注意保持适宜的温度和湿度。育苗室的温度应保持在20℃左右，湿度要保持在80%以上。苗地搭棚遮阴，可避免日光强烈照射，降低地面风速，减少水分蒸发，有利于提高扦插成活率和幼苗生长。一般采用遮阳网覆盖，扦插后应立即盖好遮阴棚。通过灌水、覆盖保湿膜等方式，保证苗床的湿度。这样可以有效地促进安吉白茶苗的生长和发芽。除了温度、湿度的控制外，还需要定期给茶苗施肥和疏通。安吉白茶苗的生长过程中，对养分的需求较高，适量施加一些有机肥料和矿质肥料可以提供充足的养分供茶苗吸收，促进其健康生长。还要根据苗床的实际情况及时疏通，以保持苗床的透气性和排水性。

当安吉白茶苗长到一定的高度后，就可以进行嫁接。嫁接是将所选好的安吉白茶茶苗嫁接到具有抗病虫能力的砧木上。这样可以提高安吉白茶的抗病虫能力，促进茶苗的生长。

安吉白茶苗的培育过程还需要注意防治病虫害。茶苗在生长过程中容易受到一些病虫的侵害，对茶苗造成破坏，必须采取相应的防治措施，比如用有机肥料来增强茶苗的抗病虫能力，幼苗虽能从土壤中吸收部分养分，但因初生根系少，适量追施肥料是必要的，施肥应掌握分期多次。定期对苗床进行清理，及时清除病虫害。苗期常见的病虫害有叶病、小绿叶蝉、茶蚜等，应及时喷洒杀虫剂或杀菌剂，在茶园浇水之后叶面上的水渍刚刚风干的时候进行喷洒。秋插的白茶苗一般可在翌年 10—11 月起苗栽种。①

启动资金由政府从政策调整入手，说服县里、乡里几家银行为进行白茶种植的茶农提供低息甚至无息贷款，并对其茶苗购置活动进行补贴。技术指导方面，从省会杭州请来中国农业科学院茶叶研究所、浙江大学、浙江农林大学的专家进行技术培训。为了改变初期参加培训人员较少的情况，吸引茶农参加培训，乡里和村里为参加培训的茶农提供丰厚的补贴。乡政府向县里几家企业贷款，共同成立安吉县林溪白茶开发有限公司，并由实体公司以黄杜村为核心打造千亩白茶基地。

万事俱备，只欠东风。为了发展白茶产业，说服村民进行白茶种植，当地党委、政府号召各级干部迎难而上，一户户上门向村民讲技术、讲前景、讲政策，门槛踏破、嘴皮说破，做各种思想工作，无奈村民们考虑各种困难，依然是应者寥寥。当时村民们眼光不够长远，惧怕失败，心里没底不敢尝试，因为之前政府也号召安排进行过经济作物的种植，结果却并不理想。

为了打消广大村民不敢种植的念头，当地进行了干部带头、先进示范、树立榜样、模范带动，动员说服黄杜村党支部书记盛阿林和后河村党支部书记方忠华首先进行种植。盛阿林作为黄杜村老支书，带领父老乡亲致富奔小康的愿望特别强烈。方忠华是其他村的支书，泥工出身，早年就出外谋生，走南闯北，在建筑行业闯出一片天地，自

---

① 以上方法由笔者根据《安吉白茶的种植技术》《安吉白茶苗培育》综合而成，分别引用自中国普洱网，2023 年 9 月 12 日，http://m.puer10000.com/mip/106379.html 和茶宾网，2022 年 7 月 15 日，http://www.chabin.cn/article/1873841.html。

已经营有建筑公司，在当地算是有头有脸的体面人。两位村支书党性修养强，在组织的动员下出钱、出力、出土地，甘愿冒风险成为第一批吃螃蟹的人。

盛阿林带头种了两亩多安吉白茶，三年后开始收获，当时价格是600元1斤，收益超过了1万元，这在当时比村里普通农户一年的收入还要高。村里抓住机会，大力推广白茶上规模种植。溪龙乡党委、政府也在资金、政策等方面继续给予支持，并承诺只要村民参与种植安吉白茶，乡政府就会给予相应的补助。

随着乡政府有关措施的出台，再加上盛阿林和方忠华两位村支书种植的白茶获得了结结实实的收益；村民们的顾虑被彻底打消，由不愿意种植到积极种植，越来越多的村民开始加入进来，撸起袖子加油干，一起披荆斩棘，垦山种茶。短短几年，黄杜村白茶种植不断取得成功，茶叶产量不断攀升，白茶销量不断增加，市场口碑不断得到认可。1997年，农村妇女宋昌美结束了十几年的外出打工生涯，带着省吃俭用省下来的10万元回到村里承包10亩荒山地开始种植白茶，从种茶、炒茶、卖茶的门外汉一跃成为安吉白茶的领军人物，其创立的"溪龙仙子"品牌成为安吉白茶知名商标，她还创立并担任安吉县溪龙乡女子茶叶合作社社长，带领100多名农村妇女一起进行白茶创业。

尝到甜头后，在白茶创业大户的带动下，更多的村民开始了白茶创业之路。黄杜村于1997年完成了安吉白茶种植1000亩的计划，到1998年，家家户户都开始种植白茶，溪龙乡茶园基地如期完成，当年投入资金超过200万元，村民人均年收入首次超万元，这是之前从未有过的情况。茶农信心越来越足，干劲越来越鼓，终于挺起了腰杆，黄杜村成为远近闻名的白茶专业村和生活富裕村。借助黄杜村的成功经验，政府因势利导，开始在全县范围内推广黄杜村种植白茶的经验。全县群众"大干快上"，在环境适宜的土地种植白茶，到 2001 年，安吉县白茶种植已突破上万亩。

黄杜村脱贫致富的成绩，得到时任浙江省委书记的习近平同志的重视。2003 年 4 月 9 日，时任浙江省委书记的习近平同志来到安吉考察调研。在黄杜村，习近平沿着泥巴路走进茶园，询问白茶推广植情况，白茶是怎么引进的，怎么扦插、采集、加工的，销售情况如何。在听取村里白茶基地的建设发展情况时，习近平对黄杜村的富民举措给予充分肯定，称赞"一片叶子成就了一个产业，一片叶子富了一方百姓"的绿色发展理念。（见图 2.1）习近平同志的肯定和赞扬，让黄杜村民备受鼓舞，更加坚定了种茶致富的信心。这次调研后不久，安吉县的白茶产业得到了跨越式发展。

图2.1　黄杜村"一片叶子富了一方百姓"石碑

黄杜村民谨记习近平总书记的谆谆教诲，在"绿水青山就是金山银山"理念的指引下，不断发展白茶产业，多种茶、种好茶，在脱贫攻坚和乡村振兴中做出贡献，也逐渐形成独具特色的黄杜经验。

随着白茶种植面积越来越多，黄杜村能种植白茶的田地都种上了白茶。（见图2.2、图2.3）

如今黄杜村家家户户种植白茶，每年的收入绝大多数来自白茶园，家家户户盖起了小别墅，开上了小轿车，过上了幸福的生活。

当地党委、政府持续不断支持黄杜村白茶产业发展，带领白茶产业又快又好发展，促进产业链向纵深推进。2003年，安吉县出资支持溪龙乡新建了一条长180米、宽12米的白茶道路，2008年，白茶道路要继续延伸200米，拓宽至17米，很快得到县发改委批复同意。黄杜村为了提高经济效益同时预防水土流失，决定发展白茶套种绿树种

图 2.2　黄杜村茶山一角

图 2.3　黄杜村茶山一角

项目，由于缺少资金，县林业局立刻给予资金支持。项目经过几年的运作，运行状况良好。为了继续扩大规模，2013 年开始，安吉县政府和溪龙乡政府拨出专项经费补贴种植，在茶园里种植香榧、山核桃等阔叶林作物或者行道树防护林都可以获得补贴，亩种植 25 株以上的一亩补助 600 元。安吉县政府设立了 2 亿元规模的安吉白茶产业投资基金，以基金为纽带，向县内民营茶企发出邀约，通过置换股权完成改造，组建混合所有制安吉茶产业集团，产品品牌为"极白"，形成了安吉白茶的产业航母。

二、科技育茶

中国农业科学院茶叶研究所（以下简称中茶所），位于浙江省会杭州市西湖风景区核心地带，1956 年国家批准筹建，1958 年 9 月 1 日正式挂牌成立，2001 年 6 月增挂"浙江省茶叶研究院"牌子，是我国唯一一家以茶为研究对象的国家级综合性研究机构，也是我国综合实力相对较强的茶叶科技研发中心。

黄杜村在刚开始白茶种植时就跟中茶所建立了联系。当时为了种出好茶叶，为了得到专业的技术指导，当地党委、政府毅然登门，到中茶所寻求帮助，得到了中茶所领导的热烈回应。两家因此建立了联系并且持续至今。刚开始是恳请技术指导和种植培训，邀请种茶所的专家到黄杜村为村民进行种植白茶的理论和实践培训；之后在种植过程中遇到的问题也向种茶所专家进行请教，都得到了中肯的解决办法。

随着时间的推移，双方关系越来越亲密，双方由单纯的技术支持发展为相互支持、拓展合作、共建党支部的大好局面。（见图 2.4）

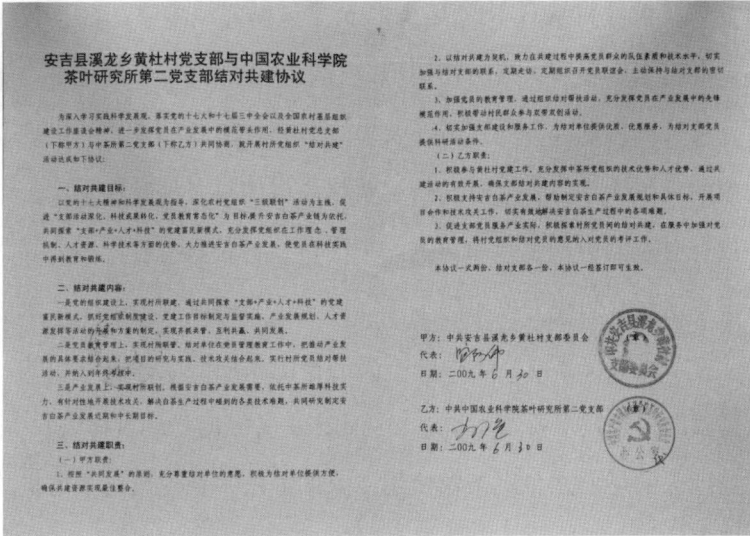

图 2.4　黄杜村党支部和中茶所第二党支部结对共建协议

黄杜村茶农有中茶所专家的电话和微信，在白茶种植和炒制过程中的疑难杂症、情况问题都可以第一时间向专家沟通解决。中茶所也会第一时间把茶叶种植、管护的先进技术和经验向黄杜村茶农传递，通过在黄杜村的科研实践，把科研项目、学术成果与黄杜村的白茶种植实践紧密结合起来，黄杜村因此也成为中茶所的重要科研成果转化基地。双方合作产生了一加一大于二的神奇效果。

2006 年春季，安吉县出现了晚霜天气。安吉白茶相较于其他品种，采摘时间稍晚，通常是其他茶叶采摘完成，安吉白茶才进行采摘。如果在这时候发生倒春寒的天气，娇嫩的白茶叶耐不住寒冷，纷纷夭折，其后果不堪设想，茶农会受到严重的经济损失。晚霜天气使得安吉县平原和谷地茶园受灾严重，只有高山上的茶园得以幸免，黄杜村茶叶大量减产甚至绝收，很多茶农损失严重。针对这种局面，在中茶所推荐下，黄杜村从日本购买了 12 台茶园防霜风扇系统的全智能化设备，在出现倒春寒天气时使用可以有效防止霜降带来的危害。从此以后，黄杜村再也没有受到霜冻天气的影响。2013 年夏季，出现了史无前例的炎热天气，几个月的持续晴热高温使得茶树叶片枯黄，树木濒临死亡对茶园会产生致命影响。正当黄杜村茶农一筹莫展之际，中茶所雪中送炭，组织专家编印了《高温旱害茶园减灾与恢复技术措施图》，考虑到茶农普遍文化程度不高的情况，用图文并茂的形式，将防治高温的科学技术要领生动地表达出来，并及时送到黄村茶农手中，解了当地人的燃眉之急。茶农使用专家的办法平稳地渡过了危机，挽回了损失。

中茶所还关注黄杜村"白叶一号"白茶茶园绿色管理、绿色防控问题，即如何在茶叶种植过程中，尽量使用绿色、无污染、无公害的方法来处理茶树病虫害问题，不用、慎用、少用农药，从而达到减少病虫害危险的同时，降低甚至消除茶叶中的农药残留风险。因为茶叶是用来饮用的，茶树又极其容易产生病虫害，必须使用农药，所以这方面的矛盾是个世界难题。如何破解这个难题，使得饮用茶更加健康卫生干净，彻底提高安吉白茶的品质，中茶所也给黄杜村提供了系统性的解决方案，概括起来就是"五个一"，即一张纸、一堂课、一专柜、一块地、一个人，涵盖了茶叶种植、茶园管控等方方面面。

"一张纸"。内容包括政府出台的相关政策措施、技术部门编制的技术资料和技术实施过程的跟踪记录等，就是让大家知道有哪些具体的要求，应该怎么去干，做到心中有数，一条一条梳理出来，以备查。

"一堂课"。其实有好几堂课，包括政府推进工作的动员布置会、技术部门的宣传培训课和茶农田间的实践操作课。他们设立"农民田间学校"，主动上门，在茶园的茶行间，跟黄杜人一起，有问题就地想法子，没问题就看怎么预防，"治未病"。

"一专柜"。就是"茶园用药专柜"。自从2009年在黄杜村设立以来，病虫防治的次数和化学农药使用的数量都下降六成以上，这里的部分茶园已经开始不使用化学农药了。

"一块地"。划出一片区域来，展示绿色防控技术实施的效果，还有就是试验示范绿色防控新技术，属于田间试验室。

"一个人"。最终还是落实到人身上，培养"茶园绿色卫士"。他们掌握病虫害绿色防控的基本知识和技能，自己能做好，又能帮助他人。

"五个一"，一个体系，可操作，还管用。[1]

中茶所成立了中茶所驻溪龙博士工作团，至少有两位博士长年驻扎在黄杜村，在黄杜村的广阔茶园里进行科研工作和实践工作。中茶所还在黄杜村建设了茶园病虫害无人机防治技术总试验示范基地，在黄杜村的雅思茶场设立了茶园修剪和茶树病虫害防治新技术的试验示范基地。两个基地的设立给黄杜村带来了最新的茶叶种植和防病虫害技术。

---

[1] 王国平：《一片叶子的重量——脱贫攻坚的"黄杜行动"》，浙江文艺出版社，2020年，第93页，有删减。

三、母子商标模式

安吉白茶品牌能够享誉全国、走向世界，和安吉县党委、政府的品牌创新战略密不可分。随着"白叶一号"白茶的种植面积屡创新高，安吉白茶产品越来越畅销，市场占有率越来越高，安吉白茶品牌的创建问题也因此变得刻不容缓。然而，当时安吉县遍布大大小小的茶场都认为自己生产的产品是安吉白茶，同时又都有自己的品牌，但却没有产生一定影响力的品牌。安吉白茶品牌出现了多而无章、杂而不精的状况。由于缺少统一的生产标准和质量要求，市场上销售的商品也出现过一些瑕疵，安吉白茶受到消费者的非议。安吉县意识到必须解决这些问题，安吉白茶才能走得更远。

为彻底解决小规模经营与大品牌建设之间的矛盾，探索出一条可持续发展之路，安吉县创新发明了"母子商标"模式，即企业母商标加子商标并行的管理模式。安吉白茶商标属于安吉县，各茶场企业的商标归属于各茶商企业。安吉白茶是母商标，各茶场企业的商标是子商标，开始推行自动化、组织化、标准化生产管理，确保安吉白茶品牌产品的品质和良好效益，力促全县茶产业增值增效。

在品牌建设方面，安吉县早在 1997 年就申报了"安吉白茶"为地理标志证明商标，同时在安吉白茶品牌管理中创新使用"母子商标"管理。2001 年，安吉县申请注册了安吉白茶商标，开启了我国茶叶类商标注册的先河。2006 年安吉县申请了"安吉白茶"地理标志产品保护，将安吉白茶的生产保护在安吉县行政区域内。2018 年，安吉白茶在获得"中国地理标志证明商标""地理标志产品保护"的基础上，再次通过了国家农业农村部"农产品地理标志"登记，标志着安吉白茶从产地、产品到品牌得到全方位、全领域、全覆盖的知识产权保护。2022 年 2 月，《安吉白茶》"品字标浙江农产"团体标准发布实施。它对产地环境、管理要求、产品包装、产品要求等方面都做了详细规定，明确了商标使用、质量标准、生产技术、产品包装等统一的管理模式，为"安吉白茶"公共品牌建设提供了标准化生产依据和产业化管理模式。安吉县鼓励各企业、商户、茶场在安吉白茶的母商标之下注册子商标，动员茶农积极创业、注册企业、成立茶场，生产自家茶叶、创新自家产品、打造自家品牌、提高自家产品竞争力；同时积极促进母商标和子商标报团取暖，一起壮大声势，一起打造、建立、维护行业质量标准，共同提高品牌知名度，建立质量不达标的追溯、惩罚机制。安吉县还积极拓展产业链品牌，免费培训茶农和各企业主的品牌意识，打造品牌战略，由此拓展出茶文化、茶工艺、茶食品等茶产业纵向品牌。

安吉白茶"母子商标"模式建立后，黄杜村各茶场积极注册自己的商标，白茶创业越来越成功，白茶产品越来越丰富，白茶销量越来越高，黄杜村也注册了自己的黄杜商标（见图 2.5）。

黄杜村所在的溪龙乡白茶产业迎来大发展，2001 年溪龙乡白茶产业产值超过 1 800 万元，占比超过全乡生产总值的 50%，成为全乡的支柱产业。为了继续推进白茶市场的占有率，溪龙乡上马了安吉白茶街项目建设，安吉白茶街建成后成为溪龙乡标志性建筑，每年茶季来临，各地茶商熙熙攘攘、络绎不绝，白茶浓郁的香味四处飘散，大大促进了茶叶市场的对接和销售，成为安吉白茶发展的助推器和发动机。

多年的实践证明，安吉白茶子母商标模式无疑是成功而有效的。目前，安吉白茶母品牌旗下有宋茗安吉白茶、芳羽安吉白茶、极白安吉白茶、艺福堂安吉白茶等十多个知名子品牌。在这些龙头骨干企业的带领下，茶叶种植、加工、运输、贮藏、销售等与茶叶产业关联的企业、合作社、家庭农场共同组成了安吉白茶产业化联合体，共同促进安吉白茶走出国门，走向世界。

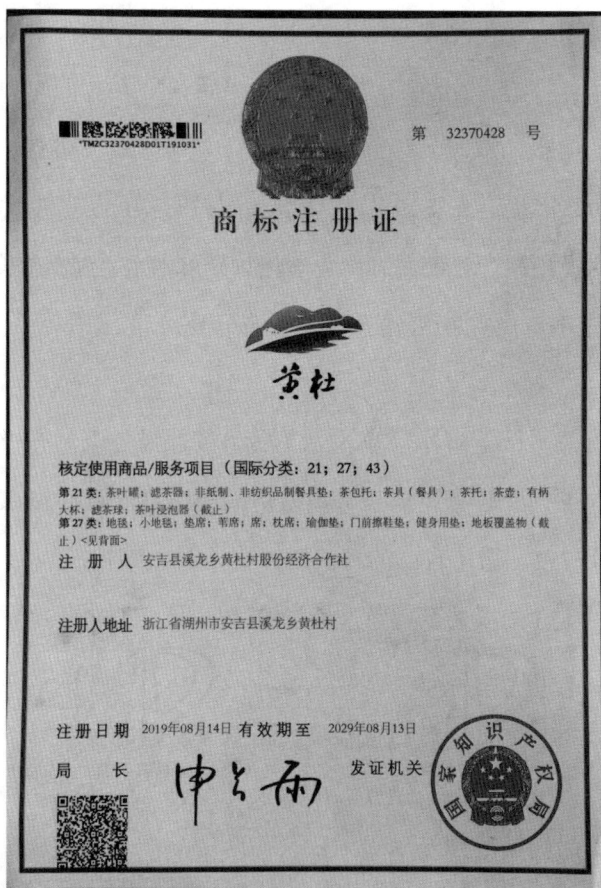

图2.5 黄杜村申请的"黄杜"商标

四、各方支持

黄杜村坚持党建引领乡村振兴，做大做强做精安吉白茶产业，白茶产业结构不断优化，茶叶品牌效应不断凸显，茶文化蔚然成风，取得了巨大成功，实现了"一片叶子富裕一方百姓"的美好愿景，这是全社会、各方面、各部门共同支持的结果。当地对黄杜村资金、政策、服务等方面的大力支持，为黄杜村安吉白茶事业的发展做出了重要贡献。

安吉白茶每年春天从 3 月份开始进入茶季，茶季每年时间很短，大概只有几十天的时间。这期间要进行采茶、炒茶、卖茶。为了更快更好地采摘茶叶，每年黄杜村都会雇佣上万名来自全国各地的采茶工。在茶农忙碌的同时，也是当地政府和各部门最忙碌的时候。既要保障采茶的顺利进行，又要保障涌入黄杜村的上万名采茶工的生产安全、人身安全、食品安全、财产安全、交通安全等。人员的突然增多，再加上交易量暴涨，用电用水量剧增，当地政府和各部门需要有效介入茶叶交易纠纷处理、电力供应、治安状况、设备检修等各种事务，通常情况下一点也不比茶农轻松。30 多年来，当地妥善处理了各种突发事件，充分保障了采茶季安吉白茶的采摘、生产与销售。

每年茶季为了能够及时采摘，短时间内需要大量采茶工同时作业，假如过了采茶季，没有采摘完毕，这时候的茶就没有任何价值了。如果出现这种情况的话，会产生巨大损失。黄杜村每年需要 1 万多名采茶工，安吉县有 17 万亩茶园，大约需要 26 万采茶工。2020 年，突如其来的新冠肺炎疫情打乱了安吉白茶采茶季的惯例，受到疫情困扰，很多地方采取了封城的措施，人员流动严重受限，安吉县招不到采茶工。各个茶场本来都有自己的招工渠道，但这时候就完全起不到作用了，采茶工不到位则会严重影响农时农事，对当地茶场带来灾难性的影响。眼看着茶季就要到了，采茶工完全没有着落，各位茶农压力巨大，心急如焚。

为了解决难题，安吉县各级党委政府、各部门、各单位，甚至全社会都行动起来，组织精兵强将，分成多个工作组，到安徽、河南、山东等地务工人员密集且疫情不严重的地区跟当地对接，主动上门招工。招到人以后，租用几十辆大巴车从各地把工人直接全封闭运送到工作地点。

除此以外，还从防疫、后勤、安全等方面予以保障支持。根据疫情防控需要，详细掌握各采茶工身体状况，建立安全采茶操作规范，建设突发紧急状况应急预案，确立健康码跨省市互认通用制度，谋划考虑好吃饭住宿、工资待遇、人身财产安全等具体事项。在各方面精细的保障之下，当年黄杜白茶得以按时采摘，实现了增产大丰收。

在每年茶季，为了扶持安吉白茶产业，安吉天然气公司对春茶生产所需要的天然气、液化气费用打八折优惠，电力部门下调农业生产电价0.1元/度。邮政部门协调各企业主体加大力度支援白茶物流业务，各快递公司提前大量储备白茶寄递的物流物品，专门从外地抽调几百名精干业务人员前来支持。

在数字经济时代，安吉白茶产业发展当然不能落伍。安吉县斥巨资制作并上线了安吉白茶生产交易管理平台，茶农、茶企、劳务中介、买家、卖家都可以在平台上一键获取信息和服务。

金融机构同样支持黄杜村白茶产业发展。安吉农商银行与黄杜村联合开展"银村双基共建、助力乡村振兴"活动，支持年轻人返乡进行白茶创业。2014年，黄杜青年贾伟大学毕业回到村里创业的，其创办的安吉语茉茶叶经营有限公司2018年获得安吉农商银行100万元的信贷支持，2019年又得到安吉农商银行200万元的"党员先锋贷"项目支持。贾伟还牵头成立溪龙乡青年创业联盟，安吉农商银行累计向溪龙乡青年创业联盟授信8 000万元。如今，安吉农商银行支持贾伟创办的企业新产品在市场上很受欢迎，销往全国各地，溪龙乡青年创业联盟也形成了品牌效益。截至2023年10月，安吉农商银行对黄杜村信用贷款授信达97%以上，授信余额超过3 000万元，贷款户数200余户，贷款余额超过2 000万元，贷款用信覆盖率超过60%。

第三节　产业融合发展创新路

黄杜村是隐蔽在浙江西北边缘群山旮旯里的村庄，位于溪龙乡南部，黄杜村域面积11.5平方千米，其中山林面积14 167亩，森林覆盖率82%；耕地面积915亩。下辖6个自然村，农户420户，人口1 536人。村党总支下设2个党支部、4个党小组，党员61名。

全村遍地都是山地，人均耕地较少，并且都是地处山上零散的坡地，不具机械耕种的价值，产量极低，不管是种植小麦还是水稻效果都不佳，长期以来都一直是穷困之地。村民们在村党组织的带领下勇敢致富，种植过各种经济作物，但始终没有实现"富起来"的愿望。自从找到种植白茶这个产业，创业的氛围一直影响着全村。党员干部带头种茶开拓市场，多方奔走争取政策资源，想方设法引进先进种植技术，村民家家户户实现了富裕，村里也彻底改变了样貌。

2001年，盛阿伟担任黄杜村党支部书记，继续带领全村老百姓走在致富的康庄大道上。20年多来，他带领黄杜村从小规模种植安吉白茶发展到名副其实的"中国白茶第一村"。黄杜村是安吉白茶产业的始发地和核心区，全村白茶种植面积占全县总种植面积的10%。黄杜村也是安吉县旅游"白茶飘香精品示范带"上的重要节点。黄杜村的万亩茶园荣获了国家级农业示范区和省级休闲农业观光园等荣誉。2022年村级集体经济经营性收入达到151万元，农民人均纯收入7万元以上。

黄杜村先后获得省级全面小康示范村、省级文明村、省级民主法治村、省高质量就业村、市新农村实验示范村、中国美丽乡村精品村等荣誉，金叶子景区成功成为国家AAA级景区。

安吉白茶在黄杜村的成功，党的坚强领导是核心，当地独特的自然禀赋是前提，黄杜村茶农的艰辛付出是关键。刚刚进入新时代，随着白茶种植面积的快速增加，黄杜村白茶产业发展也出现了一些制约因素，迫切需要提档升级。

一是可开发土地少，制约产业发展壮大。当时，全村适宜茶叶生长的土地都已经种植白茶，山地、林地、荒地等都已经开发完毕。安吉县是全国美丽乡村，生态环境全国领先，生态林、天然林等不能够破坏，进行茶叶种植的土地几乎没有，同时根据国家政策的要求，基本农田的耕地只能种植粮食作物，制约了产业继续规模化。当时一些农户到周边的安徽广德等地区承包土地种植白茶，虽然对产业发展壮大很有帮助，但却出现了如何保证外地所产茶叶的口味和质量，进而使人不得不考虑会不会引发市场担忧、会不会影响安吉白茶品牌形象的问题。

二是规模小茶企依然普遍存在，质量效益提升艰难。黄杜村人人进行白茶创业、家家经营茶场，确实为白茶产业发展和茶农脱贫致富做出了巨大贡献。同时，家家都经营茶场也说明全村企业虽然数量众多，但是规模偏小，缺少具有产业聚集效应、示范带动效应的较大规模的茶叶龙头企业；总体产品质量难以再上台阶，不能进一步打响市场影响力和产品知名度，各茶场的生产能力很难充分挖掘。有些茶园种植不符合规范、重建轻管、栽培技术跟不上、科学管控意识淡薄，进而影响茶叶质量。部分茶场存在着加工环境简单、设备设施落后、加工技术不高等问题。

三是品牌竞争力不强，难以形成合力。全村白茶产业都是在"安吉白茶"的母商标的培育下，以子商标的形式在市场上销售。虽然品牌众多，但是实际上很多企业商标宣传意识淡薄，不重视企业个性培养，没有子品牌宣传意识，各茶场生产标准不统一，茶叶包装采购随意，种类多样。部分茶场服务意识薄弱，缺乏合作，销售方式单一且跟不上时代发展，不善于使用网络和短视频等线上平台；由此给消费者带来品牌混乱之感受，影响消费升级。部分茶叶发展主渠道依然是"种植—加工—销售"模式。

新时代给了黄杜村如何实现新发展的命题，黄杜村也在思考自己的发展转型之路。如何依托特色产业发展、壮大集体经济，在有利于村民持续增收的征程中，不满足于每家每户白茶加工、产销的现状，在提高茶叶附加值方面多下功夫，激发茶产业后续发展动力。于是，在盛阿伟的带领下富裕起来的黄杜村开始进行文化+旅游融合发展的茶产业转型升级，从生产茶叶向生产风景、生产文化转变，使人们感受到了更大的格局。

黄杜村在"绿水青山就是金山银山"理念指引下，面对外部竞争压力、品质下行压力增大的情况下，以资源为基础、市场为导向、产业化为突破口，壮大产业规模，提升白茶品质，扩大品牌影响，打通营销渠道，促进茶旅融合，全面推进白茶产业进一步高质量发展：壮大产业规模，扩大白茶种植土地规模，鼓励到周边省区甚至西部省份承包茶园，加大旧茶园标准化改造升级，提高茶园维护管理水平；提升白茶品质，茶园管护、茶叶制作等严格执行标准化操作规范，保证品质和等级划定，提升白茶的品质；促进品牌打造，积极组织引导各茶场参与各类品牌创建，鼓励各企业千方百计升级产业品牌，建立真正符合产业化、规模化要求的高标准、现代化茶叶精深加工企业；加强与科研院所合作，综合利用茶资源，进一步丰富茶叶品类和开发茶叶衍生品，促进茶旅融合发展。

黄杜是一个有潜力的村庄，潜力在那优美的万亩茶园，在那独特的白茶原产地文化，也在那充满后劲的布局。如今村里不仅种植、加工、销售白茶，还综合利用起了茶山风景和饮茶文化，大踏步地向着三产融合的方向迈进：休闲观光园区、帐篷客酒店、白茶民俗村令人心旷神怡；茶食品、茶含片、茶博园风生水起；"印象溪龙"实景剧、白茶手工炒制非遗、白茶会客厅目不暇接，等等。

2014年，黄杜村的帐篷客酒店开始运营，由景域集团总投资2亿元建成，漫山遍野美丽的茶园里点缀着一个个帐篷民宿，是美丽山水、田园风光、休闲养生与白茶文化完美结合。酒店沿途修建有健身步道，游客可以漫步，也可以骑行；两岸夹树，枝叶葱茏，时而深潭清幽，时而古树掩映，堪称美丽清凉的胜地。不仅吸引来大量游客，酒店还促进了高端白茶销量，每年销量价值 600 万元以上，单价超过 1 600 元/斤。溪龙乡启动总投资超过 60 亿元建设中国安吉白茶小镇，建起一条全长 25 千米的白茶文化飘香带，串起万亩茶园风光和周边乡镇、水系的生态资源，沿线规划白茶主题公园、白茶生态影视基地、白茶博物馆、小镇客厅等。黄杜村的白茶产业发展已经从卖茶叶的初级阶段进化为卖风景，进而卖文化。《中国农村报》对此有过深入的报道和描述：

> 黄杜村的白茶由分散式向集中式转变，实现集聚集群发展。2000 年开始，该村针对白茶产业迅速发展的趋势，从规划布局入手，建立了白茶种植核心保护区和永久保护区各 6 000 亩。重点支持规模加工企业建立茶叶生产基地和订单基地，通过散户茶园统一流转，实现了全村三分之二的茶园由 5 家龙头企业统一管理培育和集中加工，解决了农户分散经营、市场混乱、效益不高等问题。
>
> 同时黄杜村还大力推广茶园绿色防控技术，实施化肥减量增效和农药减量控害工程，鼓励支持茶企、茶农建设高标准生态绿色有机茶园、无公害茶园。全村通过国家级无公害基地、无公害茶叶产品 17 家、6 810 亩，绿色食品 29 家、7 857 亩，有机茶

认证 14 家、4 152 亩。大力推行标准化生产，着力规范加工工艺流程、质量管理和卫生制度，推行"无公害食品—茶叶加工技术规程"行业标准，有效提升茶叶加工质量，白茶产业标准化体系不断完善。创新推行母子商标、茶园证等，产品质量可追溯管理机制，目前已注册国内商标 128 件、国际商标 27 件，GAP 认证 6 家。

黄杜村深度挖掘白茶文化。按照"全价利用、跨界开发"理念，强化与中茶所、浙江大学等高校院所合作，着力推进茶叶精深加工及产品研发，研制的安吉红于 2011 年正式上市。同时，白茶手工炒制技艺被列入《国家级非物质文化遗产名录》。还借助万亩茶园大力发展休闲旅游，打造安吉白茶生态休闲观光园区，建成了白茶文化展示馆、白茶街、白茶主题公园等一批休闲设施，吸引了电视剧《如意》的入园拍摄，引进了"中国第一野奢品牌"精品度假酒店帐篷客落户，成功打造了第二张"金名片"，开业至今已接待游客 10 万人次，实现旅游收入 1 800 万元。

未来，黄杜将提升白茶品牌优势，增强白茶产业综合实力。坚持做优做强，放大原产地品牌优势，巩固安吉白茶产业核心地位；加快建成安吉白茶现代炒制加工、交易中心，进一步增强集聚辐射功能；力争在 5 年内，将 1.2 万亩白茶主导产区打造成综合产值在 10 亿元以上的白茶现代园区；以白茶现代园区为依托，打造集休闲度假、养生运动为一体的"中国最美茶园"景区。黄杜村已与安吉万是商旅合作成立了旅游发展有限公司，建立了公司负责策划运营、村经济合作社主导、茶企入股的市场运作方式，按照"集聚、集约、集中"的思路发展白茶产业，传承白茶炒制非物质文化遗产工艺，融入现代产业发展理念，重点规划提升目前已有的白茶炒制基地，对新增休闲项目要求结合白茶文化创意，建设安吉白茶炒制非物质文化展示馆和白茶炒制体验区。[1]

下一步，黄杜村将充分推进网红打卡地和红色文化高地建设。一方面，利用传统媒体和渠道开展展示、宣传、推广活动；另一方面，使用抖音、微博、淘宝、微信、京东、拼多多等网络新媒体平台进行宣传和销售，邀请明星、网红等人士帮忙站台。将黄杜村打造成"为党分忧"——主动帮助西部地区脱贫致富的社会主义共同富裕文化高地，从一贫如洗到全村富裕的励志文化高地，"村富、景美、人幸福"的乡村振兴文化高地，推进绿色高质量发展的"绿水青山就是金山银山"理论践行文化高地，"唱响茶品牌、壮大茶产业、弘扬茶文化、拓展茶市场"的优秀中华传统文化高地。

扩展阅读：

"安吉白茶"可持续发展的调查与研究[2]

"安吉白茶"的发展经过了30年的历程，如今已走出浙江，

---

[1] 《安吉美丽乡村之黄杜村》，中国农村网，2015年12月19日，http://journal.crnews.net/zgcz/2015n/dseq/911689_20151218112519.html。

[2] 《"安吉白茶"可持续发展的调查与研究》，安吉县人民政府网站，2013年10月9日，http://www.anji.gov.cn/art/2013/10/9/art_1229211655_54881997.html。

走向全国，而安吉白茶也不仅安吉所有，已遍布全国各产茶区，面积超 80 万亩，且还在源源不断地增加，安吉白茶品牌管理和市场竞争压力日益增大。因此，我们应居安思危，未雨绸缪，探索一条适合安吉县情的白茶可持续发展路径。今年下半年，县政协由叶海珍主席牵头，会同张为华、侯献荣、曾庆山等各位副主席，邀请县农业局、林业局、工商局、质监局、食药监局、卫生局、茶文化促进会、开发区（递铺镇）、溪龙乡、梅溪镇、皈山乡等相关部门、乡镇，通过走村入企、部门座谈、专家走访、外出考察等方法，收集数据，分析案例，寻求对策。现将调研情况报告如下。

一、"安吉白茶"的发展历程及主要特征

"安吉白茶"，是指以"安吉"地名命名，在安吉原产地域范围内，经认定的茶园内采摘的白茶鲜叶，并在安吉地域内按照《安吉白茶》标准生产加工的白茶。

回顾历程，"安吉白茶"的发展可分为三个阶段：①发现研究阶段：20 世纪 80 年代初，浙江省农业厅牵头设立"浙北茶树良种改造繁育"课题，在安吉境内对原始茶树种群进行挖掘，在天荒坪镇大溪村横坑坞桂家山发现了仅存的一株百年白茶茶王，经过科技人员的考察、研究和实验，将单株母树通过无性繁育手段，于 1989 年在县林科所成功种植了 3.2 亩。由于安吉白茶的自然特性为业内人士称赞，至 1995 年繁育成茶园 30 余亩。②小规模种植阶段：1996 年初，溪龙乡政府提出建设"千亩白茶基地"，并通过政策支持、干部带头、大户示范、科技指导等手段，大力扶持发展白茶种植。科研人员对安吉白茶特异性状进行了更进一步研究，对生产技术进行研究和推广，安吉白茶规模种植开始起步，到1998年安吉白茶园面积达到2 800亩。③产业化发展阶段：1998年后，县政府对发展安吉白茶出台了相关优惠政策，鼓励农户种植，并在管理和宣传上加大力度，于2010年全县白茶种植面积达到10万亩。至2012年，全县白茶产量达1 200吨，产值达13.6亿元。这期间，安吉白茶于2001年获全国原产地保护证明商标，2004年获国家原产地域产品保护，2008年获中国驰名商标和中国农产品名牌产品称号。

"安吉白茶"从无到有，从小到大，从弱到强，一举成为中国名优茶中的佼佼者，其品种推广速度之快、产品价位之高、市场品牌之响、总体效益之好都是我国茶树育种史上少有的。综其然，"安吉白茶"之所以能够创造辉煌，主要由以下三个特征所决定的。

1.优异的自然品质无与伦比。用春梢一芽一二叶制成的"安吉白茶"，具有翠绿间黄的色泽，清鲜持久的香气，鲜爽甘醇的滋味，鹅黄明亮的汤色，玉（肉）白脉绿的叶底，充分显示了"表里昭澈，如玉之在璞，他无与伦也"（宋徽宗《大观茶论》）的特征和底蕴。作为在优越的自然生态条件下发生的突变体，安吉白茶具有其独有的遗传特性，即有规律的白化返绿现象和高氨低酚的代谢特征。正是这一特征，使得安吉白茶成为茶中一绝。

2."母子商标"成就了"安吉白茶"品牌。如果说安吉白茶的天生丽质是大自然赐予的，那么安吉白茶"母子商标"则是后天创造的。安吉白茶的"母子商标"管理模式即"安吉白茶商标（母商标）＋企业商标（子商标）"。母商标主要用于树立产业品牌形象，子商标主要用于质量追溯。对自己没有企业和子商标的茶农，引导他们加入专业合作社，统一使用合作社商标。虽然茶叶生产者在销售中仍然保留自有品牌，但是在整体品牌标识、产品包装及品牌运作上统一打"安吉白茶"品牌。拧成一股绳，生产集聚规模，传播集中发力，经营提高效率，形成了强劲的品牌竞争优势，切实解决了茶农品牌散沙态的问题。"安吉白茶"母子商标的创造和应用，被农业农村部称为"中国农业发展史上的奇迹"，列入浙江省改革开放30年十大创新案例。

3. 白茶富民独树一业。安吉白茶在市场竞争的浪潮中，发挥其优越的环境、优异的品质、优秀的品牌、优质的管理等诸多得天独厚的优势，成为造福一方的茶中奇葩。目前，全县白茶种植面积10万亩，种植户5 800余户，茶叶加工企业350家（其中经工商注册的200家），茶叶专业合作社31家，安吉白茶产业链从业人员20多万人。2012年，安吉白茶产量达1 200吨，产值13.6亿元，为全县农民人均增收超3 000元，其中"安吉白茶第一村"黄杜村每户年均茶叶生产纯收入达30万元。

二、"安吉白茶"存在的问题及根源

近年来，我县在白茶园区建设、白茶产业推进、公共品牌管理、白茶文化挖掘等方面做了大量卓有成效的工作，为安吉白茶跻身世界级名茶行列奠定了基础。然而，在日益激烈的市场竞争和严苛的产业转型升级的双重压力下，影响"安吉白茶"可持续发展的问题更加突出。

（一）"安吉白茶"存在的主要问题

1.白茶品质参差不齐。目前家庭式、家族式的生产方式，小而多分散经营现状，决定了安吉白茶品质参差不齐，溪龙白茶的生产管理、加工技艺及整体质量明显优于其他茶区，皈山、昆铜等地的茶叶质量相差明显。部分白茶产区仍存在毁林种茶，白茶生长所需的自然环境遭到不同程度破坏，白茶自然品质下降。少数小户、散户不按标准生产，食品安全隐患尤为突出。在市场上，一方面，全国16个省份种植"白叶一号"茶面积逾80万亩，大量外地引种的白茶冒充安吉白茶流入市场，鱼目混珠，扰乱市场；另一方面，低价竞销，自相残杀，"窝里斗"的现状随处可见。

2.白茶企业规模不大。我县茶叶生产主体数量众多，但个体规模明显偏小，多数仍属农户分散种植经营，大山坞、宋茗、千道湾、龙王山、溪龙仙子、雅思、银叶等八大品牌产品的市场占有量不足10%。全县经工商注册的200家茶加工企业中，年产值超2000万元的仅7家，国家级、省级龙头企业是空白，市级龙头企业仅4家，而同为全国名茶产区的贵州省湄潭县，全县茶叶面积超70万亩，仅有50家注册茶企，但培育有国家级龙头企业4家、省级5家、市级6家。

3.白茶产业延伸不长。目前，我县白茶产品以干茶为主，科技含量和附加值不高，在深度开发和综合利用方面还未真正起步。据有关专家测算，如果正常采摘，夏秋茶的产量可占茶园全年茶产量的60%，目前安吉白茶的加工周期不足一个月，出于效益有限、人工采摘成本较高两个因素的利益权衡，大量后期白化不足的春茶和夏秋茶被弃养茶园，利用率极低。近年来，嘉盛研、塔塔、华大等国内外知名茶企相继落户安吉，但都未涉足安吉白茶产品的生产研发。

4. 白茶市场建设不力。全县至今没有一个集中规范的干、鲜茶规模交易市场。茶农自发形成溪龙、皈山两个鲜叶市场，生产季节当地政府疲于管理。半成品市场与产品市场、茶场门市部混杂，且入场交易管理缺失，监督检测不足，以次充好、以陈充新、以假充真等问题时有发生。在外地茶叶市场，安吉白茶频遭假冒，跨行政区域实施监管存在诸多困难。

5. 白茶文化渗透不足。与福建、贵州等产茶区相比，我县茶文化整体氛围明显淡薄，干部群众对"茶为国饮""喝茶喝健康"的生活理念还有明显差距。近年来，我县打造白茶飘香精品示范带，但茶文化景点的建设还稍显粗放，对文化内涵的开掘尚显不足，存在任意改造，破坏了茶文化的意境与价值。除溪龙的仙子广场以外，全县缺少标识明显、特色浓厚的白茶文化休闲场所。

（二）"安吉白茶"存在问题的原因分析

1. 茶农缺乏质量为本的意识。为追求眼前利益，部分农户毁林开荒、盲目扩种，忽视了对茶园生态环境的保护，园区套种遮阴树、无公害化施药等规定执行不力。相当部分茶农对白茶品质的保护意识不强，对安吉白茶质量标准缺乏认识，单纯追求产量，忽视采摘和加工工艺，存在粗制滥造，茶叶品质低次，感官与理化、卫生指标难以达标。

2. 茶企缺乏做大做强的能力。我县大山坞、宋茗、千道湾、龙王山等一批白茶专业大户，拥有上千亩白茶基地，实现了种植、加工、销售一条龙，但产品单一，全县绝大多数经营者缺乏现代农业发展的经验、理念和实力，安于现状的多，创新克难的少，甚至为享受农业税减免而不愿申报注册为一般纳税人企业，同时受白茶生产期短、无土地利用指标等客观因素制约，企业规模难以做大。而且茶企、农民专业合作组织与基地、农户之间还停留在以产品买卖关系为基础的低层次产销合作上，没有真正形成"风险共担，利益共享"的经济利益共同体。

3. 市场缺乏规范固定的场所。建设白茶专业市场是产业规模化、规范化、专业化发展的必然需要。全县的茶交易主要依赖溪龙乡的白茶街和露天的白茶青叶交易市场。目前安吉白茶城已完成项目审批、图纸设计等各项前期工作，由于缺乏土地利用指标，迟迟不能动工建设。与此同时，由于规划、整合、管理不力，县城干茶临时市场得过且过，如何规范缺乏必要思考。

4. 政府缺乏刚性量化的监督。我县从事茶叶生产加工经营的企业（作坊）小而多，但行业管理缺乏专门机构。虽然有关于安吉白茶的国家标准，但由于相关部门监管不到位，标准执行主要依赖于茶企和加工户自觉遵守，实际效果并不理想，尤其是对千家万户的小散加工户，质量监管有所缺失。白茶质量安全检测大多采用企业送检方式，缺乏刚性量化的监督程序，且现有检测标准亟待提高。

5. 协会缺乏有效服务的手段。目前，县白茶协会承担着行业管理服务的部分职能，但作为一个社会组织，无法协调农林、质监、工商、税收等多个行政部门的工作，实施行业管理服务明显乏力。协会服务仅停留于简单的信息交流，在文化挖掘、科研探索、技术服务等方面没有发挥作用。

三、"安吉白茶"可持续发展的对策与建议

党的十八大报告提出"坚持节约优先、保护优先、自然恢复的方针，着力推进绿色发展、循环发展、低碳发展，形成节约资源和保护环境的空间格局、产业结构、生产方式、生活方式"，并明确"增强生态产品生产能力"，这指明了农业生产的发展方向和生态农业的美好前景。安吉白茶代表着安吉县域农产品的质量和信誉、文化与价值、个性及风格，它更代表着安吉县域的农业实力和农业现代化程度。在安吉白茶原产地面积稳定在 10 万亩的同时，全国 1 500 余种名优茶竞相亮牌，稍不留神，就有被其超越之忧，此时的安吉白茶何去何从？对比省内外名茶产区的经验做法，结合我县茶产业发展实际，特提出如下对策建议：

（一）明确一大目标，确立安吉白茶发展的支撑力

"安吉白茶"的发展必须以改善农民生活、增加农民收入为目标，以提高白茶综合生产能力、转变白茶效益增长方式为手段，通过经营理念、经营手段的现代化，使白茶产业成为安吉的名牌经济，与安吉竹产业并驾齐驱，带动安吉农业经济走向新的更大的繁荣，为建设富裕、美丽、幸福安吉提供强有力的基础与支撑作用。

（二）树立两大理念，提升安吉白茶文化的渗透力

茶文化，是整个茶叶发展历程中有关物质和精神财富的总和。纵观中国五千年的璀璨文明，可以感受到茶文化作为一种家家户户都需要的且承载精神力量的物质，作为一种待客之道的载体，其长期发挥的作用几乎是公益性的。可以预见，中国经济的快速发展、民众收入的不断增加和物质生活的显著改善，必将带动茶文化领域的消费力，也为安吉茶产业的发展带来新的契机。安吉白茶文化虽保有中国茶文化这个总纲的共性，更有其鲜明的个性，不但应当传承中国茶文化的传统性，更应汲取现代科技文明的先进性。

1. 立足安吉白茶的定位，树立"科技兴茶"理念。安吉白茶是大众的、时尚的健康美味饮品，是人类身心的灵叶。安吉白茶不可复制的特质和品味，使其在茶饮品消费市场中具有强劲的优势。但是，我们必须看到，对于安吉白茶的保健功能和药理研究尚未真正起步。云南的普洱茶在传统的饼、砖、沱紧压茶的基础上，采用现代生物科技，开发出保留原有风味、无农残、无添加的百分百速溶型茶品，市场供不应求。安吉白茶也可通过科技创新研发，努力开创类似普洱茶"品茗与速饮齐飞，茶业共长天一色"的局面。因此，建议：进一步加强茶企与科研院所、高校的合作开发，吸引多学科介入，加快实现安吉白茶精深加工，拓宽白茶利用空间，提高白茶产业的附加值。

2. 立足安吉白茶的定性，树立"文化强茶"理念。安吉白茶是商品性很浓的饮品，是最典型的文化商品。安吉白茶虽为中国六大类茶叶中绿茶的其中一种，但与普通绿茶比又个性十足。它之所以为人们所认可、所喜爱，其实是其内在的文化因素和文化附加值所产生的吸引力。宋徽宗在《大观茶论》中关于白茶的论述可谓极致，所以安吉白茶为"茶中之王"，其潜质，对于孕育灵思、启发创意都有助益。因此，建议：充分发挥安吉茶文化促进会的作用，积极举办安吉白茶文化节，努力开展茶艺、茶赛、茶人联谊会、研讨会等活动，在各级电视、报刊、网络媒体开设白茶专栏，定期宣传茶文化和茶知识，提升白茶文化主题展馆，建立白茶文化档案，编著白茶文化读本，纳入安吉的校本课程。采取"原生态环境保护"方式，像保护生态环境一样地加强安吉白茶祖保护，禁止把白茶祖作为景点开发，在春茶期间落实专人看管，严禁采叶攀枝、损伤生机。

（三）夯实三大基础，强化安吉白茶标准的执行力

在农产品消费市场日趋细化，人们对农产品作为食品的安全问题越来越重视的今天，消费者对品牌的认同和依赖越来越强。安吉白茶优异的品质是品牌之本、产业之基，必须严用各项标准，严管各个环节，严查各项责任，推进固本强基。

1. 强化茶园环境的源头保护。在指导思想上，茶园病虫害防治变"消灭"为"控制"，保护茶园生态体系中有害生物和有益生物间的种群平衡，将病虫害调控在危害水平以下；在防治措施上，制定出台茶园生态复绿、套种间作遮阴树和行道树的标准和补助措施，改善茶园环境，发挥茶园自然调控能力，以农业防治为基础，兼以生物防治，合理进行化学防治，全力实现无公害生产；在防治组织机构上，建议以行政村或合作社为单位，成立植

保队，实施统防统治，政府给予一定补贴；在农药供给上，加强农资用品源头管理，建立产品的准入准出制度，制定并公布白茶种植禁用药品名录。

2. 强化产品质量追溯管理。建立茶叶生产加工记录，茶叶加工时必须记录所有鲜叶的来源（地块）及数量，随机抽检茶园地块的鲜叶农残和市场交易的干茶农残。若出现超标或违规农药现象，根据茶叶追溯体系进行追踪，追查相关责任人的责任，并做出相应处理。

3. 强化白茶品质安全保障。加强科研与投入，建立白叶茶种资源库和育种基地，提纯复壮原有品种，试验筛选新品种；在白茶重点乡镇建立采茶工、炒茶工技术培训长效机制；实行安吉白茶 SGS（国际通用公证行）送检认证，公开发布并向客户提供 SGS 权威测试报告，增强安吉白茶食品安全可信度。

（四）处理四大关系，提高安吉白茶品牌的影响力

"安吉白茶"不只是一个品牌标志或单一农产品，它是各种相关因素综合而成的整合体。安吉白茶在经由各个渠道进入社会体系的过程中，而成为一道社会景观、一种生活方式、一个集合各种相关利益者的思想倾向、风格特征的符号体系与载体。因此，安吉白茶产业的发展，须处理好四大关系。

1. 产业发展与环境保护的关系。安吉白茶产业的发展不能以破坏环境为代价，必须坚持在保护中发展，在发展中保护，实现节约发展、清洁发展、安全发展，促进经济效益、社会效益、生态效益相统一。生态效益是经济效益和社会效益的基本保证，良

好的自然生态环境是安吉白茶的生存之基、发展之本。在白茶种植与环境保护出现矛盾的情况下，要统筹当前利益与长远利益，稳定并控制10万亩茶园面积，采取防范毁林复垦的强硬措施，走整合茶企、提高品质，研发新产品、提高附加值的现代农业发展之路。

2. 扶持龙头企业与壮大白茶产业的关系。白茶产业的发展是通过政府与企业的共同努力来实现的，尤其企业是推动产业发展的市场主体，茶企的成长与扩张是白茶产业做大做强的必由之路。安吉白茶做大做强，必须打造一批优秀的生产加工销售企业。就安吉白茶现实条件，宜培养3—4家5000万以上的龙头骨干企业，制定出台茶产业发展的专项扶持政策，建立茶产业发展基金，对规模企业在土地使用、税费减免、资金信贷、项目服务上给予政策扶持和优先权，在标准化茶园建设、良种改造、产品研发、相关认证、品牌打造上予以补助，为白茶企业发展提供更高更好的平台。

3. 建设有形市场与无形市场的关系。有形市场和无形市场实质上是一种经济关系，是一种交换场所。安吉白茶产业应当立足于有形市场与无形市场的融合发展。一方面，要建设有形市场，在提升溪龙白茶街、规范溪龙、皈山青叶市场的基础上，加快建设中国·安吉白茶城，建成具有一定规模，集批发、零售、信息发布、产品检测、拍卖、金融、物流于一体的现代化标准化的大型专业市场，发挥标杆和定价权作用，形成安吉白茶公开、公平、公正交易的市场环境。此外，针对县内各区域白茶龙头企业逐渐发展壮大的趋势，提前规划递铺镇、皈山乡的青叶市场建设。另一方面，相关职能部门应尽快理清安吉电子商务发展思路，培育发展符合安吉实际的无形市场，构建安吉白茶的信息平台、信用平台、交易平台、支付平台、物流平台，实现实体店铺与网络店铺双向结合、比翼双飞。

4.做强安吉白茶与发展延伸产品的关系。"安吉白茶"是安吉茶产业的主业，其他产品的研发是"安吉白茶"的延伸。安吉白茶面临的竞争，不仅是同类茶的竞争，更是中国六大类茶企的竞争。安溪"铁观音"也好，云南"普洱茶"也罢，已是国内茶产业市场的高手，其观念、管理、技术、资本等方面均占绝对优势，而"安吉白茶"至今没有一家在全国信誉高、叫得响的企业品牌，也没有一个附加值高、市场占有率高的产品，面对这些竞争对手时显得怯场。因此，做强"安吉白茶"企业仍是当今安吉白茶产业发展的主题。建议：茶产品的开发应以企业为主体，安吉白茶中茶氨酚的提取，安吉白茶采摘后期青叶的利用，以及茶含片、茶食品的开发等等，应紧密联系已在安吉落户的嘉盛研、华大、塔塔等茶企，鼓励他们研发新产品，提高茶产业的附加值。

（五）落实五大责任，提高安吉白茶产业的竞争力

"安吉白茶"品牌是一个遵循一定模式的系统工程。该系统涉及政府、部门、协会、企业、农户等一系列品牌化相关体，这些相关体相互作用，通力合作，方能确保安吉白茶品牌在全国的强势地位。

1.落实政府职责。提供信息与政策资金，组织技术推广与指

导，实施质量监管，协助安吉白茶协会开拓国内外市场，提高安吉白茶的市场竞争力。建议县政府借鉴县矿资办运作模式，成立安吉白茶产业管理办公室，明确编制、职级与职责，整合农业、林业、工商、质监等多部门政策资源和管理职能，建立联席会议制度和部门领导联系茶企制度，及时解决发展中的困难和问题。重点乡镇，如溪龙、皈山、递铺、梅溪等产区每年召开茶业发展大会，把发展茶产业作为富裕百姓的重要任务来落实。建议职能部门会同乡镇，在全县范围内，对茶园、茶厂（场）、茶农、茶叶包装厂和茶叶市场等情况进行一次全面普查，通过调查摸底、登记造册，建立茶产业资源档案，进而制订科学完善的产业规划，严格控制白茶种植面积，实行市场交易身份登记和准入制度，推行实名制销售。

2. 落实部门职责。强化食品安全监管，农业、卫生、质监、食药监等部门紧密结合，加快建设省级农产品检测中心，构建企业自检、部门抽检、检测中心临检相结合的检测体系，严格控制交易环节的食品安全；强化质量标准制定实施，完善品质分级标准和认证服务体系；强化产业发展服务，在茶叶交易市场、重点茶叶生产加工企业和茶园基地设立信息采集点，建立茶叶行业数据库，及时准确传递和发布产业信息，从宏观角度掌握白茶市场的变化趋势，为茶产业产前、产中、产后提供全面的信息服务，研究不同时期产业优惠政策的侧重点，为安吉白茶健康发展提供有形支持。

3. 落实白茶协会职责。"在今天竞争激烈的市场上，与一个独立的种植者孤单地面对竞争而生存相比较，作为合作组织的一个会员，一个种植者和其他种植者联合起来，能够赢得一个共同的更大的市场份额。"这段话道出了农产品协会生存的根基，正是基于安吉白茶生存的压力，白茶协会才得以存在。下阶段，白茶协会应该着眼于自身压力和产业发展需要，更加重视并致力于白茶品种改良和新产品开发的相关研究，包括转基因白茶品种改良（目前市场上议论较多的是黄金芽茶）、杂草控制、病虫害控制和土质肥力研究，降低生产成本，同时深入开展白茶产品健康营养及多用途研究。在目前情况下，这些工作有待于与白茶管理办公室同时进行，安吉白茶协会必须充分发挥作用。

4. 落实企业职责。白茶企业是安吉白茶品牌化的起点。作为安吉白茶产业的经营者，从人力资源、财力、生产作业、市场营销加强管理及企业文化等方面，不断修正，提高实力，形成自己的核心竞争力，以求在残酷的市场竞争中立于不败之地。目前，安吉白茶企业包揽了白茶种植、园区管理、采摘加工、包装销售的全过程，一定程度上也制约了企业的发展。建议实行"公司（合作社）＋基地＋农户"模式，逐步使零散茶园向茶企流转或加入专业合作社，小户专业从事种植，以订单或入股形式为企业、合作社提供原料，提高白茶种植专业化、规模化、集约化水平，实现产业分工更专、更细，使企业做得更大，走得更远。

5. 落实茶农职责。"质量认知"是茶农的当务之急。安吉白茶产品在消费者心中的质量是安吉白茶保持强势地位的重要因素。茶农必须懂得茶叶的质量是茶农致富的基础和保证。要通过培训、教育、处罚等多种手段，提高茶农对茶叶质量重要性的认识，提高茶农对消费者茶品忠诚度、信誉度的认识、信誉度，如此才能花更少的钱获得更高、更持久的回报。建议以合作社为单位，实施会员自我管理、自我监督，制定详细的规程和制度，对白茶的生产、加工、包装、销售过程实行严格的管理，并以书面形式通报检查结果，真正让消费者认识到"安吉白茶"有值得信赖和依据的质量。

"安吉白茶"披荆斩棘，白手起家，成就来之不易，弥足珍贵。在炒作盛行、跌宕起伏的茶市中，"安吉白茶"的可持续发展如履薄冰，既不能故步自封，更不能急躁冒进。市场经济不是放任经济，政府的助推和引导至关重要。本报告针对"安吉白茶"可持续发展中的若干突出问题，开展调查研究，探讨对策建议，谨供县委、县政府决策参考。

第三章 "为党分忧": 白茶扶贫中西部少数民族地区

在迎来中国共产党成立一百周年的重要时刻，习近平总书记在全国脱贫攻坚总结表彰大会庄严宣告：

> 经过全党全国各族人民共同努力，在迎来中国共产党成立一百周年的重要时刻，我国脱贫攻坚战取得了全面胜利，现行标准下 9 899 万农村贫困人口全部脱贫，832 个贫困县全部摘帽，12.8 万个贫困村全部出列，区域性整体贫困得到解决，完成了消除绝对贫困的艰巨任务，创造了又一个彪炳史册的人间奇迹！这是中国人民的伟大光荣，是中国共产党的伟大光荣，是中华民族的伟大光荣！ [①]

"党的十八大以来，以习近平同志为核心的党中央引领亿万人民，以'一个都不能少'的铮铮誓言，以'不破楼兰终不还'的铁血壮志，

[①] 习近平：《在全国脱贫攻坚总结表彰大会上的讲话》，新华网，2021 年 2 月 25 日，http://www.xinhuanet.com/politics/leaders/2021—02/25/c_1127140240.htm。

打赢脱贫攻坚战，实现历史性跨越，开启了向着更高目标进发的新征程。"①中华民族的历史，就是一代代生生不息的中国人努力奋斗、摆脱贫困，追求丰衣足食、幸福生活的历史，特别是近代以来，西方帝国主义和本国封建主义的残酷压榨使得中国人民对摆脱贫困的渴望更加成为镜花水月，直到中国共产党的成立，才使得摆脱贫困这个中国人民孜孜以求的梦想有了实现的可能。

中国共产党成立的一百年来，始终坚持把为中国人民谋幸福、为中华民族谋复兴作为自己的初心使命，把人民对美好生活的向往当作自己的奋斗目标，团结带领全国各族人民取得新民主主义革命、社会主义革命和建设、改革开放和社会主义现代化建设的一个又一个胜利，阔步迈入中国特色社会主义新时代。在全面建成惠及十几亿人口的更高水平的小康社会进程中，以习近平同志为核心的党中央把脱贫攻坚摆在治国理政的突出位置，把脱贫攻坚作为全面建成小康社会的底线任务，组织开展了声势浩大的脱贫攻坚人民战争。在脱贫攻坚的伟大实践中，习近平总书记始终牵挂着困难群众，亲自指挥、亲自部署、亲自督战，提出一系列新思路、新观点，作出一系列新决策、新部署，为脱贫攻坚提供了根本遵循和科学指引。全国数百万扶贫干部、共产党员前赴后继、攻坚克难，始终战斗在脱贫攻坚一线主战场上，亿万人民和衷共济、团结奋斗。党和人民披荆斩棘、栉风沐雨，攻克了一个又一个贫中之贫、坚中之坚，脱贫攻坚战取得了全面胜利，历史性

---

① 《改变中国命运的伟大决战——以习近平同志为核心的党中央引领亿万人民打赢脱贫攻坚战纪实》，新华网，2021年2月24日，http://www.xinhuanet.com/politics/2021—02/24/c_1127133427.htm。

地解决了绝对贫困问题,创造了又一个彪炳史册的人间奇迹! ① 中国特色的反贫困理论和中国特色的减贫路径已经在中国脱贫攻坚伟大实践中获得了前所未有的伟大胜利,也必将对人类社会脱贫问题产生重要的借鉴意义和深远的影响。

从无产无业到"白茶第一村",从穷村到富裕村,从空有绿水青山到生态经济互融共生,黄杜村"一片叶子富了一方百姓,一片叶子成就了一个产业"的故事细腻温润,久久回荡。黄杜村的成功离不开党的坚强领导,离不开"先富带后富"的发展逻辑,离不开黄杜干部群众的努力奋斗,也必将谱写社会主义共同富裕的全新篇章。

落其实者思其树,饮其流者怀其源。吃水不忘挖井人,致富不忘党的恩。怀着朴素的群众心声,黄杜村向总书记表达了捐赠茶苗助力中西部群众脱贫的美好心愿。"习近平总书记对浙江省安吉县黄杜村农民党员来信提出向贫困地区捐赠白茶苗一事作出重要指示,肯定当地干部群众主动帮扶贫困地区群众的精神,勉励大家把帮扶困难群众这件事做实做好做出成效,带动更多人为脱贫攻坚贡献力量。殷殷嘱托,给人温暖,催人奋进。"②

黄杜村民吃水不忘挖井人,虽然相隔千里万里,素不相识,仍以援助处于贫困状态的中西部少数民族地区群众来回报党恩。从 2018 年起,浙江省安吉县溪龙乡黄杜村的茶农,与四川、贵州和湖南三省四县 34 个贫困村的农民为了同一个共同富裕的理想经常走动,亲如兄弟

---

① 《实现乡村振兴,脱贫攻坚精神不能丢!》,澎湃网,2021 年 10 月 19 日,https : //m.thepaper.cn/baijiahao_14976131。

② 人民日报评论员：《饮水当思源 先富帮后富》,《人民日报》,2018 年 7 月 15 日,第 3 版。

姐妹，"一片叶子富了一方百姓"的故事在中西部民族地区继续上演。如今，这片来自黄杜村的"金叶子"带着祝福跨过大山大河，来到湘黔川的贫困地区帮助当地农民脱贫致富，谱写了扶贫工作东西部协作的一段佳话，为打赢扶贫攻坚战注入了黄杜力量。

黄杜村为党分忧、先富帮后富，向贫困民族地区捐赠茶苗和栽培技术的壮举，是新时代涌现出的饮水思源的扶贫典型，是中国多层次、多形式、全方位扶贫协作和对口支援格局的一个缩影。在广西，由广东援建的移民异地安置新村，见证了"两广一家亲"的区域合作；在宁夏，"闽宁情谊割不断"的花儿民歌，道出福建、宁夏两省区齐心协力战胜贫困的亲密协作；在云南，"沪企入滇、滇品入沪"的经贸往来，成为上海和云南两地从单向帮扶到合作共赢的生动注脚。[①]在社会主义乡村振兴的进程中，坚持专项、行业、社会等多方力量有机结合的扶贫协作和对口支援，形成聚众力、汇众智、集众志、构筑全党全社会的强大合力，能够最大限度地实现产业互补、优势互鉴和多方共赢，有利于加强区域合作、协调区域发展、优化空间布局、凝聚强大力量，开创先富帮后富、先富带后富，最终实现共同富裕目标的良好局面，彰显社会主义的本质要求，体现社会主义的政治优势和制度优势，凸显社会主义的优越性所在。

---

① 人民日报评论员：《饮水当思源 先富帮后富》，《人民日报》，2018年7月15日，第3版。

第一节　白茶青青印初心

每个人都有自己的初心，初心是什么？中国共产党人的初心应该是什么样的？共产党人应该怎样理解初心？为什么要不忘初心，共产党人应该怎样不忘记自己的初心？《光明日报》曾经这么讲过：

初心是本心、本源，党性修养是共产党人的"心学"。初心是本色、底色，要永远保持共产党人的政治品质，筑牢共产党人的精神基石。初心是信仰、理想，具体体现为坚定马克思主义信仰和共产主义远大理想。初心是信念、信心，要始终坚定中国特色社会主义的信念和中华民族伟大复兴的信心。[①]

中国共产党的初心和使命就是"为中国人民谋幸福、为中华民族谋复兴"。胸怀千秋伟业，恰是百年风华。中国共产党的一百年，其间无论处在胜利的高潮还是逆境的低谷，都始终谨记着自己"为中国人民谋幸福、为中华民族谋复兴"的初心使命，团结带领全国各族人民无所畏惧，奋勇前进，努力满足人民群众对美好生活的向往。

黄杜村曾经是远近闻名的穷村，多年来在"绿水青山就是金山银山"理念指引下，在党的领导和支持下，通过补贴、培训、引导等各

---

① 《中国共产党人的初心和使命》，《光明日报》，2019年6月7日，第4版。

种形式大力发展绿色生态产业，引入白茶产业，把一片片茶叶子变成群众增收致富的"金叶子"，让全村家家户户过上了富裕的生活。

在黄杜村生活富裕富足的同时，黄杜人也在思考着自己的责任。2018 年是全国上下齐心协力奋战脱贫攻坚的关键之年，当年 2 月 12 日习近平总书记在四川成都市主持召开打好精准脱贫攻坚战座谈会。当时习近平总书记已经赴各地考察 50 多次，走遍了中国 14 个集中连片的贫困区，查看脱贫攻坚成果成为总书记每次出行的必备科目。伴随着一系列精准扶贫、精准脱贫政策的贯彻落实，全党上下五级书记抓扶贫，层层立下军令状、责任书，几十万第一书记驻村帮扶，数百万名扶贫干部、共产党员努力奋战，脱贫攻坚取得一系列可喜成果。党的十八大以来，我国创造了减贫史上的最好成绩，农村贫困人口累计减少 6 853 万人，消除绝对贫困人口三分之二以上，年均减少贫困人口 1 300 万以上，贫困发生率从 2012 年的 10.2% 下降至 3.1%。[1] 行百里者半九十，脱贫攻坚已经到了最后的关头，已经取得了决定性进展和胜利性态势，脱贫攻坚已经到了攻坚拔寨的最后关头，越是胜利在望，越要毫不松懈，越要精神抖擞，越要全力以赴，越要凝心聚力，越要上下一心。

黄杜村一直关注着全国脱贫攻坚战役的进程，也时时刻刻都记挂着中西部地区的困难群众。因为黄杜村是从贫困走向富裕的，所以更加能够体会处在贫困状态下的群众的心情。中西部地区的贫困群众都想早日摆脱贫困，那种虽努力奋斗却又因缺少产业、缺少奋斗方向

① 侯雪静：《问题导向是精准脱贫的题中之义》，新华网，2018 年 2 月 27 日，https：//baijiahao.baidu.com/s？id=1593538541935379584&wfr=spider&for=pc。

而产生的无力感,黄杜村民是感同身受过的。作为过来人,黄杜村民心中其实产生了一个想法,自己脱贫致富的白茶产业,能否移植到中西部地区? 只是这个想法大胆而又不成熟,黄杜村民自己也无法深入分析。

2018 年 1 月,在"坚定'两山'路,奋进新时代"主题实践活动中,溪龙乡党委召开"千人干群大会"活动。黄杜村党组织在充分学习习近平总书记重要讲话精神和传达全国拓展脱贫攻坚的大好形势和取得的硕果之后,开始仔细思考在全国一盘棋的脱贫攻坚战中,黄杜村能做些什么。黄杜村党总支书记盛阿伟让大家围绕"我们有今天,靠谁? 我们富裕了,该做什么?"的主题认真思考、充分讨论。讨论黄杜村为什么会富裕起来,黄杜村富起来经历了怎样的过程,黄杜村富裕起来了应该做什么。

黄杜村民就这样展开了热烈的回忆和思考。仔细回忆起习近平总书记亲切的叮咛和谆谆教导,回忆起各级党委、政府的引导和大力支持,回忆起第一个给自己培育"白叶一号"茶苗的乡亲段益民,回忆起各种资源和政策的倾斜支援,等等。大家一致认为,黄杜村的成功归根结底一句话: 因为党的坚强领导。

白茶产业的快速发展首先在于党的政策好,离不开各方面各部门的支持和帮助,是各级党委政府举着手、领着路、拖着底,用大量资源把黄杜村带向了富裕,这是黄杜村最特别的地方,也是黄杜村最骄傲的地方。当然,也离不开黄杜村土地适合种植白茶和黄杜村村民的勤劳勇敢、踏实肯干。党的坚强领导让自己脱贫致富,致富以后更不应该忘记党的恩情。黄杜村民虽然没有读过很多书,却也非常明白报答恩情的中国传统美德，具备知恩图报的优秀品质。黄杜村民时常讲，当感幸福来之不易，当知任重而道远，当将兴我中华为己任，当牢记新时代初心使命。

"不忘党恩，为党分忧"，感恩党、感恩中国特色社会主义，已经成为黄杜村全体村民的共识。当时，黄杜村的重点工作也在如火如荼地开展，白茶茶叶如何推动扩大产量、如何增加产业收益、如何增质升值、如何进行产业升级等事项已经颇有眉目，正等着村"两委"班子去安排部署，全体村民共同撸起袖子加油干。在全国上下集中精力脱贫攻坚、精准扶贫的当下，黄杜村还是要做一点更重要、更紧急的事情。因为自己贫困过，所以对脱贫攻坚中尚未脱贫的中西部困难群众更加关心关怀。用自己微不足道的经验和资源为中西部贫困群众提供一点帮助，如果能成功帮助到了当然好；如果没有成功，那也经历过奋斗，不会留下遗憾。

接下来，黄杜村召开了全村党员大会，当时黄杜村共有 20 名党员。会上，全体党员一致同意了黄杜村不忘党恩，为脱贫攻坚、共同富裕做一点更重要、更紧急事情的提案。向中西部贫困群众输出自家的安吉白茶产业，向当地群众捐赠茶苗的想法也被提了出来。这是根据黄杜村的实际情况，经过深思熟虑提出来的。黄杜村本想通过捐钱、捐物，甚至对接中西部地区贫困村庄一对一进行帮扶。思来想去，授人以鱼不如授人以渔，若是一对一帮扶，以黄杜村的财力、人力、物力最多也只能帮扶一两个村庄。捐助茶苗则不同，捐出去的不仅是茶苗，更是一个产业，不仅可以带动更多的困难群众像黄杜村一样走向富裕，还是可持续的、健康的、科学的富裕。

党员大会就关于捐赠茶苗、输出白茶产业的可行性问题，捐赠以后可能出现什么样的后果，对黄杜村是否不利进行了热烈讨论。有些人提出了一些隐忧：安吉白茶有自己的生长环境和生产标准，捐到外地以后在外地生根发芽，假如到时候市场需求旺盛，跟安吉白茶又是同源同品，会不会抢占安吉本地茶叶的市场？这样的话，黄杜村现在稳固的白茶市场地位会不会产生动摇？黄杜村安吉白茶始发地和核心区的地位会不会动摇？再往大了讲，会不会对安吉白茶品牌产生消极影响？通俗一点讲，黄杜村做这件事情会不会养大了别人的孩子而砸了自己的锅？

经过充分讨论，各位党员认为必须要提高政治站位、强化政治担当、提升政治能力、落实政治责任，以更大的格局来看待问题，从共产党员的初心使命出发，从共产党员的先进性入手。中国共产党的初心和使命就是"为中国人民谋幸福，为中华民族谋复兴"。党的十八大以来，以习近平同志为核心的党中央把脱贫攻坚工作纳入"五位一体"总体布局和"四个全面"战略布局，作为实现第一个百年奋斗目标的重点任务。各位中国共产党党员必须跟党中央保持高度一致，对党忠诚，永葆共产党人政治本色。大家想到了第一位帮村民培育茶苗的老党员段益民，当时全村只有他会培育"白叶一号"茶苗，假如他不为乡亲们育苗，是不是就可以永远自己一个人独享安吉白茶品牌带来的红利？段益民没有想过只让自己富裕，而是想到了让愿意种白茶的村民共同富裕。在老党员段益民事迹的影响下，黄杜村全体党员认为不应该考虑对本地安吉白茶的影响问题，不应该抱残守缺，更不应该以质疑的心态来看待问题。只要输出白茶产业有市场、有品牌、有效益，可以使贫困户增收带动作用明显，就应该积极地输出、培育和推广。哪怕到时候对本地利益产生了一点影响，那也是值得的，也是应该做的。这是共产党员应该有的觉悟。

党员大会讨论后认为，即使换个角度来考虑，从黄杜村和各位村民实际利益角度出发，黄杜村也应该毫不犹豫地捐赠茶苗，输出白茶产业。茶苗捐赠到了外地以后，虽然茶苗跟本地茶苗完全相同，茶树生长和白茶茶品标准基本相同，但是生长环境已经发生了变化，土壤、水分、空气、温度、营养物质都已经发生了改变，种植方式和管护方式肯定也会产生相应变化。在这种情况下，中西部地区生产出来的茶叶产品就不是跟黄杜村一模一样的安吉白茶，其品相、口味等肯定会产生差异。从这个角度来看，并不会对本地安吉白茶的市场占有产生大的影响。

即便是将来外地的安吉白茶产业做大做强，真正地成为本地安吉白茶的竞争对手，黄杜人觉得这也并不可怕。因为茶产业发展不是零和博弈，也可以在产业联合体中共享、共赢、共建。整个安吉白茶产业做大做强，对黄杜村的白茶产业发展只有好处没有坏处，黄杜村也乐见整个产业越发壮大。中西部贫困地区做大做强当地白茶产业，会带领更多的群众脱贫致富、奔向小康，也会有更多的资源和资金，为全面推进乡村振兴、提高农民收入水平、实现全民共同富裕奠定更加坚实的基础。

党员大会做出决定之后，又征得了全体村民的一致同意。经过仔细测算，并考虑到黄杜村的承受能力，关于捐赠安吉白茶茶苗的数量初定为 1 500 万株，因为运输肯定会有损耗，所以只能多不能少，并且一定要捐出最好、最优异的茶树苗，这是茶苗能成活、长得好的基础。至于捐赠茶苗的具体方式方法，大家认为，要帮就帮到底，这次黄杜村一定不能抱着传统思路，捐出茶苗之后就认为万事大吉，自己的工作就算完成。黄杜村要做的，是要彻底捐出一个白茶产业。要帮助对方把握好茶苗生长和白茶产业发展的各关键节点、关键细节，不仅要孕育好苗、运送好苗、保护好苗，而且要送技术、送人才、送方法，还要帮助对方做好田间管理、茶树管护、茶叶生产，之后还要在茶叶品质好的基础上再帮助他们打开销售路径，助力市场推广。总之，黄杜村要保证捐赠出去的茶苗种得好、种得活、种高产、种好茶，确认种植黄杜村捐赠茶苗的广大群众赚到钱、能脱贫、真富裕。黄杜村总结为"三个程"和"三个包"，即扶一程、送一程、再送一程和包送、包种、包销。

第二节　亲切关怀暖心田

传统的中国小村庄，富裕之后又处处体现着现代化。现代与传统充分碰撞又巧妙融合的黄杜村依然承载着中国农业生产和农民生活，也根植着民族文化和优良传统。黄杜村从延续千年的勤劳善良、青山常在、绿水环绕、垂柳扶堤、抱景观塘、小径悠然的农耕文明中，不断汲取智慧、汲取力量，为乡村塑造美景，为乡村生活铸就灵魂，引领当代农民在文化的滋养中焕发昂扬向上的精神面貌。习近平总书记指出：

中华文明根植于农耕文明。从中国特色的农事节气，到大道自然、天人合一的生态伦理；从各具特色的宅院村落，到巧夺天工的农业景观；从乡土气息的节庆活动，到丰富多彩的民间艺术；从耕读传家、父慈子孝的祖传家训，到邻里守望、诚信重礼的乡风民俗，等等，都是中华文化的鲜明标签，都承载着华夏文明生生不息的基因密码，彰显着中华民族的思想智慧和精神追求。①

总书记的拳拳关切，充分体现了党中央对广大农民群众和中华优秀传统文化的高度重视和殷切希望。大力传承和弘扬乡村传统文化，提高农村美好生活保障水平，加强农村精神文明建设，弘扬邻里守望、诚信重礼的乡风民风，是对中国乡村和中国农民的肯定和致敬，为新时代农村文化搭建起繁荣发展的广阔舞台，汇聚起全面推进乡村振兴和加快农业农村现代化的获得感、幸福感、安全感，激发出农民群众奔向宜居宜业、富裕富足的热情与合力。正如《农民日报》的社论《庆丰收　感党恩》中指出：

庆丰收、感党恩，就是搭起释放情感、凝聚合力的平台，引导群众听党话、感党恩、跟党走。党的百年历程，是带领亿万农民翻身得解放、脱贫奔小康的光辉历程，是三农发展取得一系列可喜成就的伟大历程。在舞狮腾挪、锣鼓喧天的载歌载舞中，在吟诗抒怀、恳切宣讲的情感表达中，在围火欢唱、共品美食的民

---

① 习近平：《走中国特色社会主义乡村振兴道路》，《习近平著作选读》第二卷，人民出版社，2023年，第92页。

俗庆典中，无不浸透着农民群众对幸福日子的赞颂、对美好未来的期待。奋进乡村振兴，农民是主体，群众唱主角。接地气、出特色、有生气的节庆活动，是对基层群众创新创业、乐于奋斗精气神的提振，是调动亿万农民积极性、主动性与创造性的动员，同时也是凝聚人气、城乡共庆的盛大欢腾。①

优越的生态资源、深厚的文明底蕴，滋养着这片古老的土地，处处焕发着勃勃生机。走在黄杜村，白墙黛瓦、小桥流水，山水相映，怡然自得，浓浓茶香谱写出诗意乡村，黄杜村成为大力传承和弘扬乡村传统文化的典范。黄杜村处处皆风景、人人扬笑脸，其日新月异的变化就是中国共产党领导人民致富奔小康的生动范本，就是"绿水青山就是金山银山"理念的真实写照，体现出人民对美好生活的向往就是中国共产党的奋斗目标。

"感恩，就是对自然、社会和他人给自己的恩惠和方便由衷认可，并真诚回报的一种认识、情感和行为。感恩应该是这样一个过程：首先是对恩情的认识，其次是对恩情的认同，然后表现为对恩情的感激，最后才能落实为对恩情的报答和对他人的施恩行动。感恩使受恩者出于自身的生存和发展需要，对施恩者的利益、情感和精神回馈。"②感恩是中华民族的传统美德，儒家文化的"仁义礼智信，温良恭俭让"就包含着感恩情结。感恩作为一种根本的道德原则和道德规范，千百

---

① 《庆丰收　感党恩》，《农民日报》，2021年9月24日，第1版。
② 姚卫：《羌族"释比"文化中感恩意识的传承与升华》，《光明日报》，2014年8月16日，第9版。

年来一直为人们所信奉，成为中华传统文化的基本元素流淌在民族的血脉中，对规范人们的社会伦理道德建设起着十分重要的作用。在中华民族五千年灿烂辉煌的文化中，感恩是一笔宝贵的精神财富，自古中国传统文化既有"知恩不报非君子""知恩图报，善莫大焉"的古训，也有"鸦有反哺之义，羊有跪乳之恩"的名句，更有"饮水思源，知恩图报""受人滴水之恩，当以涌泉相报""投我以木桃，报之以琼瑶"和"吃水不忘打井人"的处世信条和词汇表达。自古以来，中国传统价值观就格外重视知恩图报，并强调要把感恩的情怀落实为报恩的举动。懂得感恩、学会感恩，既是对中华传统美德的传承和弘扬，也是构建社会主义核心价值体系的重要方面。对于今天来说，感恩意识绝对不是简单地回报父母的养育之恩，它更是一种责任意识和自主意识的体现。

"听党话、感党恩、跟党走""吃水不忘挖井人，幸福不忘党的恩"正是中华传统感恩意识在党的坚强领导下提前一步富裕起来的黄杜村民心中的深刻体现。因为懂得感党恩，所以主动为党分忧，把先富带动后富作为自己光荣而神圣的职责和使命。助力打赢脱贫攻坚战、促进乡村振兴，成为黄杜村全体村民凝聚村民共识、汇聚发展合力之所在。随着安吉白茶产业的崛起，黄杜村成为中国农村地区产业兴村的典范代表，黄杜村的力量也正在于此。在黄杜村民的脑海里，希望用自己的绵薄之力，把"白叶一号"茶苗和与之相配套的资金、技术、人才等要素向中西部贫困地区流动，将当地生态资源、绿色资源、环境资源转变成群众脱贫致富的绿色财富，让生态产业化、产业生态化，将当地的"绿水青山"打造成黄杜村一样的"金山银山"，让当地走出一条生态美、产业兴、百姓富的绿色发展之路。虽然未曾谋面，但是将要捐赠的"白叶一号"这"一片叶子"充分倾注了黄杜村对中西部困难群众的深切关怀和山水相依、心手相连、鱼水情深的深厚感情；希望从安吉黄杜村出发，从东到西，跨越数千千米，这些茶苗在更多山村续写"一片叶子富了一方百姓"的故事。

黄杜村民在达成了捐赠的共识之后，捐赠的地点定在哪里就成了问题，无计可施的村民只能寻求帮助。2003 年，时任浙江省委书记的习近平同志在黄杜村考察时和蔼可亲的面容浮现眼前，于是村里全体党员决定给习近平总书记写信。2018 年 4 月 9 日，盛阿伟等 20 名农民党员代表联名给习近平总书记写信，汇报了村庄依靠发展白茶致富的情况，并提出愿意帮助其他贫困地区困难群众脱贫致富。信是这么写的：

敬爱的习总书记：

您好！

我们是浙江省安吉县溪龙乡黄杜村的 20 名农民党员，从电视上看到您经常为全国的贫困户操心费神，今天联名给您写信是想为您分忧，我们自愿捐出种植 5 000 亩白茶的茶苗，让 5 000 人口脱贫。

黄杜村有 417 户 1 524 人，曾经也穷得叮当响，村民宋昌美嫁过来时，家里买不起鱼，但招待客人又不能没鱼，就雕刻一条木鱼放在餐盘里，算个大菜，图个彩头，这样的穷日子我们过怕了。转机来自 1981 年，林科所刘益民与村民盛振乾在天荒坪镇大溪村一座高山上发现的一棵野生白茶树上，剪下枝条进行扦插白茶苗，试种白茶成功后，经中国茶科所检测：白茶的氨基酸含量高达 6.25%—10.6%，最高的竟达到了 13%，高于普通绿茶的 3 至 5 倍。当时乡里为鼓励我们种白茶，每种一亩给 300 元补助，我们不懂种茶技术，乡里请人来教，还每天发 10 元补贴费，就这样家家户户种白茶，由于白茶采摘时是白色，炒好后又是绿茶。品质好，加上物以稀为贵，卖出了好价钱，现在安吉白茶已被评为中国十大名茶之一。宋昌美是村里第一个在白茶园里"种"出了宝马车的人，她致富后成立白茶女子合作社，带领贫困姐妹共同致富，她因此成了党的十八大代表。

2003 年 4 月 9 日，您来到黄杜村白茶园视察，称赞"一片叶子富了一方百姓！"，听了这句话我们激动得不得了，随后我们更加在种好茶、多种茶上下功夫，现在全村共种植白茶 1.2 万亩，出于县里为防止水土流失的考虑，规定 25℃以上的山坡不准种茶，村里能种的地方都种了茶，村民们又走出安吉，到安徽、重庆、四川、贵州、江西等省市承包荒山坡，种植了 36 598 亩，一斤白茶均价 600 元左右，一亩茶园平均产干茶 25 斤，产出 1.5 万元左右，扣除成本最低也有 1 万元纯收入。除了种茶卖茶，我们还卖白茶苗，一亩田一年能产出 25 万株白茶苗，一株白茶苗最贵时能卖一两块钱，现在也能卖四五角钱，我种白茶，白茶养我，全村现有小汽车 420 辆，其中 141 户村民乡下有一套别墅，城里还有一套洋房，有人还在海南买了过冬房，我们的日子不只是"小康"了，早就是"老康"了。

吃水不忘挖井人，致富不忘党的恩！中国是一个大家庭，3 000 万贫困人口是我们的兄弟姐妹，而贫困人口人都在边远山区，种白茶脱贫也是一条路子，您对农民情深似海，2005 年 8 月 15 日您来余村讲的"绿水青山就是金山银山"这句话写进了十九大报告和党章，看到您当上中国的家长后白头发多起来了，肚子大起来了，这是日夜操劳缺少时间锻炼身体的结果，我们很心痛！村党支部倡议我们用一技之长为中国消除贫困出点力，一为您分忧，二不忘党恩，三传承中华民族守望相助的优良传统，再是党在脱贫攻坚，党员更有义务和责任分担，我们用行动倡议全社会有钱出钱、有力出力，共同为脱贫攻坚做贡献，大家商定后，自愿捐出 1 500 万株白茶苗帮助贫困户种植 5 000 亩白茶，每年春秋两季都能种，一年后就能产三五斤干茶，六年就进入旺盛采摘期，贫困户种植后，六年后一亩茶园就等于年年有个 1 万元的存折。

但我们不知道哪些贫困户需要这样的帮助，哪些地方的气候和土壤适合种白茶，所以向您写信，我们希望点对点帮助贫困户，包种包销，手把手教种植管理技术，不种活不放手，不脱贫不放手。

衷心祝愿您身体健康、全家幸福！

此致

敬礼！

浙江省安吉县溪龙乡黄杜村 20 名党员（手写签名）：盛阿伟、徐正斌、盛永强、盛阿林、阮安丰、丁连春、李粉英、贾伟、黄梅蕾、张根才、丁强、叶兢君、阮波、盛德林、盛月清、钟玉英、刘炜、盛红兵、徐有福、宋昌美。

2018 年 4 月 9 日 ①

　　信件发出后，黄杜村人七上八下悬着的心很快得到了回应，并瞬间沸腾。5 月 20 日，习近平总书记的重要指示传到了浙江省安吉县溪龙乡黄杜村。总书记通过中央办公厅转达对黄杜村党员群众的问候，对黄杜村党员来信作出重要指示，强调："'吃水不忘挖井人，致富不忘党的恩'，这句话讲得很好。增强饮水思源、不忘党恩的意识，弘扬为党分忧、先富帮后富的精神，对于打赢脱贫攻坚战很有意义。"② 勉励他们把帮扶困难群众这种事做实做好、做出成效，带动更多人为脱贫攻坚贡献力量。

　　习近平总书记的重要指示，是对黄杜村先富带后富、为党分忧、主动作为精神的高度认可，对全面贯彻落实中央决策部署坚决打赢脱贫攻坚战、进一步提高帮扶困难群众能力水平提出明确要求，具有很强的政治性、指导性和针对性，为做好新征程上脱贫攻坚工作指明了方向。亲切的问候、充分的肯定，让当地干部群众欢欣鼓舞，倍感振奋。安吉县要把总书记的重要指示传递到每一个基层党组织、每一名党员群众，让"为党分忧、先富帮后富"的精神，成为党员干部群众的思想自觉和行动自觉，让互帮互助、共同进步在安吉蔚然成风。③

---

① 笔者根据《黄杜村全体党员给习总书记的一封信》原件照片整理。
② 《习近平对浙江安吉黄杜村农民党员向贫困地区捐赠白茶苗作出重要指示强调增强饮水思源不忘党恩意识　弘扬为党分忧先富帮后富精神》，《人民日报》，2018 年 7 月 7 日，第 1 版。
③ 《习近平总书记重要指示在安吉引起强烈反响——不忘初心　感恩奋进》，《浙江日报》，2018 年 5 月 21 日，第 1 版。

黄杜村决心全面行动起来，以习近平总书记重要指示精神为指引，深入学习领会，认真贯彻落实，做"绿水青山就是金山银山"理念的积极传播者和模范践行者，以更高站位、更宽视野、更大力度来谋划和推进捐助茶苗工作，按种植季节分期分批移栽白茶苗，确保栽得活、种得好，确保受捐贫困村民从中稳定受益、增收脱贫。聚众力、汇众智、集众志，为打赢脱贫攻坚战这场硬仗做出自己的贡献。

把黄杜村的"爱心茶苗"变成贫困地区的"致富叶"，不仅是黄杜村党员干部群众最为惦念的事，还得到了国务院扶贫办的高度重视。总书记批示后，国务院扶贫办积极落实习近平总书记的重要指示精神，各部门立刻行动起来，帮助黄杜村做好捐赠茶苗的相关工作。溪龙乡、安吉县等各地群众听说黄杜村的倡议之后，也都热烈回应、积极行动，县里茶农、农业科技人员、各茶叶生产企业、茶叶营销企业，甚至机关干部等也都愿意"有苗出苗，无苗出力"。

关于受捐地区的选择，黄杜村的认识包括几个方面：一是希望捐赠地有种植茶叶的传统，对种茶有感情、有兴趣、有认识。二是自然环境上能够选择与安吉县土壤特性相似、温度气候相当的地区。安吉白茶"白叶一号"茶苗对自然环境选择性较强，对降雨、积温、土质、海拔均有一定要求，要想真正起到帮扶效果，必须选对捐赠地域。三是海拔适中，适合种植白茶；四是种植地块相对集中，交通相对便利。五是贫困村党组织健全，有凝聚力和战斗力，贫困户有较强的脱贫积极性，方便组织技术培训和开展产销对接。经过多次沟通和协调，以上的建议全部被采纳。经过中国社会扶贫网公开征集和综合研判，根据当地实际情况，初步确定云南、贵州、四川、广西等省区中深度贫困地区的建档立卡贫困村，并向全社会公布。之后国务院扶贫办成立现场考察组，国务院扶贫办开发指导司由司长、副司长分别带队，由黄杜村、溪龙乡政府、安吉县农业局、中茶所、浙江省茶叶集团等技术人员和相关单位负责人组成，2008年5月下旬到6月底，指导司三进中西部地区，行程数万千米，分别到四川省乐山市马边彝族自治县、凉山彝族自治州雷波县，云南文山壮族苗自治州马关县，广西柳州市三江县、融安县等地进行了综合考察，研判对接最适合的受捐地区，并通过向社会公开征集白茶苗受捐地区。6月5日，国务院扶贫办相关负责人一行专程到黄杜村，考察白茶产业园、"白叶一号"育苗基地和茶产业服务中心，了解和对接茶苗培育和捐赠有关工作。经过仔细分析比较，2018年7月4日，安吉县黄杜村农民党员向贫困地区捐赠白茶苗签约仪式在北京举行，最终确定了四川省青川县、湖南省古丈县、贵州省沿河县和普安县三省四县的34个贫困村作为受捐地，预计可带动1 862户5 839名建档立卡贫困人口增收脱贫。（见图3.1）

图3.1 黄杜村和各受捐地"白叶一号"茶苗捐赠协议书

第三节 一枝一叶总关情

脱贫攻坚事业与民生福祉息息相关，是中华人民共和国发展千秋伟业的重要一环。东西部扶贫协作和对口支援，是推动区域协调发展、协同发展、共同发展的重大战略，是实现先富帮后富、最终实现共同富裕目标的重大举措。改革开放 40 多年来，我国东部地区率先发展，具有特定的区域发展竞争力和产业发展优势。广大西部地区虽然土地面积广大、自然资源丰富，但资本形成能力不足、科技创新能力不强、社会创新活力不够等成为制约西部资源难以充分利用的主要因素。东部长期为西部提供产业及市场扶持，让东西部地区的自然资源共享、产业优势互补能有效促进两地协同发展、东西互补共赢，让西部贫困地区跟上东部高质量发展的步伐，助推西部乡村振兴和高质量发展。有学者指出：

> 东西部协作扶贫实施以来取得了显著成效，在加快西部地区脱贫步伐方面发挥了重要作用，开创了优势互补、实现共赢的良好局面，也为世界减贫事业贡献了中国智慧。因此，充分发挥东西部协作的攻坚作用在全面打赢脱贫攻坚战中具有至关重要的意义。产业扶贫作为东西部协作的主要途径，更是拿下这场硬仗的重中之重。[1]

---

[1] 天津社会科学院城市经济研究所课题组：《有效发挥东西部扶贫协作的攻坚作用》，《求知》，2020 年第 6 期，第 41 页。

山海虽远总相连，产业携手路更宽。加强顶层设计、深化东西部协作的脱贫攻坚伟大实践取得的显著成效、重要成绩和累累硕果，充分证明双向奔赴促振兴、促共富是适合中国国情的，黄杜村产业扶贫的工作体系、发展规划、政策措施取得了一定进展，加强贫困地区造血功能，推动了贫困地区茶产业发展，增加了贫困群众收入，为打好打赢脱贫攻坚战注入强劲动力。

捐赠地点的确定只是万里长征走完了第一步，随即开始了育苗和捐苗工作。"白叶一号"茶苗，成为中西部地区携手脱贫攻坚的见证。为了保证育苗品质，在选苗过程中严把质量关，育苗标准制定也非常严苛，一定要符合"白叶一号"一级好苗和二级好苗的标准。安吉白茶为地理标志产品，按照国家标准《地理标志产品　安吉白茶》（GB/T 20354—2006）规定，一级好苗的要求：根长大于 12 厘米，苗高超过 30 厘米，茎粗超过 30 毫米，着叶数不低于 8 片，一级分枝数目大于 1，不得有检疫性病虫害。二级好苗的要求：根长在 4—12 厘米，苗高在 20—30 厘米，茎粗在 1.8—30 毫米，着叶数不低于 6—8 片，一级分枝数目是 1，不得有检疫性病虫害。质量要求不可谓不高，因此"白叶一号"从选育开始，坚持高品质育苗标准，育苗过程始终坚持产量服从质量，落实最高标准、最严要求，以保证安吉白茶品质性状稳定、产品特征优异。

按照黄杜村的规划，捐赠到西部贫困地区的 1 500 万株"白叶一号"白茶苗由黄杜村村民共同捐赠。村党总支部提出捐苗标准，每户村民根据自家茶场可承受情况进行认领，认领过后各自茶场进行育苗、扦插、嫁接、剪穗、针插、交苗等工作。虽然育苗坚持高标准、严要求，1 500万株育苗任务仍然以极快的速度被认领完成，甚至很多村民还想认领更多。全村共产党员积极发挥模范带头作用，非党员茶农、种植户也不甘示弱、跃跃欲试，全都第一时间行动起来，抢着认领捐苗育苗份额。在村委会的登记地点人满为患，各养殖大户认领30—40万株，养殖小户也要求认领10万株以上，1 500万株任务很快被一抢而空。同时考虑到运输过程中可能会有损失，黄杜村另准备了300万株的备用苗，总计1 800万株。（见图3.2）

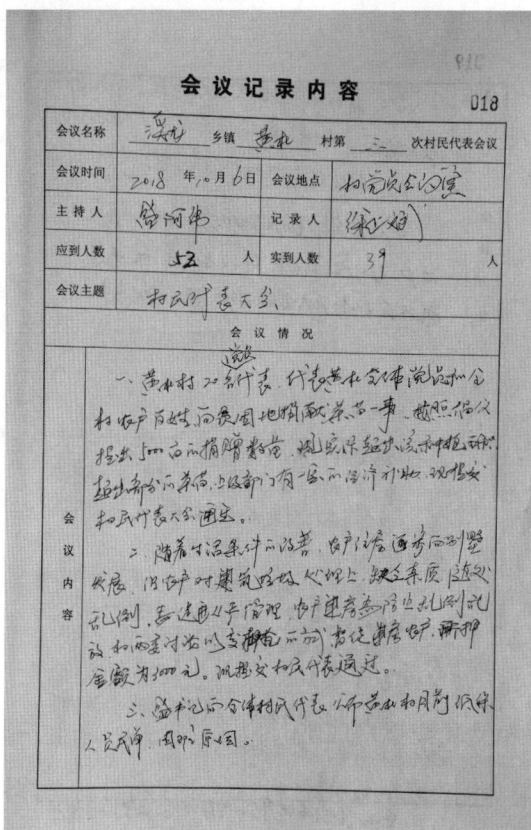

图3.2 黄杜村村民代表大会讨论捐苗事宜会议记录

根据认领捐苗育苗份额，村党总支组织党员群众立即行动起来，一方面继续宣传总书记的重要指示精神，在村内外进行广泛宣传，不仅党员参加，还要求每位村民都要成为宣传大使；另一方面鉴于当时正是育苗季，抓紧有利时节，加快开展1 500万株"白叶一号"茶苗的育苗工作，确保茶苗全部符合好苗标准。

对于此项工作，安吉县和溪龙乡也大力支持，安吉县委召集县农办、农业局、溪龙乡等拟定了安吉白茶扶贫计划的实施方案。溪龙乡也成立了特别工作小组，由乡党委牵头进行各项具体工作的布置与实施。茶苗不仅已经成为山海两地沟通交流的纽带，还是黄杜村的友谊之苗、溪龙乡的品牌之苗、安吉县的形象之苗、浙江的联结之苗。

伴随着受捐地点的确定，黄杜村和三省四县的干部群众已经成为朋友和亲人，双方都在为1 500万株"白叶一号"茶苗早日顺利抵达"婆家"紧锣密鼓地做着准备。育苗的问题由黄杜村民来解决，建设白茶园、种植白茶、栽培、移植、种植定植、田间管理、采摘、加工及贮藏等工作则主要由当地干部群众来完成。安吉白茶的种植非常严格，对种植技术和管理方法要求很高，高要求可以大大提升茶叶的生产效率，对茶叶的产量和品质有着巨大的促进作用，对茶树的生长和发育起着至关重要的作用。

为了帮助受捐地茶农能更好种植白茶，掌握技术要领和茶园管理要点，提高茶叶产量和品质这个白茶产业发展的关键点，黄杜村举办了安吉白茶种植管理交流培训班。2018年8月，来自三省四县受捐地的26位干部群众代表来到了黄杜村，受到了黄杜村全体村民的热情接待。在田间地头和白茶园里，黄杜人毫无保留地倾囊相授。他们介绍如何通过一系列措来提高茶叶的产量和品质,包括改善土环境、科学管理茶园、选育优质品种等方面。改善土环境是提高茶叶产量和品质的基础,科学管理茶园是重要手段,选育优质品种是关键,建立健全的病虫害防治体系,加强茶树病害和虫害监测,及时采取预防和控制措施,才能保证茶叶的生产和品质。对于茶园选址、海拔影响、土壤条件、土地开垦、茶苗性能、保水施肥、茶苗修剪、病虫害防治等具体技术,黄杜村民也是知无不言、言无不尽,一遍遍地讲解,一遍遍地演示,直到对方听懂看懂;发现问题时,立刻进行整理改正,希望让三省四县的茶农们也能种出最好的安吉白茶。在交流培训会议上,黄杜村还邀请中茶所、浙江大学等科研单位专家召开专题培训会议,通过带领学员参观茶企、观摩茶园等多种形式进行交流。

鉴于受捐地群众的热情呼吁,交流培训班又召开了几期,更多的贫困地区干部群众来到黄杜村,他们学习到了安吉白茶种植技术和茶园管理经验,感受到了"白叶一号"白茶项目胜利落地后带来的巨大"钱"景,也被黄杜村由弱到强、由穷到富的艰苦奋斗历史重新点燃了创业激情。黄杜村千方百计、敢想敢拼的创业精神,风雨同舟、守望相助、全力以赴的拼搏精神,让大家深受鼓舞,白茶种植的劲头更加积极主动,脱贫奔向富裕的干劲更足,心情更急迫。

湖南省湘西土家族苗族自治州古丈县政协原副主席沈仁春曾带着古丈县受捐的三个贫困村的村民代表来黄杜村考察学习,了解到黄杜村碧绿的万亩茶园吸引了数亿元投资,推动茶旅融合发展,让茶区变景区、茶园变庄园、茶山变金山。古丈县一名村干部认为到安吉看过之后才知道"种下的不应该只是茶苗,收获的也不应该只是茶叶。自然资源、扶贫资源、交通水利投资等，都可以整合谋划，推动发展"①。要把整体发展理念、品牌推广意识、茶旅多业兴旺模式等经验和做法带到受捐地。

根据育苗状况和各受捐地点的准备情况，国务院扶贫办公室、各地区、安吉县对茶苗启程的时间、要求等深入讨论，经综合研判与反复协商，最后确认 2018 年 10 月 17 日，也就是全国扶贫日当天，茶苗"白叶一号"动身启程。

扩展阅读：

增强饮水思源不忘党恩意识
弘扬为党分忧先富帮后富精神②

本报北京 7 月 6 日电　中共中央总书记、国家主席、中央军委主席习近平近日对浙江省安吉县黄杜村农民党员来信提出向贫困地区捐赠白茶苗一事作出重要指示强调，"吃水不忘挖井人，致富不忘党的恩"，这句话讲得很好。增强饮水思源、不忘党恩的意识，弘扬为党分忧、先富帮后富的精神，对于打赢脱贫攻坚战很有意义。

---

① 《三省四县"扶贫茶"全部开采　安吉黄杜村茶农收获双倍喜悦》，人民网，2020年 4 月 1 日，https：//baijiahao.baidu.com/s？id=1662732731947920100&wfr=spider&for=pc。
② 《习近平对浙江安吉黄杜村农民党员向贫困地区捐赠白茶苗作出重要指示　强调增强饮水思源不忘党恩意识　弘扬为党分忧先富帮后富精神》，《人民日报》，2018 年 7月 7 日，第 1 版。

今年4月，黄杜村20名农民党员给习近平写信，汇报村里种植白茶致富的情况，提出捐赠1500万株茶苗帮助贫困地区群众脱贫。

习近平作出重要指示后，国务院扶贫办会同有关方面立即落实，确定湖南省古丈县、四川省青川县和贵州省普安县、沿河县等三省四县的34个建档立卡贫困村作为受捐对象。受捐4县均为国家贫困县和省定深度贫困县，受捐群众都是尚未脱贫的建档立卡贫困户。

近日，黄杜村农民党员向西部地区贫困村捐赠白茶苗举行签约仪式。根据协议，黄杜村村民将"白叶一号"白茶苗，捐赠给以上34个贫困村栽种，实施种植指导和茶叶包销，通过土地流转、茶苗折股、生产务工等方式，预计带动1862户5839名建档立卡贫困人口增收脱贫。

一片叶子的重量——脱贫攻坚的"黄杜行动"①

去还是不去，不是一个问题。关键是怎么去。

这两年，盛阿伟从家乡浙江出发，到贵州、四川、湖南三地就有20多次。其中有一回出门一周，坐了五趟飞机、四趟动车。这感觉有点像商务人士的节奏。其实，盛阿伟是个农民，准确地

---

① 黄国平：《一片叶子的重量——脱贫攻坚的"黄杜行动"》(报告文学)，《光明日报》2020年7月6日，第1版。有删减。

说，是个茶农。他在浙江省湖州市安吉县溪龙乡黄杜村种茶。这里是他的家，属于安吉白茶核心产区。

两年前，作为村党总支书记，盛阿伟领着村上的其他19名党员干了一件大事。他们自发给习近平总书记写信，汇报村里种植白茶致富的情况，提出捐赠1 500万株"白叶一号"茶苗帮助贫困地区群众脱贫，并承诺包种包销，不种活、不脱贫不放手。

2018年7月6日，新华社播发消息，习近平总书记对他们提出向贫困地区捐赠白茶苗一事作出重要指示强调："'吃水不忘挖井人，致富不忘党的恩'，这句话讲得很好。增强饮水思源、不忘党恩的意识，弘扬为党分忧、先富帮后富的精神，对于打赢脱贫攻坚战很有意义。"

山区茶农写封信，总书记有回音，盛阿伟说自己当时的第一反应是：没想到！没想到！转而心里不停地念叨：说到做到！说到做到！

湖南省古丈县、四川省青川县和贵州省普安县、沿河县三省四县的34个建档立卡贫困村，被确定为受捐对象。

盛阿伟迅速将自己的时间调整为"黄杜＋"模式。这四个地名他以前都没有怎么在意过，如今一直在脑海里盘旋，还扎下根。他和村上的种茶能手逐个登门，跟当地的种茶贫困户一起蹲在田间地头"现场教学"，怎么栽种，怎么管护。即使人在黄杜，还记挂着这些茶苗是不是要除草了、要施肥了、要修枝了……

"好像是闺女出嫁到外地，离家很远，心里老是在想。"他笑着说。今年57岁的盛阿伟，身上有一股清秀气。如果没有话头，他就坐着，很安静，不显山，不露水。有了话头，一拧开，不说透，不罢休。

今年3月初，捐赠到三省四县的茶苗迎来第一个茶季。想想这事，盛阿伟就有点兴奋。远嫁出门的茶苗，初次产新茶，是大喜事。作为"娘家人"，自然要到现场见证这个神圣时刻。再说了，安吉白茶是很娇嫩的，采摘讲究，采不好，好茶也好不了。加工也是个技术活，要抢时间，不到现场不放心。

当时新冠肺炎疫情防控正处于吃劲的关键阶段，出行是个大问题。坐飞机、坐高铁？有点不踏实。思来想去，决定租车到普安。这一趟，路迢迢，单程两千公里，热水瓶、方便面随身带，一辆车请了两个司机。3月3日凌晨5点左右出发，一路往前赶。开水用完了，没想到高速路上的服务区也关门了。那就干渴着。4日凌晨1点，在贵阳下高速，大家都乏了，就在路边找个旅店，休息4个小时。9点左右，抵达普安。核酸检测。正常。

3月5日17时30分许，在普安县，第一杯"白叶一号"扶贫茶端到盛阿伟手里。他扯下口罩，双手在衣服上擦了擦，接过玻璃杯，轻轻举起，看了看汤色，闻了闻，笑意漾了出来："香气还是比较好的，你闻一下！……这是三省四县第一杯，一个小的成果……那个话是怎么说的？……心里一块大石头落地了。"

"一片叶子富了一方百姓"："黄杜故事"的鲜明主题

为何要给贫困地区捐苗？黄杜人的回答很干脆："我们太知道

穷的滋味了。"

20世纪八九十年代的黄杜村，"村没有村的样子"。这么说，黄杜人并不觉得有什么不妥或冒犯。他们自己也打趣说，当时看新闻，经常有"改革的春风"吹到哪里哪里变富裕了的说法，"大家就不明白了，怎么这么巧，这个'春风'偏偏绕开了我们黄杜"。

此时的黄杜，还是一个躲在群山旮旯里的小村落，人均耕地1.1亩、林地3.3亩、荒地4.3亩。人盯着这么一些不成气候的土地，没脾气。土地无言，不待见人。人跟土地就这么僵持着。当时，黄杜人均收入"低于全省全县平均水平，属典型贫困村"。

黄杜人对脚下的这片土地颇有微词。钟玉英姑姑家住在山里，去一趟抄近道要走山路，弯弯曲曲的，碰到下雨，脚下不是打滑，就是让黄泥给黏住了。有一回，丈夫杨学其边甩鞋上的泥巴，边耍上臭脾气："你姑姑家，今后不来了！"

对黄杜的黄土有意见的，还有李粉英。她的娘家在天子湖镇，当时大家都说这里是安吉的"北大荒"。听说她要嫁到黄杜村，知情人好言相劝，那里比"北大荒"还要"荒"。李粉英执拗，还是嫁过来了。慢慢她发现不管怎么折腾，日子还是一个马马虎虎。她有点急了："当时我就说气话，黄杜这个地方，没救了，只有黄泥巴。除非黄泥巴值钱了，这个地方才富得起来。"

多年以后，李粉英无法回想起自己基于什么依据说出这番"气话"的。歪打正着，她还真是说到点子上了。黄杜的泥巴确实"值钱"了。

当地农技人员刘益民和黄杜村种植能手盛振乾，在50多公里开外的安吉县天荒坪镇横坑坞自然村发现一株野茶树。这茶树生长在800米左右的山谷里，平时都是绿油油的，到了茶季，叶子转为玉白色。摘下稍做加工，喝起来口感很特别。过了茶季，叶子又变魔术般地返绿了。

他们来了兴趣，要好好地研究一下。这茶树也开花，却不怎么结籽。即便结籽了，播种，等长大，到了茶季叶子还是白不了，"泯然众人矣"。

播种不行，他们就将其枝条剪取下来，扦插培育。由枝条育茶苗，从茶苗到茶树，再在茶树上采茶叶，这个过程，曲曲折折，漫长而繁复。两位老党员心怀希望，耐心守望。他们摸索出一个朴素的道理：黄杜的土，适合种植这个茶。所谓"适地适树"，同样的道理，"适地适茶"。

黄杜人的生活，开启一扇新的门。

茶苗由一而百千万，"飞入寻常百姓家"，需要强力推一把。

要打造千亩茶叶基地，茶苗从哪里来？资金从哪里来？谁来种？谁来进行技术指导？市场怎么解决？

这就像是一张考卷，全是问答题。

那就一个一个地攻下来！

比如说，"谁来种"的问题，答案自然是溪龙的父老乡亲了。而且，这千亩白茶基地，核心区域在黄杜村。黄杜人就得行动起来。

黄杜人听了，心里没底：茶叶，不就是树叶嘛！到山上顺手采一把野茶叶，就可以喝了。靠卖树叶过生活，不靠谱吧！

当时还有这么一个说法：在黄杜种茶叶，有"三高"，种植成本高、技术要求高、失败概率高。这是"富贵病"，普通老百姓消受不起。

这时需要有人出来领头，做个榜样。

安吉白茶这出大戏，轮到盛阿林登场了。

1946 年出生的盛阿林，脸上有一道一道的沟壑，不染发，没有什么白发，也不掉发，一根一根的，倔。当年他刚当上黄杜的村支书，其他村的人见着了，说了一句："黄杜怎么选了这么一个人当书记？太难看了！"这事他一直记着，说起时边摸着脑袋，从前额一路顺到后脑勺："很惭愧的，生得不漂亮。唉！"

2018 年 3 月，溪龙乡授予盛阿林 2017 年度中国·安吉白茶小镇"最美党员"荣誉称号。

当时，政府跟盛阿林说希望他能带个头种茶叶。盛阿林满口答应。"村干部是有工资的。给一块钱，就要干三块钱的事。我是个村支书，遇事不打头阵，让谁去！当时我就想，晚上不睡觉也要把这个茶叶搞起来！"盛阿林说话的中气依然很足。

村干部带头，这事有戏。黄杜人的心气儿提起来了。关键节点上，叶海珍再加一把火，出台政策，种茶叶，有奖励：连片种植面积达到 3 至 5 亩，每亩补助 30 元。这是打底的，种植面积往上走，补助跟着上。

为了摆脱贫困，为了过上美好生活，黄杜人在行动。

"干部带头、以点示范、科技指导、政策扶持"，一套严密的

"组合拳"，让黄杜的白茶产业蓬勃起来。

关爱的目光，为黄杜的白茶产业护航。

2003年4月9日，时任浙江省委书记的习近平同志沿着泥巴路走进黄杜的茶园，询问白茶推广种植情况——白茶是怎么引进的，怎么扦插、采集、加工，销售情况如何。当得知由于种植白茶当地百姓普遍过上了好日子时，他给予充分肯定："一片叶子富了一方百姓。"

是赞许，也是激励。一片叶子被注入了新能量。

第二天的《浙江日报》，头版头条刊发报道："一路翠竹绵延不绝，茶园满目葱茏。习近平称赞这里山清水秀，植被相连，自然资源丰富，生态环境良好，推进生态县建设前景广阔，大有可为"。

黄杜人明白了，土地是"根"，环境是"本"，要守好，要用好。

安吉白茶步入跨越式发展的轨道，政府注册"白茶之乡"品牌，免费培训茶农，拓展出茶文化、茶工艺、茶食品等白茶产业链。黄杜人从中受益。

随即，浙江启动"千村示范、万村整治"工程，"八八战略"中也提出要创建生态省，打造"绿色浙江"。这些政策红利，黄杜人都握紧了，谋发展更有底气。

2005年8月15日，习近平同志来到安吉县天荒坪镇余村调研，首次提出"绿水青山就是金山银山"。35公里开外的黄杜人，听闻了"余村之变"，再想想自己正在走的路，信心更足了。他们守护绿水青山，用心保护环境、善待生态，让"美丽黄杜"可持续。

黄杜就像一个宠儿，沐浴着温暖。

如今，黄杜人的日子怎么样？用他们的话说，日子不只是"小康"了，早就是"老康"了。这话是不是夸张，看看黄杜农家小院子里停的车就知道了。每家往往是一辆小汽车，还有一辆运输车。有的人家还有好几辆小汽车，你开你的，我开我的。路过一家，当地朋友往院子里一指："看见没？就是那辆，是整个安吉最早买的车。"有人说，把黄杜人开的车摆出来，撑得起一个小型汽车展销会。大体不差。

行走在当今的黄杜，时不时要定定神的，想想自己到底身处何方。是农村，还是景区？是茶叶生产制作区，还是茶叶集市？都是的，可谓"亦农亦工亦商亦景区"。电视剧《如意》讲述的是江南茶商的故事，成片的、有声势的茶园是取景的刚需。剧组转了一大圈，举棋落子在黄杜。

电视剧拍好了，剧组撤离了，黄杜的风景却不寂寞。酒店行业钟情这片浓浓的绿。上海景域（驴妈妈）集团创始人洪清华一直想找个合适的地方，打造一家富有本真、自然特色的酒店，"客人可以完全放松自己，忘记喧嚣，找到自在的生活状态"。走南闯北，一路寻觅无果。当他站在黄杜村延绵的茶山上，第一个念想是赶紧搭个棚、架张床住下来。脑海中构想了多少遍的酒店，终于有了落地的土壤。

顺着这家与自然环境融于一体的"帐篷客·溪龙茶谷度假酒

店"往山上走，就是黄杜万亩茶园观景平台。非茶季时节，这里满眼的绿。这绿，透亮而安静，顺着山坡，起起伏伏，踩着大自然设定的节拍，欢快地向外铺排。

山顶上的这块平地，是"黄杜故事"的一个支点，也是一个会合点。

这里立着一块石碑，雄伟，厚实。上边镌刻着"一片叶子富了一方百姓"10个大字，行楷，透红，拙朴，挺拔，自有一种威严与伟岸。

这块石碑，是"黄杜故事"的核心主题，也就是内在的"魂"。

石碑的对面，是一棵铜铁浇筑的大树，有着枝繁叶茂的样态，每一片叶子上都是感恩的寄语，感恩的对象有祖国、父母、老师、爱人、朋友，还有大自然，更多的是共产党……

这棵"感恩树"的边上，立着一块铭牌："山感地恩，方成其高峻；海感溪恩，方成其博大；天感鸟恩，方成其壮阔。树高千尺，而不忘其根，人若辉煌，不可忘本，不忘初心，方得始终。"

"感恩"二字，是推动"黄杜故事"向深处开掘的关键词。

"一片叶子再富一方百姓"，"美好生活"往前一步是"美丽心灵"。

黄杜人的日子过得殷实、富足，他们按照自己的节奏，往前走。

2018年初，溪龙乡党委提出，大家都来想一想："我们有今天，靠谁？我们富裕了，该做什么？"这问得严肃，也问得及时。

　　盛阿伟感觉，这是要大家往回看。他想，现在日子好了，不应该只考虑自己的事，应该帮别人做点什么事。"感恩"二字，从他的脑海里冒了出来。又想，"感恩"要来实在的，喊喊口号不行，开个会讲几句是不够的。再想，全国上下都在忙着脱贫攻坚，黄杜人是可以搭把手的。继续想……一个大胆的想法在他的脑海里萌生。

　　他要征求村班子成员的意见。当时临近茶季，大家都在忙。他临时召集班子成员到会议室，都没有坐下来，站着就把向贫困地区捐苗的想法说了说。"行""可以""没问题""同意""好事情"……大家都投了赞成票。

　　村委会主任钟玉英一直以来的想法是"占着这个位置，就是要做事情的"。捐苗是为党和国家分忧，一百个同意。

　　徐正斌、阮波、盛月清都是村党总支委员。学过服装设计的徐正斌说："在我们黄杜，茶苗就是一点特产，就是手头用用的东西，现在要拿出去一点，帮帮人家，有什么问题?"阮波感觉捐苗就是一个举手之劳的事："是在帮助别人，也是在成就自己"。盛月清态度明确："先富帮后富是个很简单的道理。"

　　村委会委员刘炜是个90后，见人有几分羞涩。听了捐苗的提议，他感到很新鲜："以前大多是捐款，捐了就完事了。现在说要捐苗，还要帮到底，很有创意。"

　　盛阿伟是个办事周全的人。班子成员同意了，还要问问村上党员代表的意见。他和班子成员一口气请来14位党员，听听大家怎么说。

话音刚落定，叫好声四起。

老书记盛阿林表态："这个事，很好的。"他回忆自己当时还叮嘱了一句："说出去的话，要算数的。"

老党员丁强激情犹在："我们以前的日子过不好，这个茶叶让我们过好了，也要让别人过好。捐苗，同意！"

68岁的徐有福的想法同样朴素："现在日子好了，捐点苗帮帮人家，还有什么话可说？"

比他大了两岁的盛德林，茶园里的事都交给儿子了。小儿子盛河勇是退伍军人，参加过1999年天安门广场国庆阅兵。家里捐点苗没问题。

盛红兵、盛永强、阮安丰都是退伍军人，都是在部队加入的党组织。盛红兵性格直爽："肯定同意，要不然对不住家门口那块'光荣之家'的牌子。"盛永强说话不紧不慢："村里号召，当然要尽自己的义务，这又是力所能及的事，捐！"阮安丰想起当年一位乞讨的大爷伸手向他要一块钱他竟然掏不出来的往事，再想想自己给自家茶场取名"葡茗"，寓意喝茶就像吃葡萄一样甜，不由得撂下一句话："要我捐多少苗，就捐多少苗！"

张根才担任过村委会主任，看问题有高度："党员，就是先进一点儿，思想好一点儿，勤快一点儿。组织上提出捐苗，这是做好事，要支持的。"

比他年长一岁的丁连春有个比喻："这个穷，就像一座山，要搬走。我们就来帮忙挑一担。"

在邮电部门上班的黄梅蕾，回忆自己当时的第一反应是"同意"，理由是"助人也是助己"。说话时，家里养的英短蓝猫，在她的脚边转了又转，有些乖巧地寻宠。

如今把黄杜的土当宝贝看待的李粉英，自己做主，认捐30万株。回家跟男人一说，麻烦了："他跟我喊，你怎么这么抠，就不能多捐一点？"

宋昌美是党的十八大代表，平时就热心公益。她说："捐苗这事不是钱的事，也不是苗的事，一株苗就是一片心。"

叶兢君家在种茶的起步阶段，宋昌美曾经雪中送炭。现在村里号召共同来帮助别人一把，他自然愿意。这个熟悉互联网金融的90后，想得更远："捐茶苗只是第一步，还要帮人家种好、卖好。"

叶兢君毕业于宁波工程学院，贾伟的母校是浙江师范大学。他们在外打拼一阵，不约而同地选择返乡创业。听了村里有向贫困地区捐苗的设想，贾伟感到很惊讶，很自豪："我们黄杜的'村格'一下子提升了好几个档次。"他说，以前的黄杜人想的可能都是自己的"一亩三分地"，往往是邻居家有个事，就去帮个忙。现在不一样了，他们想的是国家大事，太有想象力了！

黄杜的20名党员代表，捧着初心，集结完毕。

为了脱贫攻坚，为了他人也过上美好生活，黄杜人在行动。

"一片叶子再富一方百姓"，新时代为这片叶子再次注入新能量。

黄杜人心中的鼓点，咚咚咚！密实，嘹亮。

要捐苗，先育苗。育苗，育好苗；捐苗，捐壮苗。一般的商品苗高8厘米就可以了，黄杜捐赠的"白叶一号"，苗高都在15厘米以上，一株是一株，都好好的、胖胖的。丁强选苗时很严格："这个不能打折的，保质保量，要是给退回来了，名声都坏掉了。"不过，再好的苗也有个存活率的问题。黄杜人承诺捐赠1 500万株，他们在育苗时留出300万株的富余量，作为备用苗。

2018年10月18日，"扶贫苗"启运。茶苗怕挤压，黄杜人用竹脚手架隔出空间。茶苗不耐高温，黄杜人租用冷藏车，确保车厢温度维持在7℃左右。运苗车要出发了，黄杜人挥了挥手，心里在说：走吧，走吧……

黄杜人真心把这些茶苗当远嫁的闺女看待。他们把三省四县的"婆家人"请上门，说说这些茶苗是个什么"脾气"，"一日三餐"有什么讲究，有个"头痛脑热"怎么办。他们组建"帮扶技术团"，到三省四县的茶园现场，看看"闺女"的生活环境怎么样。茶苗间距多少合适，施肥、除草要注意哪些问题……手把手培训，点对点帮扶。盛阿伟和钟玉英事务繁重，依然去了一趟又一趟。这还不够，盛阿伟把弟弟盛志勇、钟玉英把丈夫杨学其都拉进帮扶队伍。

盛志勇说，每到一个地方，大家都是满口感谢，自己很感动，有多大的力就使多大的力。在青川，杨学其的中耳炎发作，他扛下来了。儿子杨旭飞在老家茶山上干活时出了意外住院手术，他含泪给儿子打电话："你是当过兵的，要扛住！"

黄杜人背井离乡，吃不惯、住不惯，待上十天八天的，甚至一个月，就习惯了，扛过去了。他们跟三省四县"走亲戚"，大家坐在火炉边，蹲在茶苗旁，聊茶苗的事，也聊心事。

他们说："我们也穷过的。我们那边是'七山一水两分田'，就那'两分田'，我们以前抢着种板栗。收成不行。换！种杨梅。卖不出去。辣椒总可以吧？还是一个白忙乎。听说种菊花不错，那就再试试。"

他们说："反正我们就是停不下来了，总是在那里折腾，想办法，不是说算了吧，横竖是个穷命。不是的。大家心里想的是，横竖要过上好日子！碰上这个茶叶，我们的劲头就用上了。"

他们说："心里提着一口气，没有成不了的事。"

他们说："我们可以，你们也可以。"

黄杜人捐苗护苗，黄杜人掏心掏肺。

这些茶苗的"婆家人"心存敬意：这群浙江人，到底是一些什么人？

青川县受益的茶农，给黄杜人送来几个大字："一片感恩叶，携手奔小康。"下方写着他们的姓名，密密麻麻，每个名字上都有签名者按下的红手印。鲜艳的红，跃动的心。

这茶苗，有能耐，预计带动三省四县 1 862 户 5 839 名建档立卡贫困人口增收脱贫；这茶苗，像一粒粒小石块，激活一池水。

"'白叶一号'就是一只'金鸡'，你把它抱回来，种下去就会下'金蛋'。"古丈县默戎镇翁草村第一书记欧三任说。通过种植"白叶一号"，村里正在把山、风、林、水、溪、田和苗族文化等各种资源整合在一起，在茶旅融合上做文章。

黄杜人将心托付，更多人以情相随。

安吉人陈群在贵州省余庆县经营茶山。听说老家要给普安县捐茶苗，当即派出11位技术人员，驱车400多公里，加入帮扶队伍，耗时一周有余，花销他个人承担。

耳闻沿河县需要制茶设备，安吉元丰茶叶机械有限公司二话没说，一步到位，31组成建制的产品直接提货。

中国农业科学院茶叶研究所与黄杜村结对共建党支部已经十几年，彼此很默契了。他们跟着茶苗走，"白叶一号"种到哪里，技术支持配套送到哪里。

浙江茶叶集团也承诺"白叶一号"捐到哪里，加工、品牌、承销就跟到哪里。

他们以实际行动让自己成为"黄杜人"。

3月5日，黄杜人盛阿伟在普安喝的那杯茶，有个美丽的名字，叫"携茶"。携手的"携"，音同协作的"协"、和谐的"谐"。

5月，来自青川的徐萍代表，将"携茶"带到了全国"两会"上。

茶叶的小纸袋上，写有七个字："一芽一叶总关情。"

第四章　轻歌嘉木下：武陵山开出新茶花

在中国特色社会主义大家庭里，团结互助的全民大动员和行之有效的高质量精准帮扶，共同助力脱贫攻坚战，成为解码"中国之治"的制度优势。困难群众早日脱贫致富，不仅仅是贫困地区的事，也是全社会的事。黄杜村产业扶贫多年来持续不断地加深足迹、把脉问疾、输血造血，使得山与海的共同协作为脱贫攻坚斩关夺隘注入强大动力，使得两地人民在脱贫攻坚的主战场上心手相牵、守望相助，共同谱写出"穷在深山有远亲，外部助力如潮涌"的共同富裕优美乐章。

各受捐地困难群众在精准扶贫、志智双扶的影响下，早日脱离贫困的内生动力与日俱增，积极性、主动性、创造性被充分调动，争做脱贫先锋、战贫先锋。"一片叶子富了一方百姓"之后，"这片叶子"从祖国的东部浙江来到了西部贫困地区，续写着"一片叶子再富一方百姓"的传奇故事。这场茶叶扶贫行动牵动着全国人民的心，也有越来越多的人加入其中，小小的一片叶子拥有着大大的神奇的力量，主要体现在以下三个方面。

1.黄杜村致富不忘党恩的感人情怀。黄杜村曾经是穷得叮当响的贫困村，在"绿水青山就是金山银山"理念指引下，从无到有发展绿色白茶产业，经过几十年的发展成为远近闻名的富裕村。最为难能可贵的是黄杜村致富不忘党恩，先富不忘后富，希望将自己的白茶致富故事在中西部贫困地区继续上演，如此情怀，让人拍手称赞。

2. 一片小叶子所蕴含的扶贫价值超乎想象。从茶叶种植到采摘、炒制、销售，每个环节都有其上下游产业。茶文化更是中华优秀传统文化的精髓所在，其衍生出来的休闲、餐饮、娱乐、旅游等产业，成为经济的突破口，也成为投资的新热点。广大贫困山区大力发展茶产业，可以保护乡村的绿山青山，不仅能让乡村人富起来，又能让都市人在享受山清水秀的乡村生活的同时把城市文明带入和植入乡村，推动都市文明和乡村文明的结合。

3. 脱贫攻坚相互帮助的精神照亮征程。脱贫攻坚的小康路上，一个人都不能少，每个人都不平凡，向每一个奉献着的努力者致敬。黄杜村不仅捐苗，还从种到收、售一条龙服务；各级党委政府高度重视，积极协调，全力支持；安吉各公司提供制茶机械，浙茶集团承诺十年包销售，等等。与祖国共奋进，才会有挥汗的瞬间和忙碌的身影；满腔的赤诚之心，铺展了中华大地扶贫事业的壮阔历程，用担当诠释对党和人民的绝对忠诚。

第一节　扶一程送一程

乡村是中国的根脉，是国家治理体系的"神经末梢"。农业、农村、农民的问题是关系国计民生的根本性问题，解决好"三农"问题，是全党工作的重中之重。黄杜村是浙北的一个山村，在"绿水青山就是金山银山"理念指引下因茶而美、因茶而富而成为"中国白茶第一村"，黄杜村民"不忘党恩、为党分忧"，本着"先富帮后富，最终实现共同富裕"的精神，将一片"富了一方百姓"的安吉白茶茶苗带入乡村振兴、脱贫攻坚的广阔天地，使其在湖南古丈、四川青川和贵州普安、沿河、雷山三省五县的贫困山区安家落户、生根发芽、开花结果，使得沃野千里的广袤乡村精彩蝶变，走出贫困，走向产业兴、百姓富、乡村美的乡村振兴新征程。

2018年10月17日，是第五个国家扶贫日。经过各地区、各部门的共同努力，黄杜村捐赠1 500万株茶苗帮助中西部贫困地区的梦想终于变成了现实。当天上午，由浙江省对口支援工作领导小组主办、相关各单位承办的"一片叶子富了一方百姓——浙江安吉捐赠茶苗启运活动"在安吉县溪龙乡黄杜村举行。来自浙江省湖州市安吉县和首批受捐地的政府及相关部门代表、企业家代表、各相关村民代表等共同参加，大家怀着无比激动的心情共同见证这一庄严的时刻！

中午11点30分，满载着黄杜村全体村民深情厚谊和共同富裕期盼的首批300万株"白叶一号"茶苗从黄杜村启程，分装成三辆冷藏车，经过长途跋涉，分别驶向四川省青川县、贵州省沿河土家族自治县和普安县三个受捐地，把致富希望带给当地群众。这一天，黄杜村张灯结彩、喜气洋洋，茶苗启程、运输和落户远远不是终点，只是两地人民进一步加强联系、增进了解、密切配合、互帮互助的起点。

"白叶一号"白茶苗十分娇弱，为了保证运输途中茶苗不出意外，黄杜村不计成本投入，租来冷藏车，确保车厢温度保持在7℃左右。

看着承载着全村美好希望的冷藏车缓缓驶出，黄杜村民下定决心要帮助各受捐地困难群众科学有效地种好茶、炒好茶、卖好茶。这1500万株"白叶子"茶苗不仅要成为当地困难群众脱贫致富的"金叶子"，更要成为东西部人民山水相依、依依不舍、深深眷恋、情深意浓的"金纽带"和"金桥梁"。

茶苗运到之后，必须第一时间进行栽种，因为茶苗经阳光照射后就会灼伤，进而引起死亡。对茶叶种植来说，茶苗的正确栽种是第一件大事，茶园的有效管护是另一件大事。安吉白茶最好的种植时间是在晚秋8月中下旬到10月底以前，或者2月到3月份，最好选择下雨前种植，种植数量每亩田大约用苗3300—3500株。种植前先建造好梯田，梯田中开沟，沟底放入有机肥和山的表面肥土，然后种植茶苗。种植行距在130到150厘米，一般离地面20厘米左右。每株种两棵，两棵大小均匀，种植株距大约30厘米。种下之后要用双脚踩紧，然后浇下适量的水，最后围上松土，对种植好的安吉白茶茶苗要及时进行修整。水的管理方面，种植后如遇连续晴天，应每隔3—5天浇透水一次；防冻管理方面，移栽茶苗因抗性较差，天冷防冻是关键，要注意铺草、浇水和拥土。①

从茶苗种植到茶树生长再到茶叶采摘，这中间有一个漫长的过程，一般种植3年后，安吉白茶的茶树就可以试采摘，第4年可以正式采摘；之后茶树就进入生长发育旺盛的成年期，产量和品质处于很高的水准，时长20—30年。东西部地区自然环境、气候条件存在较大差

----

① 《安吉白茶种植管理》，中国普洱网，2023年9月18日，https：//www.puer10000.com/zhongzhi/107979.html。

异，"白叶一号"在受捐地生长依然面临很多技术难题，当地茶农没有种植过安吉白茶，经验远远不够，前期的培训可以解决部分问题，但是仍显不足。为确保茶苗种好活好、种出成效，黄杜村党总支根据村民意愿，由党支部书记盛阿伟率领村里经验丰富的"土专家"为主力组成技术指导团队，将村里的种茶大户分成3个组，每组8人，实地去3个省的贫困村轮换蹲点指导，为其现场解决技术难题。

黄杜村派出的技术指导团队，成员都是种植白茶的老手，也是能手，到三省五县跨区域提供茶苗的种植、管护服务。每个小组服务一次时间在10—30天，几个月下来，各位土专家的足迹已踏遍每一片受捐茶园。茶园一般都在位置偏远的荒山上，很多地方没有手机信号，很多时候有急事的情况下电话打到一半没有信号，要走很远或者爬到树上才能接着把事情讲完。每次出差时间都不短，差旅费用一定不能让当地承担，为了节省开支，大家都住最便宜的酒店，酒店的卫生条件比较堪忧，而大家认为有个落脚睡觉的地方就可以了。有时候工作太晚来不及回酒店，大家还要住在茶园的工地上，工地上条件更不好，简易的工棚下搭个架子就是睡觉的床。夏天超级热，当地蚊子多得能把人给吃了，冬天超级冷，还时不时断水断电。由于地区差异很大，饮食口味也很不习惯，当地人"菜里有辣椒，吃饭就是香"，喜欢吃辣，甚至无辣不欢，就连炒素菜都要放很多辣椒，根本找不到不辣的菜，浙江人口味偏清淡一些，每次都被辣到满脸流汗。语言沟通也是个大问题，受捐地区的年轻人多出门打工去了，当地老年人居多，他们不会讲也听不懂普通话。而黄杜村民本身亦颇具方言气息，讲一口很浓厚的浙江味普通话。双方不同的口音、方言导致理解和表达困难，经常各说各话，甚至一边说话一边比画，有时候依然没有办法完全表达到位，只能由当地干部或者年轻人充当翻译。黄杜村茶农也都是上有老下有小的中年人，由于长期身在中西部地区，家里老人小孩经常照顾不到，有些时候家里发生意外也没有办法第一时间回去处理，大家有时候还是会觉得愧对家庭。还有一件事情让大家感到非常头痛，捐助茶苗的事情已经得到了全国各族人民的热心关注，前来进行采访的媒体很多，各位黄杜村来的土专家经常被记者追着要进行采访，甚至工作时候会有自媒体跟着进行拍摄。虽然大家都是农民，文化程度普遍偏低，面对着镜头讲话都直打哆嗦，也没有接受过相关培训，大家心里知道自己代表着浙江形象、安吉形象，但又实在不知道如何应对媒体，如何回答各位记者的提问，所以压力通常都非常大。在接受媒体采访邀请时，大家只好把村党总支书记盛阿伟拉出来做挡箭牌，让经验丰富的书记独自面对记者的采访。

在各受捐地，黄杜村来的土专家力求及时发现异常、快速锁定问题、迅速解决问题。树苗种下之后要勤观察，插穗在未发根前，必须要勤浇水，用来保持土壤湿润和增加空气湿度。发根之后，几天浇水一次就好，保持土壤湿润。雨季到来之前，要每隔三到五天灌溉浇水，晴天早、晚各一次，阴天一天浇一次，雨天可不浇。大雨后应注意排水，雨季来临要及时开沟排水，防止土壤积水。夏季持续高温干旱，要全力抗旱。根据温度、阳光情况选择是否搭建遮阴棚，如果搭建，要时时检查维修，冬季需要加盖薄膜以增加温度，夏季气温回升则需及时拆除。施肥也要根据幼苗生长情况和土壤实际情况适时施肥：在秋末冬初时，使用菜籽饼、硫酸钾型复合肥、尿素等废料根据深度进行施肥；适量追施肥料应掌握分期多次原则，第一次施肥的时机非常重要，之后可以每月施肥一次，通常可以在浇水时同时进行；也可以种植绿植肥，春季在茶园种植大豆、花生等作物，秋季种植蚕豆、紫云英等作物，作为绿肥的储备。除草只能在气温低的时候进行，浅耕除草、除花蕾；面上的杂草可以直接用手拔除，人力不易够着的地方可以使用除草剂，但是不能伤害茶树；除草的同时要保护好茶苗的根茎，防止松动；夏季高温时期千万不能除草，因为这时候的杂草可以遮阴防旱。在五月、六月、九月的病虫害高发期，对茶叶来说主要采用绿色防抗技术，要心中牢记食品安全，只有在害虫大面积爆发威胁茶树安全的时候才能适当喷洒应急农药处理，特别是针对常见的病虫害，如叶病、小绿叶蝉、茶蚜等，切不可疏忽大意。为了减少水土流失，可以在地块周围种植桂花树，同时起到遮阴的作用。针对寄生性植物菟丝子，其危害不可小觑，一经发现，一定要全面、干净、彻底地清除，不留一点死角。此寄生性植物容易卷土重来，一定要多次仔细检查。

在常规巡查指导之外，特殊情况下技术指导团队的土专家们还要第一时间赶来给予特殊指导。2019年7月，连续强降雨造成古丈、沿河两县部分茶园被冲垮，茶园损失严重，指导组立即驱车千里到达两地，在帮忙整理茶园的同时联系新茶苗进行补种，帮受捐地茶农减少了很大损失。截至目前，安吉农技人员已经派出100多批次600多人次到西部地区蹲点进行技术指导。根据不完全统计，各位土专家们已经帮助各个受捐地解决种植难题200多个，包括茶园管理、水土保持、病虫害处理、防冻抗旱、采摘要领、炒茶重点等，通过指导使得总体捐赠茶苗的成活率达到95%以上。技术指导的同时，1 000余人作为指导技术、管理人员种植技术和管理能力大幅度提升。

利用便捷的手机通信来促进帮扶手段的升级，云指导和云诊断在新冠肺炎疫情期间也发挥了很大作用。黄杜村建了很多微信群，名字取为某地"白叶一号战斗群"，成员包括黄杜茶农和当地一线干部群众，随时随地解答受捐地茶农的有关茶园管护的各种问题。有问题就拍照、上传、问询，黄杜村民观察、分析、解答，问题不断，在线交流沟通答疑不停歇，解答的思路不断丰富。比如当地茶农有人问选用哪种除草剂、如何使用除草剂，有人根据照片询问茶苗是否患病，有人咨询茶园塌方应该怎么处理。黄杜村民也会把很多公众号文章和自己做的抖音视频发给对方。

为了更好地解决问题，在疫情防治允许的情况下，黄杜村又继续举办了几期培训班，把各地的茶农学员请到黄杜村接受训练，继续学习、消化、吸收白茶种植、茶园管控等相关知识；同时，还让各学员沉浸式体验安吉白茶炒制大赛、现场白茶销售等课程。学员学习后获得满满的收获，回家乡传授给当地的种植户，多次接触过后双方已经由陌生到熟悉。黄杜村还发现一个问题，当地长久以来也一直种植茶叶，曾经也有过一定的规模，但是最终却没有发展起来，黄杜村认为归根结底是因为缺少品牌，品牌价值的缺失导致产品卖不上好价钱，甚至会卖不出去，因而没有办法靠茶叶致富；所以各种培训交流中，黄杜村不仅送茶苗、送方法、送技术，还送信心、送人才、送营销，把自己在品牌经营、茶旅融合、客户销售等各种经验干货全部告诉对方。

事实证明，黄杜人只是珠玉在前，安吉各方力量也都汇聚了起来。2018 和 2019 两年，安吉县开展了两次"我为扶贫出把力"捐款活动，累计捐款 376 万元，用于扶贫专项基金对口支持精准扶贫地区基础设施建设、产业发展等方面。2019 年，安吉县出台了"共富茶"机制，决定接下来三年每年出资 500 万对白茶捐赠的 12 个村庄白茶种植情况进行管理考核奖励，还要对当季春茶按安吉白茶标准加工并进行统一收购包销。在贵州余庆县经营茶山生意的溪龙乡人陈群，听到消息后主动联系黄杜村，专门带领自己企业的种茶能手加入技术指导的行列，其中还包括 5 位女性，一切花费全部由自己的企业承担。

中国农业科学院茶叶研究所（以下简称中茶所）也十分关心扶贫茶的生长情况，其服务也跟着茶苗走。早在 2018 年 10 月，中茶所就派出研究人员来到了青川县沙州、关庄、瓦砾三个镇，开展"白叶一号"种植前的技术培训工作，用通俗易懂的方式为当地干部群众讲解了安吉白茶的品种特性、茶园建设技术、茶苗管理技术等，对于一些技术难点还制作了卡片、视频，写了专门的文章等转发给大家，考虑到当地茶农文化水平不高的客观实际情况，这些宣传材料都图文并茂且深入浅出，直截了当地把重点难点问题——呈现。在科研力量、科研设备、科研经费上也持续加大投入，派出专家专项跟进，配套技术支持，茶树和茶园一旦出现状况或者冻害、干旱，研究所的专家也能随时远程会诊，提供更加专业的指导。

浙江省茶叶集团股份有限公司前期参与了各受捐地的选择与确认工作，表示会帮助各受捐地区建立品牌、开拓营销渠道，解决受捐茶农的后顾之忧。浙江省茶叶集团股份有限公司（以下简称浙茶集团），为浙江省供销社主管企业，总部位于中国茶都——杭州，其前身是成立于 1950 年的浙江省茶叶公司，集茶叶种植、加工、科研开发和国内外贸易于一体，是农业产业化国家重点龙头企业；30 余年保持茶叶出口量全国领先，绿茶出口世界前列，拥有 10 余个涵盖行业不同领域的知名品牌，是具备全球茶叶资源供应链整合、运营能力的茶叶全产业链品牌运营商。浙茶集团年经营规模约 10 亿元，出口茶叶 3—4 万吨，位居全国茶叶出口企业前列。拥有超过 70 年茶叶经营历史，将传统制造与现代工艺创新相结合，十分关注提高茶叶生产力和改善茶产区人们的生活状况，坚持与当地政府一起改善茶叶生产设施。浙茶集团生产基地面积覆盖国内主要产茶省份和茶区达 20 余万亩，茶叶加工厂 21 家。浙茶集团以茶为主、贸工结合、多元发展，产品覆盖茶叶、茶制品、茶叶机械、有机农产品等，销售网络遍及全球 60 多个国家和地区。集团组建了 20 余家中外合资企业、独资企业、控股企业，在美国、日本、马里设有分公司，在乌兹别克斯坦、摩洛哥、阿尔及利亚和巴基斯坦等国设有代表处。[①]

　　浙茶集团承诺会在茶叶加工、炒制包装、茶叶加工、品牌推广、产品销售等方面承担起责任，真正让"扶贫苗"变成"致富叶"，让受捐地困难群众像黄杜村一样富裕起来；与各个受捐村签订协议，确定了"龙头企业 + 专业合作社 + 贫困户"的利益联结机制。受惠于此，安吉白茶在受捐地方从产到销能保证统一标准、统一管理、统一营销，同时各建档立卡贫困户可以获得稳定的租金、薪金、股金等收入。

---

① 《集团概况》，浙茶集团官网，https：//www.zjtea.com/about/index.html。笔者根据原文整理。

保亿集团有限公司（以下简称保亿集团），是中国民营企业 500 强之一，创立于 1991 年 9 月 16 日，前身为浙江华荣集团有限公司，是一家以地产开发为核心，集物业管理、贸易流通与产业投资为一体的整合型发展的集团企业。保亿集团已拥有 35 家下属子公司、9 家参股公司，1 500 多名员工。自 2000 年起，保亿集团连续被评为信用 AAA 企业，并先后获得"中国房地产浙江公司品牌 TOP10""浙商对外投资典范""浙江房地产品牌 30 强""浙商全国 500 强"，四度蝉联"中国房地产百强"等多项荣誉。公司秉承"有品质的生活"的核心价值观，为广大业主提供亲情化和充满人文关怀的服务，接管物业的类型涵盖别墅、公寓、商业、写字楼和产业园等，在管物业面积达 200 余万平方米，服务业主超 10 000 户。①

保亿集团主动对接距离黄杜村"白叶一号"受捐地青川县很近的四川省阿坝藏族羌族自治州汶川县雁门乡索桥村，签署帮扶协议书助力乡村建设，精准帮扶这个深度贫困村。索桥村是羌族戏曲、医药、民歌的发源地，是国家羌文化生态体验区。保亿集团整合人力、物力、财力等各种资源，先后投入资金 2 000 万元，整治村庄环境，完善基础设施，建设文化礼堂，挖掘民族特色，培育出樱桃、百合等特色农业产业，全面达成"产业富民、美好乡村"的社会目标。文化礼堂新风沐村、巷道改造除旧展新、路灯新建绿色光明、公厕革命敦风化俗，结合"汶川三宝"等当地特色拉动索桥村集体经济发展，打造集休闲、娱乐、采摘、居住等于一体的羌族康养中心，使得当地不仅甩掉了贫

---

① 《集团概况》，保亿集团官网，http：//www.boeegroup.com/about.html。笔者根据原文整理。

困的帽子，而且让脱贫群众生活更上一层楼。保亿集团也为民营企业在回馈社会、助力脱贫攻坚和乡村振兴等方面做出了典型成果，树立了榜样。

第二节 落地生根共富茶

我国农业现代化是"从传统二元结构体制的历史条件下启动和发展起来的，是由'农村经济蜕化出来'，与'三农'问题密切相关，是一种广义的工业化，即指工业、服务业通过自身的变革与发展，占据农村经济的主导地位，又包括实现农业现代化"[①]。农业现代化建设的同时要尤其重视生态文明建设，《中共中央关于党的百年奋斗重大成就和历史经验的决议》中指出："生态文明建设是关乎中华民族永续发展的根本大计，保护生态环境就是保护生产力，改善生态环境就是发展生产力，决不以牺牲环境为代价换取一时的经济增长。"[②]在全面实现现代化的道路上，生态环境是关键。要在体现地方特色的同时守住发展和生态两条底线，让绿水青山源源不断地转化成金山银山，统筹解决好百姓富、环境好、生态美、文化强的统一。茶托起了纯绿色的生态产业、特色优势产业，从一片嫩芽到杯中的缕缕清香，做足"茶文章"，可以撬动"茶经济"。大力发展茶产业，培育茶企业，扩大茶基地、打造茶品牌，发展茶市场，可以播种传承千年的梦想，托起一个

① 张燕：《农村工业化模式演变与城镇化路径选择》，《经济问题探索》，2007年第7期，第235页。
② 《中共中央关于党的百年奋斗重大成就和历史经验的决议》，人民出版社，2021年，第17页。

茶经济大产业。

各受捐地都是适宜种茶的区域，纬度较低，海拔较高，日照较好，污染较少，气候优势、环境优势、生态优势、土壤优势比较明显。从2018年10月17日黄杜村首批茶苗到达贵州省普安县安家，到2019年3月11日最后一批50万株茶苗送往四川省青川县沙州镇青坪村和松林村，历时近5个月的时间，扶贫茶苗终于全部在他乡落地扎根了。至此，1 500万株扶贫茶苗全部捐赠到位，覆盖了湖南省古丈县、四川省青川县、贵州普安县和沿河县等三省四县的34个建档立卡贫困村。

黄杜村的捐赠行动仍在继续，爱心捐赠仍在延续。2019年9月，安吉县与贵州省黔东南苗族侗族自治州雷山县签订"白叶一号"茶苗捐赠协议，向雷山县一期捐赠茶苗300万株，种植面积约1 000亩。当年10月中旬，安吉县派出指导组远赴雷山县对接指导捐苗相关事宜。11月初，捐赠的首批"白叶一号"茶苗到达雷山县，一起同行的还有4名技术人员。在技术人员的指导下，新茶苗送到后3至4天内就完成了栽种，这样就对茶苗的成活率不会产生较大影响，确保"白叶一号"茶苗在雷山县能活好、高产、卖好。

捐苗成功不是终点，只是"共富曲"谱写的起点。在黄杜村和安吉县持续不断地对口支援下，截至2020年年底，扶贫茶苗种植面积已经超过10 000余亩。黄杜人捐赠的不仅是茶苗，还将白茶产业的整体发展理念、品牌推广意识、茶旅融合发展经验等送到受捐地，带动当地脱贫致富。

在各扶贫茶园，黄杜村土专家和中国农业科学院茶叶研究所专家指导下的改土、育苗、栽苗、种植、养护、采摘、加工、管理等各个环节依次展开，茶苗较好地适应了当地的气候环境条件。浙茶集团负责茶叶加工厂建设、品牌打造和产品营销，最终形成全产业链的保姆式服务，来保证茶农的经济收入，后续还会全力协助受捐赠地区做好茶产业链开发与品牌推广等帮扶工作。在湖南省古丈县、四川省青川县和贵州省普安县、沿河县、雷山县三省五县，茶产业的发展日趋成熟，使得各受捐地继续走好乡村振兴之路有了底气、勇气和锐气。至2020年3月，共有600万株茶树首次开采，茶叶翻滚，茶香四溢，代表着首期2 000亩"白叶一号"茶已经取得了效益。

一、普安县

贵州省获赠"白叶一号"茶苗最多，总数超过1 000万株，种植面积超过4 000亩。在贵州省黔西南布依族苗族自治州普安县，"白叶一号"的到来，为普安茶产业注入一股强劲的发展动力，有力推动了乡村振兴的步伐。荒山变茶山、老乡变茶农、山区变景区，村民们有了实实在在的获得感和幸福感。2018年10月，黄杜村捐赠的白茶苗有600万株落户，覆盖两个乡镇10个村（社区），种植茶园超过2 000亩。普安县把当年在地瓜镇种植的1 500亩、在白沙乡种植的500亩白茶基地一起命名为"白叶一号"感恩茶园。

虽然黄杜村与普安县地瓜镇、白沙乡相隔2 000千米，但是通过安吉白茶，两地结下了深厚的情谊。早在迎接"白叶一号"茶苗期间，普安县委、县政府高度重视，先后组织召开县委常委会、县政府专题会18次，邀请中国农业科学院茶叶研究所、贵州地矿测绘院等单位对普安县的地质条件、水文特征、市场情况、茶叶生长习性等方面进行了调研，科学制订项目实施方案，根据实际情况编制了《普安"白叶一号"工程施工方案》，对"白叶一号"感恩茶园的领导体制、项目规划、建设标准、投资估算、资金筹措、实施计划、效益分析、利益联结、茶园管护等进行总体规划和详细设置，确保"白叶一号"感恩茶园项目的实施既符合着眼长远的发展要求，又体现因地制宜的特色。此文件普安县、乡镇、村"两委"等干部人手一份，严格按照方案执行。

为了更好地种植黄杜村捐赠的"白叶一号"，抓好茶园后续管护，推进茶苗提质增效，普安县吸取安吉县和各地先进经验，采取"政府引建、企业参建、合作社主建、农户参与"的茶园管护模式，力争走出一条抱团发展的路子，进一步树立做大茶叶产业的决心和信心。

为切实提高茶农参与茶园管护的积极性和自觉性，加强建园指导的可实施性，普安县制定了白茶园管理规范《普安"白叶一号"工程感恩茶园后续管护实施方案》，引导干部群众树立"长年管理，精细务作"的理念，对茶园管护要求、管护技巧、注意事项、操作流程进行了明确和规范，确保管护一片成一片、管护一块成一块。总结起来就是"两建三看四要"。"两建"指的是做好队伍建设和制度建设。队伍建设包括管理服务队伍和熟练的茶农队伍，引进年轻有为的干部和业务骨干参与茶园管理服务，培育出一支精植、精采等各环节技术过硬的茶农队伍。制度建设是要建设好管理服务体系，以统一管理、统一生产、统一标准模式，包括耕种、施肥、除草、防治病虫害、采摘、茶园巡查等各种制度。"三看"指的一是看叶子，即叶子颜色是否正常，有无寄生虫；二看草，即杂草的生长情况，以便于及时安排除草；三看苗，即茶苗的成活率等，如果有问题及时补种。"四要"指的是要追肥，及时少量地在合适的时间施肥；茶苗要"亮脚"，防止水分过高腐烂根部；要揭膜，土壤湿度大的时候进行；要清沟，有利于水土保持。普安县强化技术支撑，开展技术和指导培训百余次，不仅积极对接，邀请安吉县专家、省州农口专家、各级茶叶专家、相关部门技术骨干深入茶园给予技术指导（"请进来"），还组织相关人员到黄杜村考察学习（"走出去"），为茶园建设和后续管护提供技术支持。

把白茶种植管理好的同时，普安县还制订了白茶利益分配方案，由企业主导，合作社统筹，贫困户参与。"采取三建（政府引建、企业参建、合作社主建）、四享（企业共享、合作社共享、贫困户共享、土地流转户共享）的模式，按照'1亩白茶带动1个贫困人口，1户贫困户不超过5亩'的原则，构建'龙头企业＋专业合作社＋贫困户'带贫益贫模式和'3655'利益分配机制（企业共享30%、贫困户共享60%、合作社共享5%、土地流转共享5%），实现四方共享。"① 县里选择有资金、技术优势的龙头企业，明确由国有企业贵州普安红茶业（集团）有限公司进行标准化、系统化管理。公司首先集中资源进行茶园标准化建设，在茶青采摘后负责收购，然后进行茶叶加工和各种茶产品的开发销售。地瓜镇屯上村、白沙乡卡塘村种植基地各成立一家合作社，合作社负责把建档立卡贫困户组织起来入社，安排其进

---

① 《普安县"白叶一号"感恩茶园管理情况报告》，普安县政府网站，2021年11月19日，https：//www.puan.gov.cn/xzjd/dgz/zfxxgk_5775251/fdzdgknr_5775254/zdlyxxgk_5927191/202111/t20211119_71734660.html。

行茶园建设、茶树种植、茶园管护等方面劳作并获得工资收入，同时其土地、山地等统一流转，获得分红收益。2018 年流转土地 1 244 亩，兑现流转费 69.72 万元，惠及农户 178 户，户均增收 3 917 元。县里还对无劳动能力的贫困人员进行保障。当地贫困人员从事茶叶生产，在家门口领到了固定工资，生产生活都有了巨大改善。普安县还设立了茶叶发展中心，在各乡镇都派驻了技术人员，很多地方使用多旋翼无人机，对茶园进行绿色防控。

普安县以此次"白叶一号"茶苗进驻为契机，强化示范引领，发挥典型效应，把茶产业建设好、发展好，推动茶产业高质量发展，培育乡村振兴支柱产业；整合各类资金 3 000 多万元投入茶园建设，按照"核心示范引领、多片联动推进、做大茶园规模"的总体要求，依托"白叶一号" 2 000 亩茶园核心区示范带动作用，在全县范围内布局了 1 万多亩白茶种植基地。经过 3 年时间，黄杜给普安县捐赠的茶苗，种植面积从 2 000 亩扩大为 1.3 万亩，全面实现种植一片、带动一方。为拓宽产品附加值，普安县以"白叶一号"赋能茶品牌，打造属于自己的品牌"铭恩白叶一号"，意为"携手共进，铭恩感谢"。在茶园建设中，普安县在"白叶一号"感恩茶园建成 6.73 千米的进场路、3.2 千米的产业路，配套完成高位水池、蓄水池、管网铺设、拦水坝等工程；持续扩大茶叶的知名度和影响力，带动茶企、茶农双双受益，茶旅融合产业得到初步发展，茶产业集群持续壮大。以茶叶为亮点，2023 年 10 月普安县茶产业综合产值达 16.53 亿元，茶叶企业 208 家，茶产业持续释放出长效红利，有效巩固脱贫攻坚成果，助力乡村振兴。

二、沿河县

在贵州省铜仁市沿河土家族自治县，黄杜村捐赠的 360 万株"白叶一号"茶苗主要种植在中寨镇大宅村、志强村和三会溪村，共约 1 200 亩。中寨镇位于麻阳河国家级自然保护区，地处贵州高原向湘西丘陵和四川盆地过渡的东北边缘斜坡，为大娄山脉与武陵山脉交错地带，海拔 1 200 米，境内高海拔、多云雾，天气寒冷，素有"沿河西伯利亚"之称。此地又富含群山、溪流、云雾、空气、光照等出好茶的生态基因，气候条件适合茶树生长，是"白叶一号"茶苗的理想种植地。国务院扶贫办成立的现场考察组在寻找茶苗捐助地点的时候，一眼就相中了这里。此地虽然自然资源丰富，但是位置不佳，坡陡谷深、气候高寒、交通不便，虽然尝试发展多种产业，但都广种薄收，各民族群众生活颇为清苦，贫困人口多，贫困面大，1 400 余户中贫困户约 300 户，贫困率较高。当地缺少产业，没有收入来源，群众纷纷外出务工找寻出路，年轻人大多在东部沿海地区和大中城市里谋生，只留下老年人和孩子在村里种田度日。黄杜村的"白叶一号"茶苗的到来，使得当地最适宜茶树生长的最佳环境不再浪费，也为乡亲们脱贫致富带来希望。

为了迎接扶贫茶苗的到来，沿河县专门成立了项目领导小组，中寨镇成立了"白叶一号"项目专班，市县两级共配套产业资金 560 万元，其中铜仁市下拨专项经费 110 万元，沿河县下拨 450 万元。大宅村、志强村和三会溪村等为了种好"扶贫感恩茶"，千方百计抢工期，很早就开始着手流转土地、开垦荒山、维修道路、沟通水渠、建设排水等方面的工作；同时号召致富带头人、乡贤等回村进行茶产业创业，成立茶产业合作社，带头做大做强茶产业，带领一方乡亲走上致富路。2018年10月20日早上六点半，运苗车陆续抵达志强村，黄杜村党员刘炜和志强村村干部张勇，冒雨种下了第一株从浙江安吉黄杜村运来的"白叶一号"扶贫苗。

沿河县采取"村集体+公司+农户"的模式，贫困户可以出资金入股，也可出土地入股，或者将受捐茶苗折资量化到建档立卡贫困户，入股专业合作社，每户贫困户受捐茶苗1 076株，折资3 013元持股，熟地每亩6 000元，荒地每亩3 000元。此外，县里还拨付550万元财政专项扶贫资金以3个村集体入股，号召农户入股39万元，齐心协力做大做强集体经济。贫困户有分红、有租金收入，管护茶园还有工资，技术指导由合作社负责。中寨镇用最快的速度完成了扶贫茶苗的种植工作，同时调整产业重心，把生态白茶产业作为发力重点，抢抓发展机遇，立志要在前期1 200亩"白叶一号"感恩茶园的基础上，打造万亩茶园。几年来这个看似不可能的愿望目标已经成为可能，2023年10月沿河县白茶园建成面积已经超过1万亩。除了茫茫荒山被种植成了万亩茶山，因大量人员外出务工出现的大面积被荒置、无人耕种的土地也都被流转，用来种植安吉白茶。志强村600多户村民，种茶流转土地涉及200多户；三会溪村372户村民，种茶流转土地涉及133户；大宅村306户村民，种茶流转土地涉及100多户。

为了充分发挥龙头企业的"领头雁"作用，沿河县成立了贵州沿河洲州茶业有限责任公司。通过龙头企业带动各茶叶专业合作社、茶企、茶农发展生态茶产业，集中打造"洲州茶"公共品牌，多渠道拓展销售市场，全面带动全县生态茶产业高质量发展；还先后引进贵州御锦农业旅游有限公司、中建投农业科技（南京）有限公司、沿河"白叶一号"有机茶叶有限公司3家行业表现优异的企业入驻。目前，沿河县茶叶种植覆盖中寨镇11个村，联农带农1133户，面积达13000亩；产干茶1万多斤，实现产值1000余万元，茶产业令3150多户14000多人受益，带动1300多人就近务工，各村里闲散劳动力几乎都参与了茶园管理、茶园除草、施肥等日常管护工作，他们累计获得务工工资收入2000余万元。很多在外的务工人员看到家乡的白茶产业发展起来，也纷纷回到家乡，投身白茶种植和茶园管理事业。在家门口工作，既能享受到家庭温暖，又能挣到不菲的工资，是每一个外出打工人的梦想，随着白茶产业的振兴和发展，这个梦想成为现实。

随着白茶产业规模不断发展壮大，沿河县产业布局基本形成，交通和基础设施也得到极大改善。以前村里都是土路，下雨满是泥泞，没有路灯，晚上一片黑暗，没有网络，没有公共设施。如今的沿河县，已经跟过去完全不同了，硬化水泥路串联起各村各组，联通起家家户户，延伸至山间地头，使得大山深处的乡村与山坡彻底改变了模样。在高质量发展茶产业的道路上，沿河县着力提升生态茶品牌凝聚力，聚集品牌效应，增加品牌价值，在"白叶一号"的基础上打造"屾山白叶"商标，创新产品价值，发明"屾山奶白"等系列产品，在提升产品知名度、提高市场竞争力、增强品牌带动性等方面做出有益探索。村集体经济壮大后，如何优化利益联结机制成为当地面临的一个新课题。"为做好这个课题，沿河指导相关乡镇结合当地实际探索出'差异型、激励型、关心型、贡献型'4种利益联结模式。差异型即将发展茶叶产业新增集体经济的一部分首先用来对防止返贫动态监测户进行差异化分配，确保困难群众基本收入有保障；激励型即将一部分村集体经济收入返补给参与'返租倒包'茶园的'茶老板'，以激发他们参与茶园经营的积极性；关心型即将一部分集体经济用于关心老年群体、升学学生及临时性困难群众；贡献型即将一部分集体经济用来给参与茶叶产业管护的村干部（合作社人员）发放贡献补助。"[1]

三、雷山县

2019年10月，贵州省黔东南苗族侗族自治州雷山县也被列为"白叶一号"受捐地，首批30万株"白叶一号"茶苗陆续栽种，种植茶园面积有1 000余亩。茶苗分别种植在大塘镇的也宜村、高岩村和小河村，覆盖当地农户500余户2 000余人。大塘镇地处苗岭雷公山脚下，山地多、耕地少，生态资源丰富，但是缺少经济发展的支撑产业。

雷山县制定了《雷山县"白叶一号"工程实施方案》，组建茶园建设工作专班，投资605万元，在县农业农村局主导下，高质、高效地完成了"白叶一号"茶园建设。雷山县不仅邀请专家对茶农进行种植技术和茶园管护培训，同时组织县内农技人员、乡镇干部、种植大户到安吉县等地取经，用来培养技术和管理人才。跟其他地方一样，

---

① 《沿河：白茶香，日子红》，沿河土家族自治县人民政府网站，2022年6月9日，https://www.yanhe.gov.cn/xwzx/jryh/202206/t20220609_74664797.html。

除了采取"公司＋合作社＋农户"的发展模式，按照资金量化入股的方式，与农户、村集体合作社建立紧密的利益联结机制，带动群众特别是低收入群众在产业链上持续增收之外，县里还采用"以工代赈"等方式组织群众参与茶叶基地建设，2 000 余名群众在家门口找到了工作，获得了收入。

雷山县还以创建省级示范农业园区、西江盛典（大塘版）为契机，积极争取项目资金，完善茶叶基地相关配套设施，建设茶叶采摘步道、茶农驿站，进一步促进茶文旅融合发展。"除积极参与'黔货出山进军营'外，雷山县还充分利用广播电视、报刊、网络等媒体，结合茶博会、推介会等茶事活动，积极开展茶叶品牌宣传、推介以及茶产品展示展销。雷山县将茶产业发展与苗族文化传承紧密结合起来，积极讲好雷山茶故事，进一步提升雷山茶叶品牌知名度，推动县内形成全社会'宣传品牌、支持品牌、发展品牌、保护品牌'的良好氛围。"[①] 目前，茶苗长势良好，芽头饱满，芽质均匀，整体茶树生长良好，生产的茶叶品质优秀。

雷山县立足生态优势，将茶产业作为绿色生态产业、特色优势产业、群众增收产业来抓，聚焦多个环节精准发力，为提升全县茶产业高质量发展提供坚强保障。多方面对生产经营主体给予奖补，助推、鼓励和支持生产经营主体积极发展茶产业。积极与茶叶技术科研院所及高校合作，重点培养和聚集相关专业人才。

[①]《贵州雷山：茶山好风景 兴业正当时》，《中国乡村振兴》，2022 年第 11 期，第 25 页。

与金融机构合作，推出"乡村振兴产业贷"，为茶企扩大产能提供融资、贴息支持，解决茶企资金困难。以"生态茶、干净茶、放心茶"为目标，加强茶园禁用农药管控，推广"两减两替代"技术，全面推进生物防控、绿色防控技术运用，积极开展茶园管理技术指导。实施品牌战略，重点打造"雷山银球茶""雷公山茶"等公共品牌。强化茶产品执行标准，加强指导和常态化监督检查。积极邀请省茶叶专家就提香提质、加工工艺水平提升进行实地调研和技术指导。通过制茶大赛及文旅系列活动等品牌宣传推介平台，推进茶文旅融合发展。抓住东西部协作机遇，支持引导茶企与经销商开展合作经营，参加各类大中型茶事活动进行展销，全力抢占国内外市场营销份额，积极加强与知名电商平台合作，进一步拓展线上市场。①

四、古丈县

在湖南省湘西土家族苗族自治州古丈县，黄杜村的 150 万株"白叶一号"茶苗在此安家，共种植 1 100 多亩，其中默戎镇牛角山村 500 亩、默戎镇翁草村 660 亩。县里确定了茶旅融合发展路线，专门组建由县委书记、县长任组长，县委副书记任常务副组长的安吉"白叶一号"捐赠项目推进工作领导小组，全力推进茶叶基地建设。在默戎镇

---

① 《雷山县"一片茶叶"绘就乡村振兴"幸福路"》，雷山县人民政府网站，2023 年 7 月 4 日，http://www.leishan.gov.cn/xwzx/zwyw/202307/t20230704_80667282.html。

翁草村建立茶叶种植基地，总投资达到 1 500 万元。

为了更快更好地完成茶叶基地建设，项目指挥部加班加点工作，通过统筹调度、居中协调的工作方法，充分发挥县农业、水利、林业、茶叶等相关职能部门和工作人员的工作积极性和服务意识，及时调整处理并化解存在问题，实现项目落地快、建设环境优的目标，确保完成茶苗接收和种植的各项准备工作。古丈县派遣县、镇、村各级相关干部和种茶群众赴安吉县学习，除此以外，还邀请黄杜村党总支书记盛阿伟、浙江省茶叶集团股份有限公司总经理吴骁等多次来到古丈县实地考察，对"白叶一号"项目种植的基地选址、梯土开发、茶苗定植、科技支持等方面进行指导，两位都是行业的资深人士，经验非常丰富，提出许多具体的合理的建议，其相关建议在后期项目建设过程中都已消化吸收。除了发展好茶产业以外，在精神教育层面，还力争把"'白叶一号'茶园"打造成党恩教育实践基地、茶叶产业发展的培训基地。古丈县也采用了贫困人口土地流转分红同时生产务工的工资形式，并且每亩茶园对应一个建档立卡贫困户，一亩茶园的收益直接和贫困户相联结，增加了茶农的工作积极性。

古丈县翁草村是苗族聚居村寨，位于默戎镇东北部，距古丈县城17千米，被住房和城乡建设部列入《中国传统村落名录》。"翁草"，苗语音为"巫操"，"巫"翻译成汉语就是"水"，合起来意为"水边上的苗寨"。当地不仅修建了 4.5 千米的交通运输公路，鉴于当地的自然条件，还修建了高水位蓄水池，并铺设好了管道。翁草村较好地保存了原生态苗族文化，全寨四周五山环绕，草木葱茏，云雾缭绕，朝晖夕阴，蔚为壮观。

"白叶一号"落地后，翁草村确定了茶旅融合发展路线。围绕茶叶、传统村落两大品牌，突出特色文化，着力打造以民宿体验、基地观景、品味茶韵、接受感恩教育为主要内容的旅游路线，推动全村积极探索茶旅融合之路。湖南卫视的综艺节目《向往的生活》第三季曾专门来到翁草村取景拍摄，节目开播后有效提升了翁草村的知名度，村里漫山遍野的美丽茶园变成了网红打卡地，翁草村摇身一变成了"明星村"。当地的山水溪流、绿色茶园、苗族文化等各种资源正在被不断地开发利用，成为外地游客的好去处。黑瓦木墙的苗家村屋与青山相映成趣，沿途可见别具特色的民宿、农家乐。

当地不断进行环境整治、民宿建设、农家乐宣传、农产品销售和旅游推广，坚持产业发展、宜居生态、乡风文明、乡村治理协同推进，建设好"十里梨花谷"和其他旅游基础设施。村里大力改善村容村貌，建设了水源治理工程、污水处理工程、茶叶基地景观提升工程等各个项目，完成入村公路、电力增容等改造工程和人居环境美化，成为湘西美丽乡村的示范村。村里统一出资，与合适的村民家签订定期合同，房子统一装修，修葺一新变成民宿，由村里统一管理，然后将费用付给村民。村里每年仅暑假时就会接待大量游客，农家乐、民宿都处于爆满状态，村里的蔬菜、鸡鸭、腊肉、水果等都是畅销产品。远近闻名的深度贫困村翁草村，因为"白叶一号"的落地，村民年人均纯收入增加了5 000多元。

五、青川县

在四川省广元市青川县，540万株"白叶一号"扶贫茶苗落户关庄镇固井村、沙州镇青坪村和乔庄镇柳河村3个村庄，与512户贫困户结下情缘。青川县跟浙江感情更深、更久一些，2008年汶川大地震，浙江就对口支援青川建设，青川县的灾后重建浙江省付出很多努力。浙江人民很牵挂青川，心中有很多青川印记；青川人民也非常喜欢浙江，心中有很多浙江风采。所以这次黄杜村"白叶一号"茶苗的到来，青川人民不仅感动、感恩，也感到很亲切自然，就像欢迎自己的家人一样。

扶贫茶苗落户青川时，经历了很多困难。当地土壤保水能力较差，取水距离较远，通常要3千米以上，后来又出现了大雨烂根和急冻天气急需保暖的问题；为此，村民为茶树铺上地膜，搭上了白色小棚子。由于冰雹天气，30多亩茶园被砸毁，黄杜村还给予补苗种植。2019年春天，固井村2018年10月种下的288亩"白叶一号"开始抽新芽，出现纤细嫩白的芽尖，也就是安吉白茶所独有的白化性状，之后白化期增长，茶苗长势变慢，原本20天左右的时间拉长为两个多月，出现死苗现象。黄杜村专家心急如焚，实地查看寻找原因，原来是由于春季升温比较慢，白化期偏长，需要及时补充水分、增加光合作用来为茶苗提供营养。

除此以外，还有很多技术难题在黄杜村土专家和当地群众的群策群力下被逐一攻破。当地因雨水过多导致茶苗烂根，后来通过深沟高厢得以解决；当地太阳暴晒时间过久容易晒伤幼苗，通过在茶苗中间套种大豆或者地上覆盖松针、树梢，搭建遮阴网等方式得以解决。根据青川县实际情况，通过不断摸索完善，当地在黄杜村"白叶一号"栽培管护的基础上，提出了自己的方案，即先改土、勤开沟、抢采摘、精修剪、勤施肥、控杂草、防病虫，当地干部群众称其为种茶成功"七步法"。为了确保各级干部好事做好、实事办实，青川县纪委监委、片区纪检监察组、乡镇纪委三级联动，开展"清风护苗"行动，对照监督检查清单"精抒细筛"。

跟其他几个县一样，青川县也是让贫困户把土地流转给村集体种植茶叶，还可以把牲畜、车辆、拖拉机等流转给村集体，用土地、资金和实物入股，贫困户同时可以收地租、挣工资、拿酬金，尽量多享受项目红利。固井村在茶园旁边建起了养猪场和养牛场，在两个养殖场里，有机肥料得以转化，并施加到茶园中，既节约了成本，又改善了土壤结构，还有利于茶树生长和促进茶叶品质提升。最近几年，很多当地人不再外出务工，他们进入当地白茶园里工作，实现了就近就地用工就业。青川县还涌现出一大批从事茶业加工的企业。茶园建设让不少年轻人从外地返乡，在家乡茶园工作。

在新时代的征程上，"一片叶子再富一方百姓"的故事还在继续，三省五县的别样精彩还在上演。

第三节　山呼海应绵绵情

安吉县黄杜村"白叶一号"项目在三省五县的成功落地，通过茶文化、茶品牌、茶科技的加持浸润，推动当地茶产业从无到有、从弱到强，助力茶叶产业规模化、品质化、多元化发展，引领茶产业高质量发展、全面发展，在茶叶产业核心区的示范带动下，全面掀起种茶热潮，各地"茶+"模式特色产业链不断涌现、不断创新、不断发展，使得当地荒山变茶山、穷村变新村、贫农变茶农、山区变景区。这充分展现了联农、助农、惠农的巨大效益，带动一方百姓增收致富，贫困群众实实在在地获得了收益，低收入户实现了增收发展。整个过程中，群众自我发展内生动力明显提升，各地群众茶农感谢党、感谢浙江人民、感谢黄杜村民的感恩意识不断激发，充分感受到他们"增强饮水思源、不忘党恩意识"的伟大精神、"不忘党恩、为党分忧"的高贵情怀，以及中国特色社会主义大家庭的包容温暖，两地人民的情谊也愈加深厚。两地情深意长、时时心手相牵、努力共克时艰的画面通过电视、微博、短视频平台等传播到千家万户，当地干部群众的思想意识也不断提高，始终保持脱贫攻坚、乡村振兴的坚定信心、顽强斗志和奋进姿态。

2020年3月，在当地干部群众和黄杜村、各部门的共同精心培育下，白茶树长势喜人，初见成效，捐赠到三省五县的茶苗迎来第一个采茶季。黄杜村各种植大户不顾本村也处于茶季、自家茶叶也在采摘高峰的现实情况，纷纷放下自己茶园里的活计，千里跋涉来到中西部地区，指导当地茶农采摘茶叶、炒制茶叶。黄杜村党总支书记盛阿伟一行4人选择自驾，他们随身携带着热水、方便面，来到了距离安吉2 000多千米的贵州普安县地瓜镇。在普安县高标准建成的"白叶一号"感恩茶园里，当地600万株茶树即将开始首次采摘。

看到小树苗长成了大茶树，嫩芽也已经成熟，盛阿伟一行人反复跟大家强调采摘的要领：安吉白茶的茶树蓬面每平方米达到10—15个标准芽时为开采期。不同的鲜叶，它们的芽叶大小、叶张厚薄、颜色深浅、茎梗粗细、水分含量都不一样。安吉白茶茶叶应分批多次早采、嫩采，要勤采、净采，不漏采；要求一芽一叶，芽叶成朵，大小均匀，不能采碎叶，不带蒂头、老叶，不采奶叶、鱼叶，留柄要短。鲜叶要提手采，轻采轻放，用竹篓盛装、竹筐贮运，防止重力挤压鲜叶，确保鲜叶质量。茶篓要用绳子系在腰间，把两只手都腾出来，一只手是不能采茶的。

采摘安吉白茶要做到五分开：幼龄茶树叶与成年茶树叶要分开；长势不同的鲜叶要分开，特别是受过冻害、病虫害，老叶少的茶树；晴天叶与雨水叶要分开；不同地块的鲜叶分开，特别是阳坡与阴坡茶叶、山上茶叶和水田茶叶要分开；上午采的叶与下午采的叶要分开。掰断顶上的几片嫩芽，不能用手掐，这就是传说中的打顶采摘，可以促进茶树横向生长，越来越大。采摘之后要及时平摊摆放，厚度均匀，不可翻动，同时要避免阳光，这样可以提高茶叶的品质和便于炒制，摊放时间手抓柔软为宜；之后要进行高温杀青，先高后低，破坏酶的活性；然后就要进行炒制，"白叶一号"安吉白茶是绿茶，娇嫩而又对热度极具敏感，炒制工艺很难掌握，几分钟之内不能出错，否则品质就会大打折扣。成年茶树鲜叶梗细、叶张薄，炒制时要求温度低一些，不能将其与幼龄茶树叶张厚、芽头大、梗子粗的鲜叶混在一起炒制，否则会使前者由于温度太高而出现焦边，后者由于温度不够高而出现红梗红叶。①

2020 年 3 月 5 日，在普安县白茶加工车间里，第一杯贵州普安产的"白叶一号"送到了黄杜村党总支书记盛阿伟的手里，盛书记端着这杯清茶，看着茶叶翻滚，闻着清幽扑鼻，品着清香四溢，感受着茶香满室，阵阵清香萦绕，丝丝绵柔入口，按捺不住内心的激动和无比欣慰的心情，大声说道："有黄杜的味道，也有普安的味道。"

普安县 2020 年采摘鲜叶 937 斤，制作干茶 21.7 斤。2021 年采摘鲜叶 4 421 斤，产值 27 万元，2022 年 3 月开园采摘，共收获茶青 33 000 斤。参与采摘农户达 3 000 人次以上，采茶务工收入超过 20 万元。

随着受捐地白茶采摘规模越来越大，炒茶设备远远不够，沿河县基础比较薄弱，炒茶设备缺口巨大。因为炒茶机比较贵，价格在四五十万元以上，当地茶农一下子也买不起，经过黄杜村沟通协调，安吉元丰茶叶机械有限公司捐赠了 31 套适合沿河当地实际情况的炒茶设备，包括茶叶杀青理条机 12 套、茶叶冷却输送机 3 套、气化炉两台、茶叶烘焙机 4 台、茶叶摊青机 10 套，并第一时间送到沿河县。安吉元丰茶叶机械有限公司不仅送设备，还送技术、送服务，全力以赴做好扶贫茶叶设备的落地工作，让生产初见成效。捐赠的设备解了当地茶农的燃眉之急，新茶炒制得以顺利完成。

2021 年沿河县中寨镇取得 60 万元的销售成绩，2022 年起采用"返租倒包"模式，以每亩每年 300 元的租金承包给农户，让传统农

---

① 《安吉白茶茶园管理及采摘注意要点》，中国普洱网，2023 年 9 月 19 日，http：// m.puer10000.com/mip/108472.html。笔者根据原文整理。

民变为产业农民，个个当上"茶老板"。极低的租金成本大大保障了茶农的收益，茶农的积极性被充分调动起来。全镇 500 余户 2 500 多人增收，镇内茶农每年增收 850 余万元，户均增收 1 600 余元，人均增收 330 元左右。

面对茶叶销售难题和品牌建设，浙江茶叶集团做出了十年包销的承诺，全程跟踪负责三省五县的安吉白茶采茶之后的后期加工、销售、品牌运营等方面的工作，并以不低于当地市场价保底收购。浙茶集团彻底解决了困扰贫困地区茶产业发展过程中有产品、无品牌的难题，稳定了产业模式，提高了产业价值。

基于自身在资金、技术、市场、管理等方面的资源优势，浙茶集团动用自己线上线下多个平台资源，开足马力为各贫困地区进行宣传。由于看好当地产业发展，浙茶集团还投入 2.8 亿元资金，在贵州普安县建立"白叶一号"茶产业园，打造生产、加工、管理一体化的先进茶产业基地，明确要将普安作为浙茶集团在西部地区进行名优茶加工的中心。产业园"规划生产大宗茶 7 500 万吨、名优茶 110 吨、速溶茶 750 吨，需使用干茶 1 万吨，助农增收 6 700 万元"[①]。2021 年，该项目一期工程已投入使用。

浙茶集团成立贵州天香茶叶科技有限公司，主要生产精品内销茶、出口茶、深加工茶制品三类产品。在贫困地区深耕茶产业的中下游产业链，让茶农不仅在当地可以卖上好价钱，培养起茶农的市场意识、品牌意识、创业精神和奋斗精神，还能不断促进当地就业，带动当地

---

① 王国平：《一片叶子的重量——脱贫攻坚的"黄杜行动"》，浙江文艺出版社，2020 年，第 210 页。

的白茶产业发展。贵州天香茶叶科技有限公司已经于 2020 年正式投产营业。浙茶集团还邀请中国银行浙江省分行一起探索金融、产业、乡村的深度融合。广元市、普安县、古丈县各级领导都先后到访浙茶集团，继续探索开展全方位、多形式的合作。

浙茶集团还为三省五县的"白叶一号"安吉白茶统一注册了"携茶"商标，寓意是"东西部携手合作奔小康"。携茶，是携手的茶，音同协作的协、和谐的谐，是扶贫茶，也是公益茶，被称为中国扶贫第一茶。携茶的品牌定位是"做好茶，传大爱"，口号为"每一片都是好心意"。"携茶"上市后，受到热烈追捧。尽管如此，为了进一步提升销量，浙茶集团的母公司浙江省供销社要求本系统内部将携茶作为办公、会议和接待用茶，除单位统一采购，还鼓励干部职工购买，用作家庭和生活用茶。

黄杜村不仅仅输出茶苗，还输出产业经营理念和市场发展思维。各地基本都确立了"企业＋合作社＋农户＋基地"的形式，政府领建、村级组织主建、合作社承建、农户参建的运作方式，使农民拥有"五金"的利益联结机制，即流转土地收租金、就地务工挣薪金、茶苗折资得股金、委托经营拿酬金、集体收益分现金。农民收入有保障，走向富裕的积极性、信心和勇气大大增强。

截至 2023 年 10 月，黄杜村已经捐出超过 3 000 万株"白叶一号"茶苗，各村（社区）贫困户都已经实现脱贫，三省五县 6 217 亩"白叶一号"茶园共采摘鲜叶 6.5 万余斤，产值超过 770 万元，受益 2 064户 6 661 人，人均增收 1 150 元。"感恩苗"长成了"致富茶"，各受捐地的"白叶一号"白茶喜获丰收，各地纷纷以打造"'白叶一号'

茶园"为契机，大力发展白茶产业，将自己的白茶品牌推向全国，茶香富农的故事唱响全国。普安县"白叶一号"种植面积已达到1.3万亩，2022年全县茶叶综合产值达17亿元。沿河县茶园总面积扩大，茶叶种植覆盖11个村，面积达10 800亩，其中"白叶一号"5 350亩，中寨镇茶产业初投产即实现亩产值1 000元，总产值超千万元。古丈县2020年3月春茶成功试采，2021年，"白叶一号"春茶共采摘鲜叶1 600余斤，在本地加工成干茶250余斤，红茶80余斤。雷山县2023年茶园超过6 000亩，2022年试采摘5 000斤茶青，2023年采摘超过25 000斤。青川县7 075.5亩"白叶一号"标准化种植基地2022年采摘鲜叶7 180斤，加工干茶1 795斤，市场终端价800—4 000元/斤，实现销售收入215.4万元，2023年产出"白叶一号"鲜叶2.73万斤，干叶产值超过两千万元。各受捐地继续高质量推动农业农村现代化，正昂首阔步走在乡村振兴大道上。

2021年，安吉县牵头成立"白叶一号"乡村振兴党建联盟。安吉县黄杜村与古丈县翁草村、青川县青坪村、普安县屯上村、沿河县志强村、雷山县高岩村5个村党组织开展长期结对，各村在组织建设、产业发展、干部交流、事业发展等各方面合作共赢，持续践行"绿水青山就是金山银山"理念，推进绿色低碳高质量发展，打造共同富裕实践样板。党建联盟成立后，各地深入探索共建共赢新模式，搭建合伙结对新平台，安吉县成立"一片叶子手牵手"合销超市，在安吉县余村、黄杜村等安吉美丽乡村示范村和游客重点旅游的村设点，帮助销售普安红茶、青川木耳等来自各个联盟村的土特产，一年销售额超过300万元。

茶苗的帮扶成效早已深入人心，各地干部群众都很感谢黄杜村。古丈县群众推出了一首歌《你是最亲爱的人》，由吉首师范学院声乐教师石泽涵、湖南省民族歌舞团歌唱演员杨慧霞演唱。东西部协作共同谱写山海情的故事激励并感动着全国人民，深圳市坪山区音乐人陈貌、王浩听闻后，千里迢迢探访"白叶一号"西行的足迹，他们看到碧绿的茶园、茫茫的茶海和当地人荡漾的笑容，采风之后，便写出了饱含深情厚谊的歌曲《白茶飘香》。这首歌曲清新又极富正能量，将青山绿水间的浓郁民族风情与现代都市元素深深融合，唱响情义无价、奔涌向海的时代旋律。

青川人还创作了情景剧《一片叶子的故事》，并在全县进行演出，观众场场爆满。因感念茶苗厚谊，贵州省沿河土家族自治县的中寨镇，特意将一条路命名为安吉路。各地还编出了很多小曲、山歌来歌颂黄杜村、歌颂扶贫茶。普安县当地群众把对安吉黄杜村的感激、感谢、感恩之情都融化在每天工作和娱乐时情不自禁哼唱的山歌当中："好山好水大水塘，各级领导来帮忙，白茶铺就致富路，世世代代永不忘。""白茶基地秋风凉，'白叶一号'暖心肠；荒山栽满'摇钱树'，万代不忘共产党"……普安群众自发创作的山歌见证了跨越 2000 千米的山海情缘。各村各地还给黄杜村送来了感谢信和锦旗（见图 4.1）。

图 4.1　白沙乡卡塘村和地瓜镇屯上村赠送的锦旗

　　在乡村振兴的道路上，多地正全力将茶产业做成乡村振兴的主导产业，使经营模式多起来、土地流转活起来、农民钱包鼓起来。在白茶种植的基础上，各地致力于做好精细化经营，扩大白茶产业链，提升白茶产业附加值。青川县青坪村在白茶产业基地安装数字监控设备，包括高清摄像头、土壤传感设备和土壤墒情监测设备等，通过 5G 技术对茶园管控情况和茶树生长情况进行实时监控，遇有突发状况，早发现早解决。雷山县谋划建设本地茶产业工厂，继续加大上下游产业投入。沿河县集中资源补齐茶产业设施短板，建设中寨镇茶产业基地和交易站。鉴于各村主要是土家族群众，在各村建设具有土家族建筑风格的茶青交易站。木结构、小青瓦，各茶区掀起厕所革命，建设安全、卫生、干净的公共厕所。加强茶园道路建设，园区配套水池、沉沙池、拦山沟等建设，加强民族团结教育，把各族群众共有的茶园打造成筑牢中华民族共同体意识的实践高地。古丈县依托厚重鲜明的苗族文化、绿意盎然的白茶园景观，把山水林田文化、苗族文化和白茶文化相结合，以茶兴旅、以旅促茶。翁草村围绕茶园生态旅游线路，提档升级，结合道路周边自然环境，重新设计节点绿化，打造 10 千米景观廊道，梳理重要景观节点，将全村山、林、溪、田、园、寨连成一片，大大提升沿线绿化效果，促进沿线和全村的生态价值转化和土地开发利用，并新建民宿、农家乐等，使其成为省内外游客的打卡胜地。

　　民族要复兴，乡村必振兴。产业振兴是乡村振兴的基础和切入点，是广大农民增产增收的关键，是我国农业农村现代化的前提，是全面深化农业供给侧结构性改革的核心。黄杜村"白叶一号"送达的三省五县，以维护广大贫困群众的根本长远利益为目标，通过发展茶产业，把传统的农业数量增长方式转变为生产要素增长和质量增长，生产效率得以大大提高。各地都在努力使白茶产叶专业化、标准化、品牌化，努力让农民加入现代产业链条，进入市场，提高了产业竞争力，实现了增产增收的目标。沿着当前的目标快步前进，各地未来的产业将会更兴盛，品牌更响亮，增收更畅快，致富更有力，将会开启更加美好的新篇章。黄杜村也先后荣获全国脱贫攻坚先进集体（见图 4.2、图 4.3）、浙江省东西部扶贫协作组织工作奖等荣誉（见图 4.4）。

图 4.2　全国脱贫攻坚先进集体奖

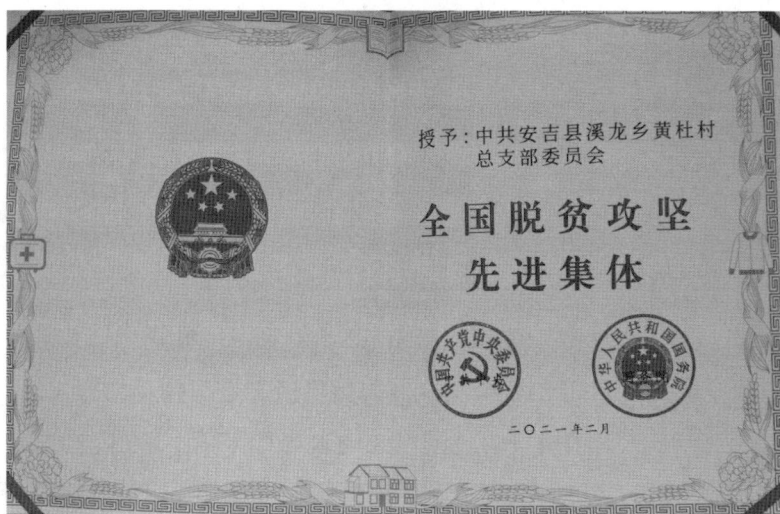

图 4.3　全国脱贫攻坚先进集体证书

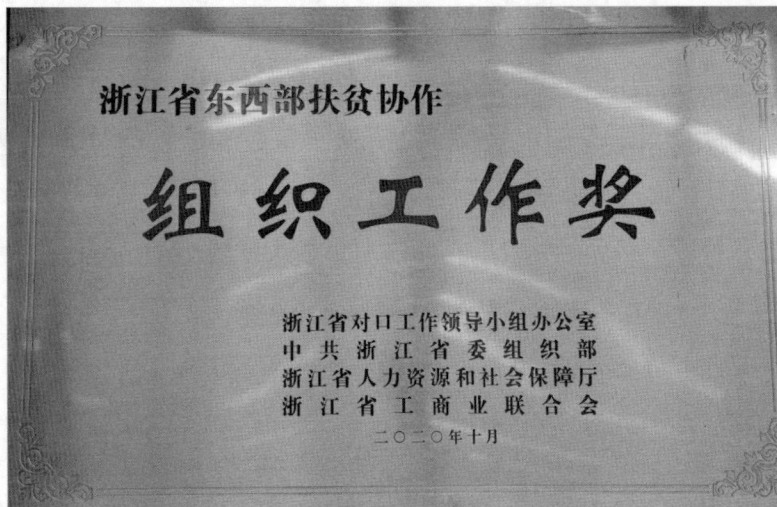

图4.4 浙江省东西部扶贫协作组织工作奖

扩展阅读：

浙黔"白叶一号"茶叶扶贫项目建设的意义和路径 [①]

2018年4月，浙江省安吉县黄杜村20名农民党员给习近平总书记写信，汇报种植白茶致富的情况，提出捐赠1 500万株茶苗帮助贫困地区群众脱贫。习近平总书记收到信后作出重要指示，强调增强饮水思源、不忘党恩的意识，弘扬为党分忧、先富帮后富的精神，对于打赢脱贫攻坚战很有意义。我省获赠"白叶一

[①] 《浙黔"白叶一号"茶叶扶贫项目建设的意义和路径》，搜狐网，2019年7月17日，https：//www.sohu.com/a/327504367_120206933。

号"茶苗 960 万株，种植面积 3 200 亩，共覆盖 13 个村（社区）贫困户 1 243 户 4 159 人。"白叶一号"引种到贵州种植后，较好地适应了当地气候环境条件，并由中国农业科学院茶叶研究所、黄杜村派员技术指导，浙茶集团负责加工厂建设、品牌打造和产品销售，形成全产业链的保姆式服务，保证茶农的经济收入。

建设生态文明，是关系人民福祉、关乎民族未来的长远大计。习近平总书记提出了"保护生态环境就是保护生产力，改善生态环境就是发展生产力"的科学论断，强调小康全面不全面，生态环境质量是关键。中共贵州省十二次党代会明确提出全力实施大扶贫、大数据、大生态三大战略行动，大力推进生态文明建设，着力做强做优大生态长板，生态优先、绿色发展正在成为多彩贵州的主旋律。为实施好大生态战略行动，更深入地贯彻习近平总书记关于守住发展和生态两条底线重要指示精神，更充分地体现贵州特色，更有效地推动国家生态文明试验区建设，必须创新发展思路，因地制宜选择好发展产业，发挥后发优势，让绿水青山充分发挥经济社会效益，切实做到经济效益、社会效益、生态效益同步提升，实现百姓富、生态美有机统一，让绿水青山可以源源不断地带来金山银山。

资源禀赋　优势独特

作为全国贫困人口最多、贫困面最大、贫困程度最深的省份之一，贵州坚持将茶产业作为我省的脱贫主导产业、绿色生态产业、乡村振兴产业、特色优势产业来重点打造，茶园面积从 1978 年的 60 万亩发展到 2018 年的 752 万亩。茶产业规模、质量和效益稳步提升，为全省决战脱贫攻坚、决胜同步小康奠定坚实产业基础。

贵州是中国唯一低纬度、高海拔、寡日照、多云雾兼具的地区，有着良好的气候土壤优势和生态环境优势，是全国最适宜种茶的区域之一，宜茶面积大，生态环境良好，工业污染小，农药、化肥施用水平低，且土壤富含硒、锌、锶等有益微量元素，是发展"绿色、生态、安全、健康"的茶叶的天然理想区域。全域植被茂密，森林覆盖率达到55.3%，茶园扩展使贵州森林覆盖率从1978年的0.2%提高到2018年的2.85%。贵州的茶叶大都出自云雾高山，处处青山绿水，四季云雾缭绕。贵州遍布着"茶中有林、林中有茶"的生态茶园，茶叶具有内含物质丰富、香高馥郁、鲜爽醇厚、汤色明亮等独特品质。芳香物质含量普遍较高，香气普遍较好，常显"嫩香、高浓郁"，酚氨比值低，是贵州绿茶醇而不涩、浓而不苦的一大特色。同时，为严格守住质量安全底线，参照欧盟及日本等发达国家农药残留限量标准，贵州在全国率先提出茶园禁止草甘膦和水溶性农药，全省茶园禁用农药从国家规定的55种增至120种，推动"宁要草，不要草甘膦"和"干净茶、生态茶、健康茶"理念，形成了特色独具的茶产业生态优势、品质优势和安全优势。茶界泰斗、中国工程院院士陈宗懋连续两年为贵州茶叶质量安全点赞。

安吉白茶"白叶一号"是一个温度敏感的自然突变体，其白化表达的温度阈值在20—22℃之间，但该温度仅在芽萌发初期发挥作用；其正常复绿的启动温度在16—18℃之间。芽叶持嫩性强，春季幼嫩芽叶呈玉白色，叶脉淡绿色，随着叶片成熟和气温升高逐渐转为浅绿色，夏秋季芽叶均为绿色。2009 年以来，我省已引进"白叶一号"，种植面积达 64.7 万亩，其中投产茶园 32.6 万亩；种植规模万亩以上的有正安、余庆、普安、黎平、沿河等 10 余县（区）。加工制成的绿茶，色泽翠绿，花香浓郁，滋味鲜爽，叶底玉白，这使得产品供不应求，茶农增收效果好，企业经济效益高。与原产地浙江省安吉县的茶叶相比，"白叶一号"在贵州的白化时间早、白化持续期长，茶叶中游离氨基酸高于 2 个百分点以上，并具备上市早、开采期长、品质好、产量潜力大的优势。

东西协作　真帮实扶

普安县、沿河土家族自治县分属滇桂黔石漠化和武陵山集中连片特困地区，均为我省国家级贫困县和全国重点产茶县，茶产业基础较好。普安县地瓜镇屯上村、白沙乡卡塘村和沿河土家族自治县中寨镇大宅村、志强村、三会溪村地处边远、海拔较高、土地资源丰富、贫困人口多、贫困面大，均为一类贫困村。

自从浙江省安吉县黄杜村 20 名农民党员给习近平总书记写信，意欲捐赠 1 500 万株茶苗帮助贫困地区群众脱贫后，贵州获赠"白叶一号"茶苗 960 万株，种植面积 3 200 亩。其中，沿河自治县中寨镇志强村、大宅村、三会溪村 3 个贫困村获捐 360 万株，种植面积 1 200 亩；普安县地瓜镇屯上村、白沙乡卡塘村获捐 600 万株，种植面积 2 000 亩，共覆盖 13 个村（社区）贫困户 1 243 户 4 159 人。根据中共贵州省委、贵州省人民政府关于"白叶一号"工程的部署，按照分管省领导的指示和省农村产业革命茶产业发展领导小组办公室的安排，贵州省农科院高度重视，成立了"白叶一号"工程技术服务团，明确专人负责普安、沿河两县"'白叶一号'茶园"的技术指导和培训，密切关注受捐"'白叶一号'茶园"长势。迄今，已派遣30余人次，与省茶办的相关同志一道开展现场诊断、现场指导和技术培训8次。

科学管理 增产增效

"白叶一号"引种到贵州种植后，较好地适应了当地气候环境条件。但在高海拔茶区，因白化期延长，叶片转绿慢，造成茶树生长缓慢、投产期长；要根据其生长特性的新变化，调整中耕、除草、施肥、修剪和病虫害防控技术，促进茶树快速成园投产。在"白叶一号"的产品结构上，不仅要生产白茶，还要生产红茶；不仅要在白化期生产茶，更要在非白化期生产茶，实现春、夏、秋均有茶可采，确保贫困户有事可做、有钱可赚。在稳定实现"一达标两不愁三保障"的基础上，实现增收致富奔小康。在生态环境建设上要注重基地质量提升，不仅要在茶园配套水、电、路、讯等基础设施，更要加强茶园生态建设，多种植行道树、绿化树和遮阴树，建成"山顶戴帽子，山腰拴带子，树下铺毯子"的复合生态茶园模式，提高茶园生物多样性，丰富茶园天敌资源，大幅度减少茶园害虫基数。

浙江省黄杜村捐赠的"白叶一号"是感恩茶，是脱贫茶，是致富茶，是友谊茶，我们一定要利用好东西部协作机制，加强浙黔信息、科技共享，整合各方资源，进一步优化"白叶一号"茶园管理与加工技术，以合作社和茶农为主体，将获赠的"白叶一号"建成高标准茶园，使荒山变茶山、茶山变金山，将其打造成脱贫攻坚示范基地、感恩奋进教育基地、先富带后富样本展示基地、东西部扶贫协作样板基地、"绿水青山就是金山银山"引领基地。

"共富茶"香，跨越 2000 公里的山海情缘——浙江安吉黄杜村与西部山乡的共富之路①

初春，浙江安吉。茶园吐新，春笋破土，又一个孕育希望的春天如约而至。

2018 年 4 月，浙江安吉黄杜村 20 名农民党员给习近平总书记写信，汇报种植白茶致富的情况，提出愿意捐赠 1 500 万株茶苗帮助贫困地区群众脱贫。习近平总书记作出重要指示，肯定他们的做法，强调增强饮水思源、不忘党恩的意识，弘扬为党分忧、先富帮后富的精神，对于打赢脱贫攻坚战很有意义。

经过 5 年努力，浙江近 3 000 万株捐赠茶苗已经在贵州、四川、湖南等三省五县扎下深根，陆续进入丰产期。从安吉黄杜村出发，跨越 2 000 公里山海，这些茶苗在更多山村续写"一片叶子富了一方百姓"的故事。

---

① 《"共富茶"香，跨越 2000 公里的山海情缘——浙江安吉黄杜村与西部山乡的共富之路》，新华网，2022 年 3 月 25 日，https：//baijiahao.baidu.com/s？id=1758807659333794612&wfr=spider&for=pc。

缘起："我们的日子越过越好，也应该有能力去帮助别人"

雨水时节，信步在黄杜村万亩茶园绿道，层层叠叠的茶山连绵起伏，刻有"一片叶子富了一方百姓"字样的石碑，印证了一个因茶致富的奋斗故事。

望向新芽蔓发的茶园，黄杜村党支部书记盛阿伟思绪纷飞。20世纪80年代的黄杜村，曾是安吉县最贫困的乡村之一，村中全是黄泥路，5个自然村中有3个不通电。

61岁的村民钟玉英是村里的首批种茶人。1995年，茶叶科研部门在安吉大溪的一处高山上发现一株野生白茶，并成功通过扦插技术实现"下山"。调研同时发现，溪龙乡的土质、气候、积温、海拔等适宜白茶生长，建议当地政府推广种植。

"起初大家积极性不是很高，政府为了推动产业发展，挨家挨户做宣传，买了一些茶苗让大家种，还把专家请到田间指导，让茶叶有更高品质。"钟玉英告诉记者。

逐渐地，在党员干部带头下，村里种辣椒、种板栗、种毛竹、种菊花的农户，都转行种起了茶叶。从最初的摸索种茶，到如今500余亩白茶山，钟玉英不仅成就了自己，更带动了村里其他农户。分享种植经验、上门技术指导，她毫不含糊，总是倾囊相授。

一片"金叶子"，奠定了黄杜村的发展之路——村容村貌、村民收入发生了翻天覆地的变化，家家盖起乡村别墅、户户开上小轿车，黄杜村也成了"中国白茶第一村"。盛阿伟说："我们的日子越过越好，也应该有能力去帮助别人。"

对于捐茶苗这事，村民们也曾有过迟疑："不是搬石头砸自己的脚吗？别的地方种太多，我们自己的茶叶卖不掉怎么办？"为了统一思想，村里召开党员动员会。"茶叶多了不怕，我们一起做好安吉白茶的品质、品牌，未来市场会越来越大。"在座的不少党员表示。

吃水不忘挖井人，致富不忘党的恩。2018年，黄杜村提出捐赠1500万株茶苗帮助贫困地区群众脱贫。随后，安吉陆续派出考察组前往贵州、四川、湖南等地，进行选址、种植、采摘、销售指导。

"茶苗不是捐出就完成了，而是一个长期的产业扶贫行动。帮扶他们，不仅是提醒自己不忘来时路，也为当地带去敢想敢拼的创业精神。"盛阿伟说。

山呼海有应，绵绵帮扶情。五年来，黄杜村捐出"白叶一号"茶苗共计2885万株，茶叶陆续进入丰产期。感念茶苗厚谊，位于贵州省铜仁市沿河土家族自治县的中寨镇，当地特意将一条路命名为"安吉路"。

接力："一片叶子"再富一方百姓

"月亮出来明又明，感谢浙江黄杜村，千里送苗来到此，子子孙孙不忘恩……"在贵州黔西南州普安县地瓜镇屯上村的"白叶一号"感恩茶园里，朴素的感恩山歌在山间回荡。

屯上村平均海拔1600米，山高坡陡，寒冷干旱，不适合庄稼生长，过去到处是荒山荒坡。

"从没想过，这山上能种什么。"67岁的屯上村磨寨河组老党员罗少伦说。2018年10月，满载"白叶一号"茶苗的冷链车抵达普安县，在地瓜镇、白沙乡建设2 000亩"白叶一号"种植基地。

于是，罗少伦将家里的十几亩土地流转给茶园，自己和老伴有时间就来茶园除草、施肥、采茶，工资按天结算，2022年务工工资和土地租金收入有七八千元。

"荒山变茶山、山区变景区，我们手上有点小钱，不必事事向儿子伸手。"罗少伦说，"'白叶一号'很适合我们这里种植，是致富好帮手。"

自"白叶一号"茶苗落户普安以来，安吉县黄杜村每年专门抽派技术人员蹲点指导。2022年3月，普安县2 000亩"白叶一号"感恩茶园正式实现开园采摘，采摘鲜叶3.2万斤，加工干茶4吨，产值300余万元。

普安县茶业发展中心副主任廉建宏介绍说，普安县构建了"3655"利益分配机制，即企业共享30%，利益联结户共享60%，合作社共享5%，土地流转户共享5%。2022年，"白叶一号"感恩茶园带动务工2万余人次，发放务工工资245万元。

据了解，普安县以获赠2 000亩白茶苗为契机，动员群众自发种植，"白叶一号"种植面积已达到1.3万亩。普安县还以"白叶一号"感恩茶园种植管护技术标准为示范，带动全县茶园高标准建设，全县茶园总面积达到18.3万亩，2022年茶叶综合产值17亿元。

在四川省青川县，一批批"白叶一号"茶苗已经扎根在关庄镇固井村、沙洲镇青坪村和乔庄镇柳河村，成为村民们增收致富的新希望；在湖南省古丈县翁草村，茶苗吐青了，大山变绿了，不少游客也接踵而来，村民们在家门口开民宿、卖特产，翁草村成了远近闻名的"网红村"。

目前，接受茶苗捐赠的三省五县累计推广种植"白叶一号"茶园超过 3 万亩，种植面积持续扩大，不少外出打工村民选择返乡创业就业。

携手：扶上马再送一程

所捐助茶苗跨越 8 个纬度，海拔相差 1800 米，这么多分散茶园，质量和销售怎么抓？

在参与选点时，浙江茶叶集团就与各个受捐村确定了"龙头企业 + 专业合作社 + 贫困户"的利益联结机制，一方面统一标准、统一管理，另一方面贫困户有了租金、薪金、股金等稳定收入。

茶苗从"生根"到"生金"。为提前落实采摘和加工的质量要求，浙江又派出了不少专家能手，前往各个加工厂进行指导，为进入白茶盛产期做准备。

中国农业科学院茶叶研究所党委与安吉溪龙乡党委实施结对共建，在科研力量、科研设备、科研经费上予以保障。一旦茶树有个"头疼脑热"，或遇冻害、干旱，研究所的专家就能随时远程会诊。

"茶苗捐到哪里，来自浙江的茶叶加工、品牌推广、产品销售就跟进到哪里，解决受捐茶农的后顾之忧，真正让'扶贫苗'变成'致富叶'。"安吉县白茶办常务副主任朱毅介绍。

新的一年，"共富茶"举措再升级。安吉出台相关机制，今后三年每年拿出 500 万元，对受捐地 12 个村的白茶种植管理进行考核奖励，对当季春茶按安吉白茶标准加工并进行统一收购包销，助力茶农增收。

茶树长起来了，发展思路活泛起来。湖南省古丈县翁草村过去没有产业，有了"白叶一号"后，开始吃上旅游饭。去年，全村接待游客 4 000 余人次，老百姓种的蔬菜、养的鸡鸭、做的腊肉都成了热销品，不少人还将自家农房改造成民宿。

西部山里的土特产，也飞入东部百姓家。安吉县搭建了"一片叶子手牵手"合销超市，并先后在余村、黄杜村等设点，帮助销售包括普安红茶、青川木耳等来自各个联盟村的土特产，深受消费者欢迎。

"通过帮扶，黄杜村也收获颇丰。党员群众提升了眼界，转变了观念，产业知名度更高，茶旅融合逐渐兴旺。西部地区群众首创的共富新模式，对我们启发很大。"盛阿伟介绍。除了茶叶帮扶，黄杜村还与受捐村开展支部结对、党建联建，在组织建设、产业发展、人才交流等方面建立互助机制。

新时代、新征程上，"共富茶"的故事还在续写……

北交学子探访安吉县黄杜村：浓浓茶香谱写诗意乡村 ①

醉美安吉，如诗如画。行走在雨后的安吉乡村，白墙黛瓦，小桥流水，山水相映，怡然自得。近年来，安吉县结合工作实际，坚持美丽宜居村庄建设，致力发展白茶产业，统筹考虑山水、产业、文化等要素，因地制宜综合施策，彰显了"安吉特色"，打响了"安吉品牌"，"安吉白茶"成为推动当地经济发展和脱贫致富的新引擎。随着安吉白茶产业的崛起，黄杜村成为中国农村地区产业兴村的典范。

8月1日至5日，北京交通大学电信学院"绿水青山助力乡村振兴"研究生实践调研团一行4人走进浙江省湖州市安吉县黄杜村，实地调研这片被高度评价为"一片叶子富了一方百姓"的地方，分析乡镇产业发展脉络和现状，学习乡村产业发展与致富经验，推动美丽乡村建设。

不是白茶的安吉白茶

安吉白茶产于安吉县，位于浙江省北部，这里地势起伏，气候温润，雨量充沛，土壤肥沃，四季分明，是茶树生长的理想之地，素有"中国茶乡"之称。安吉的好山好水，孕育了"形如凤羽、色如玉霜、甘甜清澈"的安吉白茶，它被誉为"茶中珍品"。据安吉大山坞茶厂负责人介绍："安吉白茶实际上是六大茶类中的绿茶类，它的茶树是一种珍罕的变异品种，白化基因使得它的叶

---

① 《北交学子探访安吉县黄杜村：浓浓茶香谱写诗意乡村》，中国周刊网，2023年8月24日，http://www.chinaweekly.cn/html/sxjingji/53536.html。

片呈现出淡淡的黄白色，它的叶色会随着温度的变化而变白，温度区间大概在 15—19℃。"据了解，安吉白茶在春季发出的嫩叶为纯白色，在"春老"时变为白绿相间的花叶，至夏才呈全绿色，因此被称为"白茶"。

安吉白茶的发展历史悠久，最早可以追溯到唐代，当时安吉白茶被称为"白毫银针"，据《茶经》记载，安吉白茶是"茶之珍品"，有"清香如兰，甘醇如酪"的特点。到了宋代，安吉白茶名气越来越大，甚至成为皇家贡茶。明代万历年间，安吉白茶更是成为宫廷贡茶，一直延续到清代，乾隆皇帝曾亲临安吉品尝白茶，并赞誉不已，安吉白茶成为当时的一种时尚和象征。近代以来，安吉白茶经历了几次兴衰，直到改革开放后才得以恢复和发展，重新焕发了生机。

近年来，安吉白茶产业保持健康高速增长态势，实践小组成员采访了黄杜村丁建芳主任，丁主任介绍道："从 2003 年到 2023 年的 20 年间，面积从 2.5 万亩增长到 20.06 万亩、产量从 150 吨增长到 2 008 吨、产值从 1.5 亿元增长到 32 亿元，全县从业人员 10 万人，带动周边 20 万人就业。"安吉白茶被纳入中国农业品牌目录，获得农产品地理标志登记、原产地证明商标认定、中国驰名商标认定，每年带动全县农民人均增收 8 800 元。采访结束后，成员们在溪龙乡叶书记的带领下参观了溪龙乡茶山，雨后的茶山更显朦胧之美，成员们不禁感叹："这就是溪龙乡茶山！"

一片富了八方百姓的"金"叶子

"原来安吉的白茶是这样一步步走过来的呀！"叶书记带领小

组成员参观了茶史馆，驻足"一片叶子的足迹"纪念墙，一位成员不由得发出感叹。在这里，我们了解到了安吉白茶是如何一步一个脚印发展到如今规模的。20世纪70年代，人们在安吉县天荒坪镇大溪村横坑沟的大山上发现一棵百年以上的茶树，这株茶树上的嫩叶都是白色的，只有叶脉看起来稍微显现绿色，被世界称为"中国白茶祖"。80年代，安吉县林科所刘益民同志利用这棵古老茶树进行短穗扦插，移植试验小区，成功培育出"白叶一号"茶苗。丁建芳主任介绍："当时的黄杜村，村民尝试过种植番薯、玉米、花生等作物，但都以失败告终，突然告诉他们白茶可以赚钱，没有人敢轻易尝试，这时村里的党员同志盛振乾站了出来，率先开始在自家茶山种植白茶，开始了溪龙乡种植安吉白茶的历史。"十几年间，安吉白茶产业不断发展，到了2003年，黄杜村村民人均年收入首次突破万元，真正实现了茶叶兴村，并得到了"一片叶子富了一方百姓"的高度赞扬。两年后，"绿水青山就是金山银山"的重要理念被提出，极大激发了茶农种茶致富的动力。截至2016年，安吉白茶产业面积基本扩到最大，市场拓展到全国，安吉白茶生产、加工、销售体系及产业配套完善，从地方品牌发展成为全国品牌。

调研学习黄杜村发展历史和产业现状

如今的溪龙乡黄杜村，安吉白茶种植面积达到5.5万亩，2022年人均产出超过7万元，更有着"中国白茶看安吉，安吉白茶看黄杜"和"中国白茶第一村"美誉。随后，调研小组来到了安吉大山坞茶厂，大山坞茶厂是黄杜村茶叶产业的领头羊，是一家有悠久历史和优良品质的茶叶生产企业，集茶叶种植、加工、销售、科研为一体，安吉白茶的创始人盛振乾先生就是这家茶场的第一任厂长。茶厂负责人介绍道："我们有自己的有机茶园，白茶种植主要集中在黄杜村、溪龙村等地，每年的3至4月都会进行白茶的采摘。""那茶叶采摘后，它的生产工艺是怎么样的呢？"此时，一位成员不禁好奇。"是这样的，我们的生产过程主要还是靠人工，近年来开始引入自动化技术作为辅助，但茶叶的炒制过程仍然使用传统手工艺进行半机械化的精细操作，来保证白茶的品质。"安吉大山坞白茶多次荣获"中茶杯"全国名优茶评比特等奖，被中国茶叶学会多次授予"中茶杯"金奖。此外，调研小组还了解到，大山坞茶厂也开展了一系列旅游文化活动，如茶园观光、茶艺表演、茶叶品鉴等，吸引了众多中外游客前来参观体验，让他们感受到黄杜村的美丽风光和深厚文化底蕴，也展示了中华民族的传统文化和智慧。

"吃水不忘挖井人，致富不忘党的恩。"安吉白茶在取得显著效益后，深知想要走得更远更稳就必须抱团发展，于是带领其他贫困地区共同致富。在茶史馆，我们看到了黄杜村20位农民党员捐赠1 500万株茶苗帮助贫困地区群众脱贫增收的历程。当年10月起，安吉县陆续向贵州普安、沿河、雷山，四川青川和湖南古丈三省五县捐赠"白叶一号"茶苗，并且派出农业专家长期驻地指导，五年来，有近3 000万株茶苗已经在受捐地区扎根，安吉累计派出技术人员100多批600多人次，赶赴受捐地开展种植管理培训，即使受疫情影响，云指导、云诊断等现代帮扶手段也没有断线。从安吉黄杜村出发，从东到西，跨越数千公里，这些茶苗在更多山村续写"一片叶子富了一方百姓"的故事。

一条产业融合发展的创新路

2022年11月，安吉白茶入选《联合国教科文组织人类非物质文化遗产代表作名录》，这再一次让安吉白茶名声大噪，不少游客慕名而来。安吉依托良好的生态环境，凭借绿色、健康、安全的品质基础，推动"茶旅"融合发展，让茶区变景区、茶园变庄园、茶山变金山。溪龙万亩白茶园、龙王山茶园、东坞林茶山、安吉宋茗茶博园、大山坞茶园等，都是拍照、采茶、踏春骑行游玩的好去处，安吉形成了以茶促旅、以旅带茶相互促进的发展格局，为白茶产业融合发展起到有力支撑。这也带动了当地农村休闲经济的发展，公路两旁矗立着茶农自产自销的茶叶经销网点，白茶加工厂、超市、农家乐、民宿也都如雨后春笋般拔地而起。

安吉"茶旅"文化融合产业发展模式

近年来，安吉白茶还开发了全产业链融合模式，研制出茶饮料、茶食品、茶保健品、茶日化用品等深加工产品，助推安吉白茶产业的高质量发展。"我们做茶叶的人，手上是不能沾染其他味道的，像是一些护手霜它的香味会过于浓郁，会影响到茶叶的香气，我们安吉人自己研发的白茶护手霜它就不会出现这样的困扰，日常使用也是没有问题的。"大山坞茶厂负责人介绍道。依托安吉白茶品牌原产地的特色资源，融合采摘体验、文体休闲、旅游观光、影视拍摄等同步建设开发，黄杜村近年来建成了一批以安吉白茶为主基调的休闲设施，目前已形成一条产值超 30 亿元，第一产业、第三产业有机融合的安吉白茶示范性农业全产业链。

"为了维护安吉白茶的品牌形象，我们设立了母子标管理模式，由政府统一管理，通过印制安吉白茶母商标、国家农产品地理标志、地理标志产品专用标志、企业子商标、安吉白茶防伪码及安吉白茶协会监制标识，打击假冒伪劣和查处商标的侵权行为。"丁建芳主任说。早在十多年前，安吉县政府就牵头大力推进茶叶农产品溯源和品牌商标的保护，实施"公司＋合作社基地＋农户"发展模式，形成茶农以订单形式为企业、合作社提供原料的长效合作机制，通过统一的行业标准，从全域层面把控茶叶品质，不断提高茶叶种植专业化、规模化、集约化水平，真正实现产业一条龙、全过程、一贯制的管理模式。

从一棵白茶祖，到全国 400 万亩"白叶一号"，从单一茶种植到茶旅融合发展，安吉白茶已在茶叶发展史上留下了浓墨重彩的一笔。安吉白茶是一张闪亮的名片，也是一条通往幸福的道路。通过此次调研，小组成员不禁感叹安吉白茶的发展历程，对安吉白茶产业的转型和发展也都表示期待。在新时代的征程上，安吉人将紧紧跟随党的步伐，继续以白茶为核心产业，坚持绿色发展理念，打造生态文明示范区，让更多的人分享安吉白茶的香韵和美好。"为期两天的调研实践，让我深深感叹安吉县这几十年的发展历程，第一个吃螃蟹的人无疑是令人敬佩的，作为新时代的青年，我们要学习黄杜村村民敢于实践的精神，要担起肩上的责任，不做旁观者，争做时代的弄潮儿和先锋队。'纸上得来终觉浅，绝知此事要躬行。'书上的知识毕竟是有限的，我们要多参加社会活动，在亲身实践中丰富阅历，开阔视野，让青春开出绚烂之花。"

第五章　黄杜村文献集锦

　　"乡村是具有自然、社会、经济特征的地域综合体，兼具生产、生活、生态、文化等多重功能，与城镇互促互进、共生共存，共同构成人类活动的主要空间。乡村兴则国家兴，乡村衰则国家衰。"[①]中国特色社会主义进入新时代，但我国仍处于并将长期处于社会主义初级阶段的基本国情没有变，社会主要矛盾在乡村表现得也更为突出和明显。脱贫攻坚战取得了全面胜利，现行标准下，9 899万农村贫困人口全部脱贫，832个贫困县全部摘帽，12.8万个贫困村全部出列，区域性整体贫困得到解决，消除绝对贫困的艰巨任务完成了。这意味着在中华大地上不再存在绝对贫困现象，为实现全面建成小康社会目标任务做出了关键性贡献，标志着第一个百年奋斗目标的完成。在全面建设社会主义现代化国家新征程中，最艰巨最繁重的任务在农村；最广泛最深厚的基础在农村；最大的潜力和后劲也在农村。乡村振兴战略是继脱贫攻坚后又一重大战略任务，乡村不能掉队，农业农村的现代化是

---

① 《中共中央　国务院印发〈乡村振兴战略规划（2018—2022年）〉》，《中华人民共和国国务院公报》，2018年第29期，第9页。

整个国家现代化的题中应有之义，解决"三农"问题是乡村振兴战略的主要任务。在共同富裕的进程中，乡村振兴是实现共同富裕的基础和必要条件，共同富裕是乡村振兴的指引和落脚点。"在这个过程中，各媒体记者身到农村、脚到农田，体验稼穑的艰难，感受农民的不易，与农民面对面、心连心，以满腔热忱讴歌农民的伟大贡献，描绘大国'三农'的壮美画卷，始终把锤炼调研本领作为履职尽责的重要方面，不断创新改进方式方法，提高调查研究水平和舆论引导能力，努力为全面推进乡村振兴、加快建设农业强国贡献媒体力量。"①

同时，乡村档案和乡村学术研究作为乡村文献的重要组成部分，不仅是乡村发展与乡村振兴的亲历者和记录者，为乡村振兴事业展现人民群众智慧和团结奋进的精神面貌，其事业本身也是乡村振兴事业的重要方面。全面推进乡村振兴应立足新发展阶段，贯彻新发展理念，融入新发展格局，乡村文献工作也应该全面融入重要发展机遇期，讲好中国故事、传递中国声音、展示中华魅力、宣传农村风采，在助力全面建设社会主义现代化国家的新征程中体现自身价值，保持可持续发展。

第一节　黄杜村的传媒报道

2010 年之前有关黄杜村的宣传报道比较鲜见，2010 年之后，黄杜村的成绩越来越多地被媒体关注到，新闻报道也随之逐渐增多。报

---

① 何兰生：《加强调查研究，凝聚助力乡村振兴的媒体力量》，《中国记者》，2023年第 5 期，第 8—9 页。

道主题多聚焦于"一片叶子富了一方百姓"的生动实践及背后的感人故事。特别是 2018 年习近平总书记对黄杜村提出捐赠 1 500 万株茶苗帮助贫困地区脱贫作出重要指示,各媒体开始连续追踪报道黄杜村茶农捐赠茶苗助力中西部贫困山区脱贫攻坚的故事。媒体报道主要关注黄杜村为党分忧,下定决心捐赠白茶产业的心路历程;尝尽艰辛,克服困难千里送苗决战脱贫攻坚的行动历程;激发内生动力,推动扶贫、扶志、扶智深度统一的融合历程;产业振兴、中西部贫困群众通过白茶产业走出贫困、走向富裕的发展历程;众人拾柴,广大群众积极行动、巩固拓展脱贫攻坚成果创造美好生活的参与历程。还关注报道近年来黄杜村搭建乡村振兴党建联盟,推进帮扶成果转化,促进西部共同富裕的相关做法。媒体报道从"一片叶子"的小微之处着手,聚焦推进脱贫攻坚与乡村振兴有效衔接的宏大主题。这些接地气、有新意、受欢迎的宣传报道,生动鲜活地反映了党带领人民群众脱贫攻坚的伟大成就,充分弘扬了黄杜村农民党员"不忘党恩、为党分忧"的饮水思源情怀,深刻揭示了中国特色社会主义制度的光明前景和独特优势,引导了积极向上的价值取向,激励了广大干部群众在脱贫攻坚中凝心聚力担使命,奋楫扬帆再出发。这些新闻报道主要分为三个类型:

(一)"白茶富民"的黄杜样板

主要报道黄杜村从"全县贫困第一村"到"中国白茶第一村"所发生的翻天覆地的变化和"一片叶子富了一方百姓"的精彩故事。30年前,除了务农之外再无产业的黄杜村,找到了"白叶一号"这个安吉白茶新品种，黄杜村的白茶产业发展起来，成为安吉白茶产业的始发地和核心区。黄杜村民因此彻底富起来了，村庄面貌也发生了历史巨变，从泥泞山村成长为远近闻名的美丽乡村。黄杜村的片片茶园，不仅让荒山复绿、村民富裕，也让"绿水青山就是金山银山"的理念深入人心。进入新时代，白茶产业进一步发展，黄杜村民不仅种植白茶、销售卖茶，而且打造茶山风景、销售茶山风景，发展饮茶文化、销售饮茶文化，在茶种植、茶生产、茶旅游三产融合的方向上大踏步前进。进入新时代，在创新驱动下，"茶 +N"产业迅速发展，在绿茶基础上产生的红茶、花茶、奶茶、纯茶、奶盖等新产品不断出现，O2O、AI、淘宝、抖音、微博等新模式新模式、新技术、新平台成为主流，观景平台、饮茶空间、现代化设施、乡村改造等全新业态随处可见。黄杜村同时代一起跨步向前，明天一定会更加美好！

主要的宣传报道有（以报道时间为序）：《"安吉版"美丽乡村成为国家样本》，《湖州日报》，2010 年 11 月 28 日；《黄杜村：影视文化旅游渐入佳境》，《安吉新闻》，2012 年 7 月 22 日；《溪龙：生物链上找效益》，《湖州日报》，2013 年 1 月 18 日；《安吉坐上生态经济快车》，《中国环境报》，2013 年 11 月 25 日；《安吉白茶：一片叶子富了一方百姓》，《民生周刊》，2016 年 6 月 12 日；《金山银山富百姓——湖州生态文明建设纪实之二》，《湖州日报》，2017 年 9 月 21 日；《生态文明建设的"安吉密码"——浙江省安吉县践行"两山"重要思想调研》，《光明日报》，2017 年 12 月 1 日；《提升群众生态幸福感——浙江湖州生态文明建设纪实之三》，《人民日报》，2018 年 4 月 22 日；《一叶白茶带来"新生" 黄杜村乡村振兴以茶为魂》，新浪网，2018年6月28日；《浙江安吉两个山村的"逆袭"》，中国新闻网，2018月6月30日；《浙江安吉黄杜村——一片叶子富了一方百姓》，中国日报网，2018月6月30日；《安吉黄杜村抓好党建促共富　致富路上不让一个村民掉队》，浙江新闻客户端，2018年9月12日；《上过〈人民日报〉头版头条，湖州这个村究竟有啥好经验》，微博"湖州发布"，2018年9月17日；《溪龙乡黄杜村：万亩茶园魅力惹人醉》，安吉新闻网，2018年10月8日；《安吉黄杜村：从0.1亩到4.8万余亩"中国白茶第一村"这样炼成》，《浙江日报》，2018年10月18日；《机器换人　茶园提效》，安吉新闻，2018年10月22日；《浙江美丽乡村——黄杜村》，新浪网，2019年2月3日；《"中国白茶第一村"因何巨变？种茶＋卖茶，还有"茶＋N"产业融合》，央视网，2019年9月24日；《凝心铸魂筑牢根本　实干争先推动发展》，中国湖州门户网，2020年4月26日；《"由内往外美"的人民实践——记浙江湖州安吉县的绿色发展之路》，《人民政协报》，2020年8月13日；《牢记嘱托的"安吉答卷"》，安吉新闻，2021年3月30日；《把产业辐射到全国各地，看安吉白茶的乡村振兴之路！》，地道农旅，2021年4月4日；《浙江湖州市安吉县黄杜村——绿色发展，好山好水好日子（奋斗百年路　启航新征程　牢记初心使命　争取更大光荣）》，《人民日报》，2021年7月15日；《中国之声〈新闻和报纸摘要〉头条点赞湖州安吉"白叶一号"》，湖州发布，2022年3月25日；《安吉"青绿"扮靓美丽乡村》，《中国知识产权报》，2022年7月22日；《为了更美好的生活｜第三集〈乡村蝶变〉》，中央广播电视总台央视综合、新闻频道，2022年9月20日；《黄杜故事续新

篇 为"一片叶子"插上翅膀》，杭州网，2022 年 9 月 27 日；《高质量建设国际化绿色山水美好城市》，中国日报网，2022 年 9 月 28 日；《清廉乡风拂黄杜》，《信息新报》，2023 年 3 月 1 日；《溪龙乡：以清廉之笔绘就乡村共富画卷》，《信息新报》，2023 年 3 月 1 日；《溪龙乡黄杜村茶园里响起琅琅读书声》，《信息新报》，2023 年 4 月 17日；《一片叶子 "白叶茶，芽叶如纸，民间大重，以为茶瑞。"今天我们就来到了，中国白茶第一村——安吉县黄杜村》，网易视频，2023年 6 月 21 日；《安吉县溪龙乡黄杜村》，网易新闻，2023 年 7 月 12日；《贫困村"炼成""中国白茶第一村"浙江：一片茶叶扶起一个产业》，《中国食品报》，2023 年 7 月 7 日；《"浙"里乡村，何以"绿富美"？》，南方报业传媒集团南方 + 客户端，2023 年 7 月 17 日；《点"绿"成"金"，在湖州看见美丽中国》，央广网，2023 年 8 月 17 日；《浙江湖州推动"千万工程"走深走实，探索美丽乡村蝶变之路》，央广网，2023 年 8 月 23 日；2023 年 9 月 30 日；《浙江安吉村美百姓富》，《人民日报》，《走进安吉余村、鲁家村、黄杜村 这里的乡村真有看头》，《浙江日报》，2023 年 10 月 3 日；2023 年 10 月 8 日；《"安吉红"的"家族"壮大了》，《湖州日报》，《湖州市安吉县溪龙乡：推进一叶共富，打造现代化美丽城镇》，《钱江晚报》，2023 年 10 月 31日；《安吉美丽乡村之黄杜村》，中国农村网，2023 年 11 月 11 日，等等。

（二）为党分忧的黄杜行动

这里收集了富裕起来的黄杜村，彻底摆脱现实利益的考量，舍弃小我、成就大我的主要报道。富裕起来的黄杜村不忘初心、饮水思源、为党分忧，给习近平总书记写信汇报村里种植白茶致富的情况，并提出捐赠1500万株茶苗帮助贫困地区群众脱贫的想法，没想到习近平总书记很快回了信，并给予黄杜村很高的评价。总书记的肯定让黄杜村的人们备受鼓舞，他们立志要让"一片叶子再富一方百姓"的故事在中西部贫困地区上演，他们认为"授人以鱼"更要"授人以渔"，不仅给中西部的兄弟姐妹送去好苗好茶，还要送去技术经验和产业经营理念，更要送去敢闯敢干、永不服输的创业精神。黄杜村全力配合有关部门，将自己多年种植安吉白茶的实际经验同实际观察到的西部地区的山水、土壤、空气等条件紧密联系综合研判，从而确定了捐助地点。从育苗养苗到白茶苗"远嫁"，黄杜村茶农带着一腔真心和真情，跨过千山万水，克服艰难险阻，用尽千方百计，将白茶的产业整体发展理念、品牌推广意识、茶旅多业兴旺模式等经验和做法带到捐助地，终于确保了茶苗茶树种活、种好，贫困群众脱贫致富。

相关的主要宣传报道有（以报道时间为序）：《绝不辜负总书记的殷切期望！湖州黄杜村党员群众立即行动培育"扶贫苗"》，湖州发布，2018年5月21日；《"扶贫茶"变"致富茶" 黄杜村党员群众精心培育"扶贫苗"》，浙江在线，2018年5月23日；《中茶所为安吉黄杜村茶苗扶贫提供技术支持》，《湖州日报》，2018年6月5日；《习近平对浙江安吉黄杜村农民党员向贫困地区捐赠白茶苗作出

重要指示强调　增强饮水思源不忘党恩意识　弘扬为党分忧先富帮后富精神》，《人民日报》，2018 年 7 月 6 日；《黄杜村与三省四县签订"白叶一号"茶苗捐赠协议》，浙江在线，2018 年 7 月 7 日；《饮水思源"白茶村"：让"一片叶子"助更多人脱贫》，中国新闻网，2018 年 7 月 8 日；《共同的使命　时代的担当》，《浙江日报》，2018 年 7 月 12 日；《安吉白茶奔向扶贫一线——浙江黄杜村农民党员先富帮后富向贫困地区捐赠"扶贫苗"》，新华网，2018 年 7 月 14 日；《浙江安吉：先富帮后富　茶苗送深情》，中国经济网，2018 年 7 月 15 日；《浙江安吉黄杜村为贫困地区捐赠 1 500 万株茶苗："让他们像我们一样富起来！"》，《人民日报》，2018 年 7 月 15 日；《"用这片叶子帮更多人脱贫"》，《中国纪检监察报》，2018 年 11 月 26 日；《从"致富茶"到"扶贫茶"　来品品安吉这片叶子的故事》，浙江在线，2018 年 12 月 4 日；《千山万水总是情——浙江安吉县黄杜村党员捐赠扶贫白茶苗纪实》，中国网，2019 年 1 月 2 日；《安吉黄杜村农民党员收到千里之外传来的喜讯》，《浙江日报》，2019 年 2 月 10 日；《浙川扶贫协作和对口支援工作联席会议在杭举行　袁家军尹力讲话》，《浙江日报》，2019 年 5 月 15 日；《浙江安吉："一片叶子"的帮富故事》，新浪网，2019 年 6 月 12 日；《白茶青青印初心》，央视网，2019 年 7 月 13 日；《浙江省代表团赴四川学习考察　携手共谱浙川扶贫协作新篇章》，《浙江日报》，2019 年 10 月 13 日；《苗叶青青印初心》，《浙江日报》，2020 年 4 月 1 日；《浙江安吉：先富帮后富　白茶传佳话》，《人民日报》，2020 年 4 月 20 日；《吃水不忘挖井人　致富不忘党的恩——浙江省安吉县黄杜村依托白茶产业致富和扶贫的故事》，党建网，2020 年 5 月 9 日；《安吉黄杜村的 20 位农民，请出列！》，《光明日报》，2020 年 7 月 6 日；《"两山"理念十五周年安吉党员践行初心，"一片叶子"助力脱贫攻坚》，浙江新闻，2020 年 8 月 17 日；《浙江"白茶扶贫"背后故事》，《农民日报》，2020 年 9 月 14 日；《三个关键词解码浙江精准扶贫路》，新华社，2020 年 10 月 20 日；《跟踪指导、时时牵挂，受捐地的茶叶仿佛长在黄杜村"白茶书记"的心上》，《中国青年报》，2020 年 11 月 5 日；《一片白茶叶　满满帮扶情》，《中国青年报》，2020 年 11 月 5 日；《一芽一叶总关情》，《人民文学》，2020 年第 12 期；《"前浪"引领"后浪"奔腾，浙江安吉"导师帮带"锤炼基层"新生代"》，新华社，2021 年 1 月 28 日；《安吉县黄杜村志愿服务队助力中西部四县种植白茶　为了"一片叶子"，跨越千山万水》，《浙江日报》，2021 年 2 月 27 日；《这片叶子要再富一方百姓》，搜狐网人民日报社《民生周刊》官号，2022 年 4 月 8 日；《一片叶子，富了八方百姓——浙江湖州安吉县续写"白茶富农"新故事》，《农民日报》，2022 年 4 月 27 日；《浙江安吉：一叶白茶富四方》，《经济日报》，2022 年 4 月 30 日；《浙江安吉续写"一片叶子共富多方百姓"故事　一芽一叶总关情》，《光明日报》，2022 年 4 月 30 日；《"白叶一号"党建联盟再定"三年之约"》，安吉县人民政府，2022 年 5 月 23；《安吉县黄杜村：一片金叶子的故事》，新浪网，2022 年 12 月 7 日；《如意源众创田园：打造茶香四溢致富园》，《湖州日报》，2023 年 1 月 10 日；《浙江安吉：一片叶子书写东方传奇》，《农民日报》国际版，2023 年 1 月 10 日；《"共富茶"跨越山海助力乡村振兴》，新华网，2023 年 4 月 3 日；《一片叶子跨越山海　白茶香飘共富路》,《四川日报》, 2023 年 4 月 3 日, 等等。

（三）"共同富裕"的黄杜成果

这里收集了经过各方共同努力,"白叶一号"白茶苗终于落户中西部地区三省五县贫困地区的主要报道。三省五县对此项工作高度重视, 对"爱心茶苗"脱贫致富充满信心, 把迎接和种植"白叶一号"茶苗视为契机, 力争栽种好、管护好、经营好这一片茶园, 进而促进当地贫困群众稳步增收、脱贫奔小康, 带动生态茶产业高质量发展, 成为当地现代化建设的支柱产业。各级精心组织, 妥善安排, 完成交通设计、生产道路维护、给排水排灌渠系新建、电力系统完善等大规模基础设施建设, 开展茶园深翻、培肥土壤、坡地改台地、修筑堤坝、冬天防冻等茶园管理工作, 制订高效栽培技术方案。茶苗到达后, 第一时间进行栽种, 在黄杜村和安吉县的支持下组建专业管护队, 全面推广间种绿肥、病虫害绿色防控、有机肥替代化肥、种养循环等生产技术。除了安吉土专家亲临茶园现场指导, 还通过微信群等线上方式与黄杜村远程沟通解决问题。各地都成立并依托龙头企业和茶叶合作社, 大力提供产业资源, 改进政企合作的产业发展模式。中茶所、黄杜村、安吉县、浙茶集团等为当地带来了领先的技术支持、先进的管理经验、成熟的产销体系。各地都建立了政府投资建基础, 企业投资建产业, 贫困户茶苗土地折资入股等利益分配机制, 确保贫困群众得到实实在在的收益。

相关的主要宣传报道有（以报道时间为序）:《安吉 1 500 万株

"爱心茶苗"扎根川湘黔》,《杭州日报》,2019年3月12日;《贵州普安"白叶一号"扶贫茶开采啦》,安吉新闻,2020年3月6日;《山坳里建起"白叶一号"加工厂》,安吉新闻,2020年3月9日;《宁波帮扶普安合力孕出第一缕茶香》,《宁波日报》,2020年3月9日;《贵州老乡们的安吉"白叶一号"开采了!——"一片叶子"的扶贫故事追踪》,人民网,2020年3月14日;《茶叶采起来,日子富起来》,《人民日报》,2020年3月16日;《三省四县"扶贫茶"全部开采　安吉黄杜村茶农收获双倍喜悦》,《浙江日报》,2020年4月1日;《"一片叶子"富了N方百姓》,人民政协网,2020年7月15日;《"一片叶子"的跋山涉水:四省五县的致富传奇》,中国新闻网,2020年8月13日;《沿河:种下白叶一号"感恩茶"　收获决战贫困"致富宝"》,沿河自治县广播电视台,2020年10月22日;《"白叶一号"来了　幸福生活不远了》,中国经济网,2021年4月21日;《四川青川:演绎"一片叶子再富一方百姓"的绿色传奇》,中国网,2021年6月5日;《"一芯一叶",再富一方土地》,湖州交通文艺广播、湖南电台新闻事业部,2021年6月30日;《一叶致富》视频,央视网,2021年10月17日;《一片叶子再富一方百姓　安吉黄杜村借这一联盟助西部共富》,《浙江日报》,2022年3月16日;《不忘党恩　为党分忧:共同富裕的黄杜实践》,人民论坛网,2022年3月17日;《"一片叶子"共富多方百姓》,《光明日报》,2022年3月28日;《饮水当思源,先富帮后富》,《浙江日报》,2022年4月15日;《东西携手　共同致富　四省多地同采一片"共富叶"》,央视网,2022年4月20日;《"白叶一号":三省五县那片茶》,金台资讯百家号，2022 年 4 月 25 日；《一脉茶香生深情——浙江白茶苗扎根黔湘川山村增收脱贫记》，新华网，2022 年 4 月 29 日；《"奔走"的叶子》，《农民日报》微信公众号，2022 年 5 月 5 日；《数字化改革推动"扶贫苗" 蝶变"共富茶"》，信息新报，2022 年 6 月 3 日；《感恩茶"香"共富路——总书记关心的"白叶一号"青川成长记》，《农民日报》，2022 年 6 月 3 日；《"白叶一号"茶苗将试种川西高原》，《潇湘晨报》，2022 年 6 月 7 日；《续写"一片叶子再富一方百姓"新故事》，人民日报客户端，2022 年 6 月 21 日；《脱贫故事，温暖励志》，搜狐网·人民网官号，2022 年 7 月 15 日；《当广元的勤劳邂逅杭州的理念，一段"山海情"在兄弟间续写》，《杭州日报》，2022 年 7 月 17 日；《西湖经验破解青川农特产品"销售难"》，《潇湘晨报》，2022 年 7 月 29 日；《开启协作路 再续山海情》，《信息新报》，2022 年 10 月 13 日；《千里奔赴送技术 530 万株"白叶一号"新茶苗扎根青川》，浙江新闻客户端，2022 年 11 月 17 日；《贵州普安——因地制宜发展茶产业》，《人民日报》，2022 年 11 月 24 日；《贵州普安：以感恩之心呵护"感恩茶园"》，《中国乡村振兴》，2022 年第 11 期；《弘扬为党分忧、先富帮后富的精神》，《人民日报》，2023 年 1 月 10 日；《"共富茶"香，跨越 2 000 公里的山海情缘——浙江安吉黄杜村与西部山乡的共富之路》，新华网，2023 年 2 月 25 日；《"白叶一号 春天之约" 浙江"致富苗"种进中西部山村》，大江网，2023 年 3 月 6 日；《贵州沿河：一叶白茶富山乡》，东北网视频，2023 年 3 月 6 日；《一片叶子萌发的求学之旅》，安吉县新闻网，2023 年 3 月 31 日；《当"名茶之乡"遇上"白叶一号"：相互成就再续辉煌》，中国新闻网，2023 年 4 月 4 日；《一片叶子富了一方百姓——浙江"白叶一号"捐赠茶苗的贵州成长记》，《贵州日报》，2023 年 4 月 26 日；《"共富茶"跨越山海助力乡村振兴》，新华社，2023 年 4 月 30 日；《四川新闻联播丨一叶小白茶　种出"山海情"》，四川广播电视台，2023 年 5 月 12 日；《跑遍茶园内外，只为讲好一片爱心叶的故事》，中国记协公众号，2023 年 6 月 8 日；《一片"金叶子"的故事——古丈县发展"白叶一号"白茶见闻》，《湖南日报》新湖·南客户端，2023 年 6 月 11 日；《云南和浙江联动讲述一"抹"茶山绿的故事》，云南日报报业集团·云报客户端，2023 年 6 月 22 日；《这里，一片叶子富了更多百姓；这里，一座桥梁见证互联互通——与尔共赴山与海》，《湖州日报》，2023 年 8 月 9 日；《"白叶一号"结出丰硕果》，安吉新闻，2023 年 8 月 9 日；《一片叶子富了一方百姓》，央视网，2023 年 8 月 17 日，等等。

第二节　黄杜村先进人物的传媒报道

在巩固脱贫攻坚成果、全面推进乡村振兴的关键时刻，东西部协作工作也正面临着如何增强内生动力的新挑战，要通过典型报道紧抓这个历史性的发展关键节点。黄杜村因茶而名，从 20 世纪 80 年代全县最贫困的"一穷二白"状态起步，在党的坚强领导下，找到并推广种植安吉白茶这个绿色产业，迅速脱贫致富，书写了"一片叶子成就了一个产业""一片叶子富了一方百姓"的佳话，黄杜村也成为乡村振兴的模范和高地。吃水不忘挖井人，致富不忘党的恩。黄杜村从 2018

年开始，向中西部贫困地区捐赠"白叶一号"茶苗，经历重重艰难困苦，成功帮助受捐地村庄和建档立卡贫困人口增收脱贫。脱贫不是终点，是走向新生活的起点。乡村振兴的道路上，黄杜村继续在行动。黄杜村联合"白叶一号"受捐地——四川省青川县、湖南省古丈县、贵州省沿河县、普安县以及雷山县区三省五县——共同成立"白叶一号"乡村振兴党建联盟，接续推进乡村振兴，继续从事着"先富带后富"的共同富裕实践。2021年2月25日召开的全国脱贫攻坚总结表彰大会上，黄杜村党总支获得全国脱贫攻坚先进集体荣誉。各媒体聚焦黄杜村、点赞"一片叶子"再续富农传奇、报道黄杜村的同时，也纷纷把视角瞄准了黄杜村的各先进人物。其中包括黄杜村党总支书记、村委会主任盛阿伟，安吉县溪龙乡女子茶叶合作社党支部书记、社长宋昌美等。他们报道各位先进人物团结带领全村干部群众，经历千辛万苦，真真切切地把绿水青山变成了金山银山，建设精品示范村、茶园观光台，打造白茶飘香观光带，推动茶产业各环节产联动发展、跨界融合，大力推进茶旅融合，将茶产业链延伸拓展至茶休闲养生、茶文化旅游、茶叶精深加工、茶机制造等领域，富了民、美了村、兴了业；报道各位先进人物带领全村干部群众在对中西部困难群众的产业帮扶中为党分忧的拳拳爱党之心，确定受捐地区、培育"白叶一号"茶苗、组建技术服务团队中的精心设计安排，几十次带领团队奔波在中西部捐赠地"白叶一号"扶贫茶园的辛劳与执着，义务蹲点、现场和云上解决对方种植难题的辛苦和从容，受捐地群众丰收脱贫后发自肺腑的喜悦和开心，东西部地区干部群众从素不相识到紧密联系、从千山万水到山水相依的互助机制和交流体制。

（一）盛阿伟

盛阿伟，浙江省安吉县黄杜村党总支书记、村委会主任，2021 年 6 月 28 日被授予"全国优秀共产党员"称号，2021 年 6 月被授予"浙江省优秀共产党员"称号，2021 年 10 月被表彰为浙江省"十大强基先锋"，获评 2020 年度浙江乡村振兴带头人"金牛奖"，当选为浙江省第十五次党代会党代表。他也是 2022 年北京冬奥会的火炬手，并参加了冬奥开幕式国旗传递仪式。

作为黄杜村的村党组织书记和当家人，又是黄杜村乡村振兴第一责任人，盛阿伟在黄杜村是媒体最重要的关注焦点，各个典型报道塑造了盛阿伟朴实、务实、真实的乡村基层党组织书记形象，对他的关注点集中在如何充分发挥基层党组织的战斗堡垒作用，如何领导村党组织团结、组织、动员群众，如何集中精力推动乡村全面振兴各项任务的落实，如何推动白茶产业快速发展。盛阿伟"一片叶子"的扶贫情怀也得到关注，为了做好捐助白茶产业的工作，他带领黄杜村民在三省五县跑了几十次，让产业扶贫的路子越走越宽广。同时媒体还聚焦盛阿伟获得的各项荣誉，比如他在被授予"全国优秀共产党员"称号、获评 2020 年度浙江乡村振兴带头人"金牛奖"、当选为浙江省第十五次党代会党代表、作为 2022 年北京冬奥会火炬手和参加冬奥会开幕式国旗传递仪式时的感想和感受。以典型人物触碰典型问题，兼具时代感、感染力与新闻性。

相关的主要宣传报道有（以报道时间为序）：《盛阿伟：一片叶子富了一方百姓》，浙江新闻，2019 年 6 月 17 日；《访黄杜村党总支书记盛阿伟》，湖州发布，2019年10月26日；《"一片叶子"的扶贫情怀：浙江村书记三省四县跑了21次》，中国新闻网，2020年3月13日；《安吉盛阿伟：一片叶子富了一方百姓》，《钱江晚报》，2020年9月8日；《满满帮扶情 受捐地的茶叶仿佛长在黄杜村"白茶书记"的心上》，浙江新闻客户端，2020年11月5日；《一片叶子与盛阿伟的29次奔波》，浙江卫视，2021年1月3日；《"中国白茶第一村"盛阿伟书记——浙江乡村振兴带头人"金牛奖"获奖者事迹展播》，浙江电视台新闻频道，2021年1月12日；《中国好人榜：盛阿伟》，中国文明网，2021年6月；《"全国优秀共产党员"称号获得者盛阿伟》，澎湃新闻，2021年7月3日；《全国优秀共产党员盛阿伟——致富路上一个也不能落下》，新蓝网·浙江网络广播电视台，2021年7月4日；《守护绿水青山·盛阿伟》，央视网，2021年7月13日；《盛阿伟向全省24万名基层党组织书记发出倡议书》，湖州发布，2021年10月12日；《盛阿伟：一片致富叶 千里帮扶情》，浙江新闻客户端，2021年10月13日；《盛阿伟：争做带动共富"领头雁"》，新华社新媒体，2021年11月26日；《浙江这位村支书 参加了北京冬奥会火炬接力！》，《浙江日报》，2022年2月2日；《浙江村书记谈冬奥会火炬手经历：激动、骄傲与自豪》，中国新闻网，2022年2月3日；《骄傲！湖州市安吉县溪龙乡黄杜村党总支书记盛阿伟作为火炬手之一参与开幕式的升旗仪式》，新浪新闻网，2022年2月4日；《一起向未来！安吉黄杜村村书记盛阿伟参加冬奥开幕式国旗传递仪式！》，中国蓝新闻，2022年2月5日；《凌晨独家专访——盛阿伟：国旗在我手中重似泰山！》，湖州发布，2022年2月5日；《安吉黄杜村村书记盛阿伟：把奥运的拼搏精神融入共同富裕事业中》，浙江之声，2022年2月5日；《省党代会代表、安吉县溪龙乡黄杜村党总支书记盛阿伟：送去"致富苗"，更要送去贴心服务》，新闻客户端，2022年6月14日；《茶"香"共富路 党代表期待续写一片叶子的故事》，浙江在线，2022年6月20日；《盛阿伟：将继续捐赠茶苗3 000万株 续写"一片叶子再富一方百姓"的新故事》，浙江新闻客户端，2022年6月20日；《奋斗者，向未来——浙江省第十五次党代会开幕侧记》，浙江在线，2022年6月20日；《省党代表盛阿伟：一片叶子再富一方百姓》，浙江新闻客户端，2022年6月21日；《盛阿伟："一叶"共富曲的传唱人》，《今日浙江》，2022年第6期；《盛阿伟：一片叶子播撒共富梦想》，浙江卫视、温州新闻网，2022年10月4日；《初心不改，再创"一片叶子"精彩故事——记安吉县溪龙乡黄杜村党总支书记、村委会主任盛阿伟》，潮新闻客户端，2023年9月3日；《盛阿伟：让更多人领略"一片叶子"的精彩》，《浙江日报》，2023年9月5日；《盛阿伟："千万工程"引领小山村变身"绿富美"》，新蓝网·浙江网络广播电视台，2023年9月21日，等等。

中国好人榜：盛阿伟 [①]

2020年3月5日，在贵州省普安县，刚出炉的"白叶一号"干茶放入杯中，开水冲下，茶香四溢，安吉县溪龙乡黄杜村党总支书记盛

---

① 《中国好人榜：盛阿伟》，中国文明网，http://www.wenming.cn/sbhr_pd/zghrb/zrwl/202105/t20210528_6065794.shtml。

阿伟端起茶杯，放到鼻尖仔细地嗅了嗅："香气很好，感觉所有的疲劳都一扫而空，曾经承诺种出效益、种出成果的目标达到了。"手捧这杯扶贫茶，盛阿伟的喜悦之情溢于言表。

2018年4月，盛阿伟带领黄杜村20名农民党员给习近平总书记写信，提出愿意捐赠1 500万株茶苗帮助资困地区脱贫致富。此后，从"白叶一号"扶贫茶苗受捐地选址到后期种植管护，盛阿伟到三省四县跑了26次，"每次过来都有新变化"，在盛阿伟眼里，"白叶一号"就像是自己的孩子，看着它从幼苗长到可以采摘，盛阿伟感到非常欣慰。

铭记党恩：一份倡议传递一份帮扶情

20多年前的黄杜村还是个有名的穷山村，因为山多地少，1997年人均收入不到1 000元。当年村民在荒山上种过辣椒、板栗、杨梅、菊花，但是都没有实现"富起来"的愿望。1997年，县林科所经过实地勘察，认定黄杜村的环境适宜种植新培育出来的白茶。经过反复论证，乡、村两级党组织确定把白茶作为黄杜村脱贫的重要产业。然而种植成本高、技术要求高、失败概率高，并没有多少村民感兴趣、有信心。为了激励村民，乡里出台补助政策，干部一家一户上门宣传，党员干部还带头试种。2002年，盛阿伟开始担任黄杜村党组织书记，一干就是18年，为了帮助农户们种茶、种好茶，他绞尽脑汁、想方设法解决发展过程中遇到的瓶颈问题。他一方面主动联系对接，为村民积极争取金融、政策和技术支持和技术指导，累计为村内茶农争取信贷资金上亿元，并实现村与县农商行、中茶所等单位的长期结对共建。另一方面，针对种植面积迅速扩张带来生态环境承载压力加大的问题，盛阿伟于 2009 年开始倡导不扩增种植面积，带领村民走品牌发展之路，推广有机、绿色白茶生产加工，做优、做精黄杜原产地安吉白茶。很多人都记得，2013 年安吉遭遇罕见大旱，为了帮助村里的茶农渡过难关，盛阿伟每天早出晚归，既要协调各方调取饮用水，又要稳定茶农情绪，还要跟县里沟通进行人工降雨，最后忙得连自家茶山都顾不上浇水。就是在他的带头示范下，黄杜村的白茶亩均收益越来越高，村民的收入也越来越好。

2003 年 4 月 9 日，时任浙江省委书记的习近平同志来溪龙乡黄杜村调研时，充分肯定安吉白茶的富民产业，给予了"一片叶子富了一方百姓"的评价。这句话深深烙印在黄杜人的心中，也成为白茶产业发展的强劲动力。靠着种茶卖茶，黄杜人富起来了，黄杜村也成为名副其实的"中国白茶第一村"。

饮水思源，不忘党恩。2018 年年初，溪龙乡党委开展主题为"我们有今天，靠谁？我们富裕了，该做什么？"的思想大讨论。在黄杜村，盛阿伟发言："从电视上看到总书记上高山、下海岛、到牧区，最关心的就是让贫困群众过上好日子。总书记对农民、对安吉情深似海，不仅来过黄杜村，还在安吉余村首次提出了'绿水青山就是金山银山'的发展理念。这句话，如今写进了十九大报告和党章，这是我们的荣耀。一村富不算富，一起富才是富。我们能不能用自己的一技之长，为脱贫攻坚做出点贡献？"这些话得到了党员们的支持。

2018 年 4 月 9 日，在盛阿伟的带领下，黄杜村 20 名农民党员给习近平总书记写信，讲述了黄杜脱贫致富的情况，充分表达对党的恩，对总书记关怀的感恩，并提出愿意捐赠 1 500 万株茶苗帮助其他贫困地区脱贫致富。

5 月 18 日，习近平总书记收到黄杜村农民党员的来信后作出重要指示："吃水不忘挖井人，致富不忘党的恩。这句话讲得很好。增强饮水思源、不忘党恩的意识，弘扬为党分忧、先富帮后富的精神，对于打赢脱贫攻坚战很有意义。"

一个承诺：不种活不放手，不脱贫不放手

收到习近平总书记重要指示后，盛阿伟倍感振奋，也深感压力，他暗暗下决心：既然决定了，那就做起来！"不种活不放手，不脱贫不放手"是盛阿伟和黄杜村党员对受捐地群众的一份承诺！他迅速带领村内党员精选了最好的地块，抓住白茶育苗最有利的梅雨时节，精心培育最壮实的茶苗。很多党员代表虽然家有茶山，但是没有经营白茶育苗的经验，盛阿伟就不厌其烦地教授要领，还自费聘请技术人员全程参与育苗工作。

育苗期间，黄杜村天气变化多端，盛阿伟每天都要到茶苗基地瞅上两眼，看到日头太毒，他买来遮阳网，给茶苗铺上，傍晚时分，他又要忙着给茶苗浇水。"茶苗是捐给贫困地区的，万万含糊不得！"他总是这么说。在盛阿伟和党员的精心呵护下，2018 年 6 月底，黄杜村完成茶苗的扦插工作。

为了能够选出最适合的受捐对象，在国务院扶贫办的指导下，盛阿伟带领村里党员干部三进西部进行实地考察。一次在青川县青坪村考察时，遇到了山体塌方，但是为了按时完成任务，盛阿伟克服心中的恐惧，在挖机辅助开道的情况下选择继续前行。还有一次到黔西南州考察时，长时间的车程，加上一路上翻山越岭都没找到适宜种植地让盛阿伟一直眉头紧锁，直到来到普安县的地瓜镇，看到漫山遍野的蕨类植物后，他脸上才舒展了一些："蕨类多的地方，适合种茶叶。"就这样，行程数万公里，历经暴雨、泥石流等自然灾害，盛阿伟等党员代表将湖南省古丈县、四川省青川县和贵州省普安县、沿河县等三省四县的34个建档立卡贫困村确定为受捐对象。

7月4日，在国务院扶贫办主持的仪式上，盛阿伟代表黄杜村党员与受捐地区签订正式捐赠协议，根据协议，黄杜村将实施种植指导和茶叶包销，通过土地流转、茶苗折股、生产务工等方式，预计将带动1 862户5 839名建档立卡贫困人口增收脱贫。

捐赠协议签订后，盛阿伟带领村里的茶农又踏上赴三省四县受捐地的征程，他们指导当地做好荒山荒坡的土地平整、园区道路建设、滴水灌溉管网铺设等基础工作。2018年8月，他邀请三省四县共26名农业技术人员及镇村负责人到黄杜村茶园进行系统性白茶种植管理技术培训学习，在黄杜村的万亩茶园里，盛阿伟将自己几十年来采茶、茶园管理、茶叶加工等方面的知识倾囊相授。

把好事做好、做实、做到位是他对受捐地群众的承诺，也是他的初衷，不仅要捐赠白茶苗，而且要点对点地服务好，包种、包活、包销，手把手地教种植管理技术，确保白茶的产量、质量，让他们真正脱贫致富。

为党分忧："白叶一号"奔向扶贫一线

2018年10月，"一片叶子富了一方百姓"浙江安吉捐赠茶苗启运活动在黄杜村举行，三辆满载着首批300万株"白叶一号"扶贫茶苗的车辆从黄杜出发，带着黄杜帮扶贫困地区脱贫的心愿，分别驶向四川青川县、贵州普安县和沿河县三个国家级贫困县。由于茶苗怕压、怕高温，盛阿伟想了一个办法：用竹脚手架隔出空间，一层层地摆放好茶苗。他还约来了冷链车，车厢内恒温7℃左右，确保茶苗不会闷坏。"希望这片叶子能给对方带去致富希望，带去金山银山。"在发车现场，盛阿伟这么说。

10月22日，"白叶一号"扶贫苗全国首种仪式在贵州省黔西南州普安县地瓜镇屯上村海拔1 600多米的乌龙山举行。在当地群众的见证下，盛阿伟和屯上村党支部书记李贺成，一起联手种下了一棵扶贫茶苗，共同种下了东部帮扶西部的炽热情感，更种下了西部贫困群众脱贫致富的希望。与屯上村一样，两年来，34个贫困村共收到1 900万株白茶苗，实际种植5 217亩。

茶苗栽下后，为了能够确保茶苗的存活率，盛阿伟与党员们商量，决定采取分批驻点指导的方式提供技术帮扶，他在村里的事务忙，就发动弟弟盛志勇参与驻点指导，而他自己则定期辗转于贵州、四川、湖南等各个受捐地，每月至少一次查看茶苗长势，从家乡出发到各受捐地路途遥远，他总是不辞辛苦，奔波劳碌，其中有一次出门一周，坐了五趟飞机、四趟动车、近五十个小时的汽车。

夏季是白茶苗生长的关键期，暴雨、高温等极端天气都会影响茶苗生长。2019年7月，沿河县白茶基地被暴雨冲刷，茶苗受损情况一度让盛阿伟感到忧心，他立即赶到当地，一口气连走了好几片茶园，给当地技术员和群众讲解示范注意事项。8月，他又顶着炎炎烈日，跑遍所有茶园，告知村民如何做好高温天气下茶园的管护工作。

"虽然每一次帮扶的行程很累，但看着茶苗苗壮成长，就仿佛看到了当地脱贫摘帽的样子，心中有说不出的喜悦。"盛阿伟说道。在他及其他党员群众的努力下，茶苗存活率高达 95% 以上。

今年 3 月初，捐赠到三省四县的茶苗迎来第一个茶季。远嫁出门的茶苗初次产新茶，作为"娘家人"，盛阿伟自然要到现场见证这个神圣时刻，且白茶采摘、加工都是技术活，他不到现场也不放心。但当时疫情防控正处于吃劲的关键阶段，出行是个大问题。坐飞机、坐高铁都有点不踏实。思来想去，盛阿伟决定租车到 2 000 公里以外的普安。他随身携带热水瓶、方便面，请了两个司机，开了近 30 个小时的车抵达目的地。

第二天早上，普安感恩茶园正式开采，盛阿伟手把手教当地群众如何正确采摘茶叶。在这之后，三省四县其他地方的茶园也陆续开采。各地用以采养茶的方式共采摘鲜叶 6 000 余斤。为解决产业扶贫"最后一公里"问题，盛阿伟主动联系对接，成功争取浙茶集团的支持，与受捐地签订 10 年购销合同，落实解决茶叶销售问题。此外，以产业帮扶为纽带桥梁，盛阿伟还注重"绿水青山就是金山银山"理念的输出，帮助谋划茶文化与民族文化的有机融合，指导薄戎镇翁草苗族村寨借鉴黄杜致富经验，开启第一、第三产业联动发展，大力推进"茶旅"融合，先后建起 10 余栋民宿，现已接待游客 4 000 多人次，旅游收入 20 余万元。

"既然当初承诺了'不种活不放手，不脱贫不放手'，就必须全力以赴，真正帮助贫困群众实现脱贫致富的目标。"盛阿伟总是这么说。在他的带领下，目前小小茶苗已苗壮成长，成为扶贫茶、感恩茶、友谊茶……接下去将创造"一片叶子再富一方百姓"的传奇。

（二）宋昌美

宋昌美，黄杜村人，安吉县溪龙乡女子茶叶合作社社长、党支部书记，安吉县新乡贤联谊总会副会长，黄杜村乡贤参事会成员。2012年当选为党的十八大代表。宋昌美是最早进行白茶创业并致富的代表之一，致富以后致力于带领村民特别是女性发家致富，长期以来热心黄杜村的大小事务，被黄杜村内外誉为"白茶仙子"。媒体对宋昌美的报道主要集中在她从一穷二白到外出打工，再到找准机会回乡进行白茶创业，在巨大的困难面前不屈不挠、历尽艰辛，最终创业成功并注册"白茶仙子"商标的经历，以及宋昌美一系列的"壮举"：2010年10月，联合13名安吉茶农在北京钓鱼台国宾馆，举行安吉白茶质量追溯暨品牌推荐新闻发布会；2018年5月，与另外8家茶企参加波兰国际食品展，与27个国家的茶商签订销售合同170吨，创造了安吉白茶批量出口最高纪录，为安吉白茶创造了一个奇迹；成立安吉县溪龙乡女子茶叶合作社，带领其他村民一起努力，把自己多年学习和实践出来的技术无偿传授给村民，在资金、技术、销售、担保贷款等方面帮助支持村民，扎实有效地辐射和带动了本村及本乡群众共同致富；热心公益事业，在捐赠"白叶一号"扶贫苗一事中走在前列，积极认领并大量捐赠茶苗，在考察选址和技术指导过程中跟村党总支书记盛阿伟等一起，赴三省五县等国家深度贫困地区，为茶苗种植和当地茶产业发展提供了科学的意见和建议。

相关的主要宣传报道有（以报道时间为序）：《"白茶仙子"带出一个专业村——记浙江省安吉县黄杜村女党员宋昌美》，《农民日报》，

2012 年 11 月 8 日；《"白茶仙子"宋昌美：种茶致富睦四邻》，新华
网，2012 年 11 月 9 日；《十八大代表宋昌美：村头热议农民增收》，
《浙江日报》，2012 年 12 月 8 日；《专访十八大代表、安吉县女子茶
叶合作社社长宋昌美：时刻绷紧食品安全这根弦》，央视网，2012 年
10 月 24 日；《宋昌美："美丽乡村"会更美》，《光明日报》，2012 年
11 月 10 日；《宋昌美代表：为"美丽中国"叫好》，《人民日报·海
外版》，2012 年 11 月 14 日；《宋昌美：把十八大的惠农富农政策传遍
乡村大地》，浙江新闻联播，2012 年 11 月 20 日；《宋昌美，43 岁湖
州市安吉县溪龙乡女子茶叶合作社党支部书记》，《钱江晚报》，2013
年 8 月 19 日；《带富一方的"白茶仙子"》，中国计划生育协会官网，
2016 年 4 月 8 日；《一个农妇创办的茶叶合作社，带动 3 万妇女就
业——宋昌美：白茶地里"种"出希望》，《浙江日报》，2016 年 8 月
23 日；《宋昌美：打造中国白茶第一村》，《农家女》，2016 年第 8 期；
《宋昌美："农民就是个好职业"》，新蓝网·浙江网络广播电视台，
2017 年 6 月 15 日；《省党代会代表、县女子茶叶专业合作社党支部书
记宋昌美——发展的方向更明　底气更足了》，安吉新闻网，2017 年
6 月 19 日；《这些农村先行者，一举让村民的贫困"依地"消失！》，
中国青年网，2018 年 6 月 29 日；《宋昌美：不是霸道女总裁，要做新
时代领路人》，网易新闻，2019 年 8 月 6 日；《荒山变茶山　致富到帮
富　宋昌美书写携手奔小康的茶经新语》，中国妇女网，2020 年 9 月
4 日；《新老党员接力干　白茶飘香"共富"路》，《浙江日报》，2022
年 6 月 2 日；《宋昌美：带着它不管在哪里，大家都夸"真香"》，浙
江新闻客户端，2022 年 10 月 5 日；《将丰收一季变为兴旺四季　十八

大党代表宋昌美的茶经新语》，《浙江老年报》，2022年11月3日；《乡贤故事：带富一方的"白茶仙子"——溪龙乡黄杜村》，乡贤网，2023年9月5日；《"最美乡贤"宋昌美：带富多方的白茶仙子》，中国新闻网，2023年10月31日，等等。

宋昌美：打造中国白茶第一村 [①]

宋昌美，一个文弱女子，嫁到婆家后为摆脱贫困，开始艰难地承包荒山种茶创业，几经挫折，她终获成功，成为村里的"首富"。之后她创办了女子种茶合作社，接着又出任村党支部书记，带领全村及周边农村妇女姐妹开发白茶种植，让一个个家庭脱贫致富，众姐妹感到无比兴奋与喜悦。她不仅参与创下了"中国白茶第一村"的奇迹，又成为浙江省新农村建设的标兵。这位女子叫宋昌美，身上有着"中国三农人物""全国双学双比女能手""全国三八红旗手标兵""全国劳动模范"等诸多桂冠，又是党的十八大代表中唯一的农民专业合作社女社长。

1992年年初，21岁的宋昌美从安吉邻乡嫁到了溪龙乡的黄杜村，开始了独立当家的日子。可生活却很清苦，一年下来全家经济收入才1 000多元。住的是土坯房，过年不要说买一件新衣服，连一条鱼也买不起……当时的黄杜村没有区域特色，没有效益农业，一旦碰上雨季又经常发生山体水土流失，村里的丘陵杂草丛生，荒凉中透着悲凉，

---

① 一润：《宋昌美：打造中国白茶第一村》，《农家女》2016年第8期，第19—20页。

黄杜村曾一度成为安吉全县有名的贫困村。不安分的宋昌美看到这种贫困窘境，再也坐不住了。1993 年 5 月，听说县里邀请中国农科院茶叶研究所老师举办茶叶培训班，宋昌美拿着家里仅有的 150 元钱报名参加，经过培训，她成为全班 45 名学员中唯一一位拿到荣誉证书的优秀学员。

培训回来后，欣喜的宋昌美一心想着包山种茶，却被困难挡住了去路——她没钱买茶苗，更拿不出承包荒山的资金。她想跟银行贷款，却发现自己连用作抵押的物品都没有；找人担保，人家又不相信她，让宋昌美感到从未有过的窘迫与难堪。为了赚钱，她咬咬牙带着孩子和丈夫外出来到湖州打工，丈夫进了一家电器厂，她就在厂区附近开间小店。凭着勤奋，两年后她和丈夫才有了第一笔启动资金——6 万元。接着夫妻俩返回安吉老家。回到家乡，宋昌美立即承包了村里的 10 亩荒山并种了白茶。第一年白茶出产时，从采摘到加工，整整一个多月她没日没夜地奔波于茶园与车间。苍天不负有心人，1996 年宋昌美家的收入猛增到 2.5 万元。在以后的两年实践中，宋昌美用心观察，细心体会，不但掌握了种茶技术，还学会了炒制白茶的独特工艺。

为打开白茶的市场销路，一开始宋昌美骑着自行车在湖州地区沿街叫卖；后来她独自一人背着蛇皮袋到上海、江苏等地去闯，一个商店一个企业地上门推销白茶。凭借自己的艰苦努力，白茶市场渐渐地打开了。1998 年，宋昌美承包开垦荒山 40 亩种上白茶，与丈夫一起精心呵护茶园，随后又滚动开发，到 2000 年，宋昌美建起了 150 亩白茶园，且其全部进入盛产期，每亩可产干茶 25 斤左右，每斤干茶当年最高售价 1 200 元，最低每斤也达 500 元。在工商部门的帮助下，宋昌美成功注册了"溪龙仙子"商标。"溪龙仙子"很快被认定为浙江省茶叶著名商标，品牌附加值不断提升。更令人惊喜的是，在2008年的宁波国际文化节和上海豫园首届国际茶文化博览会上，宋昌美捧回了八项金奖，"溪龙仙子"商标被评为中国名牌农产品和中国驰名商标。宋昌美成了安吉县第一个种白茶中开宝马车的人。开着宝马进茶园！周边村民对宋昌美这位文弱女子刮目相看。

合作社成立后，宋昌美深感效益是第一位的，一定要让姐妹们赚到钱。种植有机茶必须遵守严格标准，她以8个种植大户为龙头，对所有白茶种植户采取统一供苗、统一施肥、统一配药、统一采摘时间、统一包装等管理。多数妇女没有炒茶技术，每次炒茶时，她都把缺少技术的姐妹们叫来，现场指导，手把手地教。每年春茶旺季，宋昌美忙得焦头烂额，但她又不亦乐乎。合作社成立初期，茶叶虽然种出来了，但卖不上好价钱，关键是炒茶技术不行。宋昌美心急如焚，她找到了问题的症结：村里的姐妹们是用柴锅炒茶，很难控制温度，茶叶经常被烧焦烧坏，而城里用电炒锅，温度控制均衡，炒出的茶既好看又香醇，价格自然可观。宋昌美立即行动，组织10个种茶大户到杭州参加培训，由她负责吃住。然后再由大户辅导带动合作社其他茶农。接着，她又马不停蹄地奔赴上海、山东等地，为制茶的姐妹们引进电炒锅。使用电炒锅炒茶后，茶叶的质量明显好转，但总还有几户"落脚户"，宋昌美就选定炒茶技术过硬的6个典型大户，由她领头，与"落脚户"进行一对一或一对二地挂钩，使整个合作社几百户茶农的炒茶技术实现均衡化与标准化。走进宋昌美的合作社，无论是谁，炒出的白茶都品相美、色泽青、香味浓。

2006年10月，刚刚转为正式党员的宋昌美出任村党支部书记，她身上的担子更重了。2008年下半年，宋昌美个人投资3 000万元兴建了一座集白茶加工、研发、销售、文化、教育于一体的白茶服务中心综合大楼，专门开辟了可容纳200人学习的远程教育播放室，配备了电脑、投影仪等设备，现在这幢楼已成了合作社的销售、文化和教育培训中心。说起安吉宋昌美的白茶，全国各地的茶商无不啧啧称赞：不仅包装精美，更是质量过硬。她有三道金字招牌——国家无公害认证、绿色食品认证和有机认证。难怪每年春夏茶旺季，宋昌美的女子茶叶合作社门庭若市，"溪龙仙子"白茶成为茶商们的抢手货。2009年6月，宋昌美报名参加中央党校函授经济管理研究生班学习，这下她更忙了。不少姐妹也跟着她读起了党校函授电大专业。2012年10月28日，宋昌美联合12名安吉茶农走进北京钓鱼台国宾馆，举行安吉白茶质量追溯及品牌推荐新闻发布会。临行前，丈夫担忧地说："这么大的场面，你会不会出丑啊？"然而，在新闻发布会上，宋昌美侃侃而谈，她的举手投足和对白茶优质特色的如数家珍，令到场的众多茶叶专家和各路媒体为之折服。京城茶叶专家感慨地说："茶农在北京钓鱼台国宾馆举行新闻发布会，这是全国首创，而宋昌美在发布会上的表现又是一个惊艳的壮举。"宋昌美最初的10多亩茶园，已经发展到如今的万亩茶园，而且女子合作社还有固定的销售客户和市场，以及6 000多平方米的标准厂房。2014年宋昌美的女子合作社取得了白茶销售收入1.2亿元的丰硕成果，最好的白茶竟卖出了每斤8 000元的天价。宋昌美创造了一个奇迹。合作社社员每年收入高的可达几十万元，甚至上百万元，最低的也有五六万元。白茶连续8年跻身全国茶叶品牌价值十强，除西湖龙井外，成为浙江上榜次数最多、持续时间最长的茶叶品牌。在宋昌美的带领下，眼下安吉县已有85%的妇女参与了白茶种植，从业人员20多万，白茶种植面积达到17.5万亩。原来屈居浙江贫困县的安吉，靠白茶打了一个漂亮的翻身仗。而宋昌美所在的黄杜村年人均收入突破4万元大关，一跃位居全县前三。村里现在又庭院式的别墅、宽阔的马路、漂亮的草坪，还有多功能娱乐厅、图书电子阅览室、农民夜校……是宋昌美率领村民摆脱了贫困，又引导大伙从富裕走向精神富有。山妹子用智慧和倔强生动演绎了一个穷山沟巨变的传奇！每当有人说起中国第一村——华西村的吴仁宝，这里的老百姓无不自豪地说，我们也有一个女子版的"吴仁宝"，她叫宋昌美。这位普通女性身上散发出来的顽强意志和人格魅力令人赞叹！

作为"中国白茶第一村"的领头雁，宋昌美望着茫茫茶园心潮澎湃，她觉得不仅要让白茶香飘世界，更要让美丽村庄建设问鼎中国！这是宋昌美的梦想，也是她自己立下的誓言。

（三）钱义荣

钱义荣，安吉县溪龙乡人民政府农业农村办公室四级调研员，2022年8月被授予全国"人民满意的公务员"称号，2023年9月入选2023年第二季度"中国好人榜"。从1987年农校毕业担任溪龙乡农业技术员开始，30多年来他扎根黄杜等乡村一线，从事农业技术推广和培训工作，在安吉白茶的培育和技术推广等方面耕耘不辍，帮助茶农解决育苗、茶园管理、病虫害等各类问题，助力并亲眼见证安吉白茶产业从无到有、从有到强的过程，也成为广大茶农致富的领头人。除此之外，他还积极探索研究水稻种植技术，推进实施水稻种业工程，改进水稻品种。他通过建立浙江省农科院水稻试验和示范展示基地，创建省级水稻绿色高产千亩和省级百亩示范田，使得溪龙乡实现了2020、2021连续两年获得全县最高水稻亩产的佳绩。他虽然没有真正的学位，但是被广大村民称为"茶博士"和"水稻博士"。他是从大山走出来的"博士"。

相关媒体对钱义荣的报道也非常多，多关注其30多年来与茶山为伴、与农民为友、与农业为根的经历。30多年前，作为安吉县林科所的技术员，他在黄杜村参与培育出了"白叶一号"茶叶品种，在村民们充满顾虑不肯种植的情况下，他不怕失败，带头试种精心培育，用三年后的收益和挨家挨户的苦口婆心，说服了各位乡亲种植新品种白茶；他手把手教授村民白茶种植技术，走遍全国企业和市场寻找白茶销路，建立白茶农事规范电子手册，牵头成立溪龙乡白茶产业商会，提出做中高端优质茶、原产地保护、子母商标管理等"金点子"，并最终取得成功，打响了"金字招牌"；他带领团队让安吉白茶走上了生态化、规模化的发展之路。茶农们种茶致富的几十年中，钱义荣没有停止过步伐，在茶园、山间来回奔波，解决困难，日积月累，让钱义荣成了茶农心中的"定海神针"，茶农已经完全离不开他。白茶苗捐赠工作开始后，钱义荣冲锋在前，全程参与。从挑选壮实茶苗、考察选址到义务蹲点、帮扶指导，钱义荣的足迹踏遍了每一片受捐茶园。截至2023年10月，他已先后50多次赴湖南古丈县、四川青川县和贵州普安县、沿河县、雷山县种植基地，累计行程10多万千米，现场解决技术难题，推广规范化种植、高标准管护技术，以实际行动诠释了新时代乡镇干部的使命与担当。

相关的主要宣传报道有（以报道时间为序）：《做给农民看　领着农民干——记安吉县溪龙乡经发办副主任钱义荣》，中国共产党新闻网，2014年3月17日；《"钱博士"的别样芳华》，《共产党员》，2018年第1期；《扎根大山26年的"茶博士"钱义荣练就茶病虫害"火眼金睛"》，浙江新闻客户端，2019年6月3日；《扎根大山的"茶博士"——记安吉县溪龙乡农业发展服务中心主任钱义荣》，《浙江日报》，2019年6月3日；《钱义荣：大山里走出的"博士"》，澎湃在线，2019年11月11日；《钱义荣：茶农"认证"过的"钱博士"》，《新农村》，2020年4月；《"钱博士"送来致富叶》，《浙江日报》，2021年5月20日；《今天这场全国瞩目的表彰大会上，他作为浙江代表发言》，浙江新闻客户端，2022年8月30日；《牢记使命　做人民的好公仆》，中央电视台《焦点访谈》，2022年8月31日；《"博士"与茶——记全国"人民满意的公务员"钱义荣》，安吉组工，2022年9月1日；《钱义荣：穿梭在田间地头的最美农技人，荣获全国"人民满意的公务员"》，中国科协，2022年9月4日；《钱义荣：让一片叶子富更多百姓》，浙江新闻客户端，2022年9月9日；《浙江省安吉县溪龙乡农办钱义荣扎根乡村30余年——"服务群众永不止步"》，《人民日报》，2022年9月20日；《穿梭在田间地头的最美农技人》，湖州科协，2022年12月16日；《一片叶子造福一方百姓》，中央纪委国家监委网站，2022年12月19日；《湖州钱义荣，浙江骄傲!》，湖州发布，2023年1月5日；《钱义荣：以"一片叶子富一方百姓"的"茶博士"》，新蓝网·浙江网络广播电视台，2023年7月5日；《钱义荣：有求必应的茶博士——记安吉县溪龙乡农业农村办公室四级调研员钱义荣》，《浙江日报》，2023年7月13日；《安吉的他，中国好人！》，文明安吉，2023年9月22日，等等。

钱义荣：茶农"认证"过的"钱博士"①

扎根大山26年，浙江省安吉县溪龙乡农技专家钱义荣被当地茶农亲切地唤作"钱博士"。钱义荣常年奔波在山间，大量的实践加上锲而不舍的理论学习，让他练就了一双解决茶园病虫害的火眼金睛。

1987年，年仅18岁的钱义荣从嘉兴农校农学专业毕业，被分配到了安吉县原高禹乡当农技员。1993年，安吉开始大面积推广种植白茶，溪龙乡作为白茶原产地，村民们种茶热情高涨，但并未形成规模化、科学化的种植模式。就在这时，钱义荣被调到了当时的溪龙乡农办。白天泡在茶园里学技术，晚上查资料补理论知识，从茶叶门外汉到行家，他用了差不多10年的时间。

2000年，安吉万亩茶园被黑刺粉虱攻陷，原本碧绿的茶山上，一眼望去如黑云压顶，害虫如香烟灰一般四处飞。一户茶农从40亩茶园里只采到70斤茶叶，来到市场一打开口袋，"嗡"的一声，黑刺粉虱蜂拥而出。看着眼前的景象，茶农瘫坐在地上，欲哭无泪。那一幕刺痛了钱义荣的心。运用科学手段，提高种植户的抗风险能力成为他下

① 王艺潼：《钱义荣：茶农"认证"过的"钱博士"》，《新农村》2020年第4期，第19页。

决心攻克的目标。

钱义荣承包了20余亩茶园，蹲在茶园里做实验。他研究发现，茶尺蠖和黑刺粉虱是越打农药越多，如果不打农药，蜘蛛、瓢虫等天敌就能控制住它们。他减少农药用量，从一年用药20多次减少至两三次，茶叶产量却提升了30%左右，品质也得到保证，尝到甜头的茶农们纷纷效仿，最终全乡茶农都采取了合理使用药肥、建设生态茶园的方式，为溪龙安吉白茶第一乡的金字招牌打下了基础。在钱义荣的电脑里，存着上万张茶叶照片，都是他拍的留底资料。他守在地里，精准地记录每个数据，摸索出了茶园留草技术，破解了土壤板结、水土流失等难题，不仅使茶叶产量提升20%，而且使土壤肥力大大增加。

安吉白茶要走品牌路线。安吉白茶一直有按时间定价格的传统，但对品牌茶企来说，质量更为关键，茶企如何在这样的传统观念里突围？黄杜村大泽坞茶场负责人叶春伟找钱义荣求教。在钱义荣的指导下，溪龙乡的安吉白茶开始走上了品牌路线，全乡通过有机茶认证的茶园达到了4000多亩、绿色食品认证29家、无公害基地和无公害茶叶产品认证17家，全乡茶场获著名商标、名牌农产品的，市级19个、省级8个、中国驰名商标1个。

2018年4月，中国安吉白茶产业商会成立，作为党总支书记，钱义荣又积极谋划出台一系列措施，督促会员单位在茶园生态、品质提升、品牌建设等方面统一推进。

2019年3月，黄杜村1500万株"扶贫苗"捐赠完毕，在四川省青川县沙州镇青坪村落地生根。从前期的实地考察到后期的茶苗种植指导，钱义荣频繁地往返于两地。"送去扶贫苗只是第一步，如何更好地送技术，带动当地茶农一起致富，是我们努力的方向。"钱义荣说。

（四）钟玉英

钟玉英，女，1964 年 2 月出生，中共党员。她是土生土长的安吉县溪龙乡黄杜村人，曾任安吉黄杜村村委会主任。她 2018 年荣获"全国脱贫攻坚奖奉献奖"，2021 年获得"全国巾帼建功标兵"称号；2019 年国庆节还受邀去北京现场观看了中华人民共和国成立 70 周年阅兵典礼。

2017 年，55 岁的钟玉英当选黄杜村村委会主任，经过短暂的犹豫，钟玉英毅然走马上任，下定决心为村民服务。钟玉英亲眼看到白茶产业发展和黄杜村翻天覆地的变化，她是黄杜村给总书记写信提出捐赠"白叶一号"茶苗的 20 名党员之一。收到总书记的来信批示后，她随即投身参与制订黄杜村捐赠茶苗支援西部的计划方案，远赴云南、贵州、四川、湖南等深度贫困地区考察。因不适应西部地区陡峭蜿蜒的山路和高海拔环境，在白茶苗选址过程中她几次出现眩晕、呕吐症状，但仍坚持和同事们一起赴每个种植备选点查看，最终成功选择受捐地；她积极与浙江茶叶集团沟通协调，解决受捐地茶叶销售问题。捐苗之后，她不顾身体情况，和丈夫杨学其一起长期奔波在各受捐地进行技术指导。

相关的主要宣传报道有（以报道时间为序）：《茶农钟玉英：先富了，不能忘了没富的》，人民网，2020 年 4 月 26 日；《钟玉英：奔波在东西部扶贫路上的最美家庭》，安吉发布，2020 年 5 月 10 日；《钟

玉英家庭　汤夏兰家庭！安吉这两户荣获年度浙江"最美"，你认识吗?》，安吉发布，2020 年 5 月 12 日；《扶贫路上的"最美家庭"：两年跑遍三省四县 33 个贫困村》，人民网，中国新闻网，2020 年 5 月 24 日；《钟玉英荣获全国巾帼建功标兵称号！》，澎湃新闻网，2021 年 3 月 10 日；《致富不忘党恩　无悔投身基层》，湖州市人民政府，2022 年 1 月 25 日；《钟玉英：守着乡村　跟茶"死磕到底"》，农林卫视，2022 年 10 月 18 日，等等。

致富不忘党恩　无悔投身基层 [①]

人物名片：钟玉英，女，1964 年 2 月出生，中共党员，湖州安吉人，曾任安吉黄杜村村委会主任。2018 年获评全国脱贫攻坚奖奉献奖，2021 年获得全国巾帼建功标兵称号。她是黄杜村捐赠"白叶一号"茶苗的 20 名党员之一，先后多次赴云贵川湘等地考察选址，为茶苗种植提供实质性建议和指导。

"大家在大扫除的同时也要做好垃圾分类，文明迎新春。"近日，钟玉英化身垃圾分类志愿者，穿梭在黄杜村，挨家挨户上门宣传垃圾分类。2022 年 10 月，钟玉英退休了。除了安心经营自家的旭飞茶场，她还当起了村里的志愿者。

"我是土生土长的黄杜人，深深热爱着这片土地。"钟玉英是这样说的，也是这样做的。1999 年溪龙乡号召种植白茶，她积极响应，成

---

① 《致富不忘党恩　无悔投身基层》，湖州市人民政府，2022 年 1 月 25 日，http://www.huzhou.gov.cn/art/2022/1/25/art_1229213482_59049233.html。

了村里首批种茶人。从种植四分地的白茶，发展到如今 500 余亩白茶山，钟玉英不仅成就了自己，更带动了村里其他农户。分享种植经验、上门技术指导，她从不含糊，毫不吝啬，倾囊相授。2001 年，在她的带领下，安吉女子茶叶合作社正式成立，合作社旨在带动妇女同胞一起创业增收。"村里有不少妇女也想种植安吉白茶，却苦于没有资金和技术。合作社得知后，不仅主动赠送茶苗，还帮助联系了银行贷款，力所能及地为姐妹们提供帮助。"

村民的钱包越来越鼓，村庄建设也应该跟上步伐。2017 年，在村党总支书记盛阿伟的三顾茅庐下，53 岁的钟玉英出任村委会主任一职。上任后的第一件事，钟玉英便将工作重点放到了征地拆迁上。

"当时正在推进农村联网公路，需要挨家挨户上门讲解征地政策。"谈起那段日子，钟玉英至今记忆犹新，"虽然我是'土著'，但依然有很多村民不买账，不让进门是常事，有的还会直接跟我翻脸。"即便如此，钟玉英也没有打退堂鼓，而是用女性特有的耐心渐渐打动村民。如今的黄杜村，道路宽阔，环境整洁，家家户户建起了小洋房。

饮水思源，不忘党恩。2018 年黄杜村 20 名党员给习近平总书记写信，汇报种植白茶致富的情况，并提出了捐赠 1 500 万株茶苗帮助贫困地区群众脱贫，钟玉英就是其中之一。在得到了习近平总书记的肯定和鼓励后，钟玉英便跟随考察组一同前往贵州、四川和湖南等地，进行选址、种植、采摘等一条龙指导服务。"看到那边老百姓的生活后，我心里想着一定要帮助他们脱贫。"她说。

在钟玉英的影响下，丈夫杨学其主动请缨，前往受捐地进行茶叶种植指导。"现在他是专家了，那边的村民都叫他'杨老师'。虽然那边生活条件很苦，他水土不服，但是他从没说过要放弃。"钟玉英满脸自豪，但其中的艰辛却只有夫妻俩自己知道。

如今，三省五县的扶贫苗长势良好，2020 年至 2021 年已进行部分开采和销售，今年预计可全部开采。"只要那边需要我们，我和丈夫会第一时间赶去指导。"钟玉英说。

（五）贾伟

贾伟，1985 年生，中共党员，浙江师范大学环境艺术设计专业毕业生，黄杜村年轻茶二代创业的代表人物，给总书记写信提出捐赠"白叶一号"茶苗的 20 名党员之一。在黄杜村经营语茉茶场，此外还投资化工业企业产品的生产与研发领域，现任巧邦宿迁科技有限公司副总经理。

贾伟父亲是黄杜村第一批开荒山种白茶的茶农之一，贾伟身为茶二代，最初并不想从事茶产业。大学毕业后，他辗转杭州、南京等大城市做设计师、开公司，始终没有大起色，于 2013 年回村接手自家茶场。之后，他把创新创业思维和白茶产业充分融合，发明一系列新产品，打造"安吉红"等红茶品牌，使用一整套新的市场营销方法，把店铺开到线上、把销售委托给中间商的经营方式，逐渐改为零售店铺和零售网店，同时为用户个性化定制茶产品，还推出"月里来香"中秋团圆礼盒，取得巨大成功，仅仅一年，销量就增加 5 倍以上。2014年，他牵头成立溪龙乡新青年创业联盟，带领年轻人使用年轻人的方式开展白茶创业，希望借助时代的潮流让安吉白茶更加"年轻化"。

他参与发起西部地区捐赠 1 500 万株"白叶一号"茶苗并积极推进，做好点对点服务工作，还提出通过网络和手机进行远程指导的方案，帮助受捐地茶农解决种植中遇到的问题。2022 年，贾伟跨行业继续创业，在宿迁成立巧邦科技有限公司，从事高性能密封粘接新材料研究和生产等产业，他把在经营茶产业时积累的专业知识和先进管理方法应用到新公司的管理创新中，指导和引领了公司的转型升级，使公司提高质效、快速发展。

相关的主要宣传报道有（以报道时间为序）：《安吉白茶线上越卖越红火》，《湖州日报》，2015 年 3 月 25 日；《贾伟：青年茶人与一片叶子之间的情谊》，浙江师范大学公众号，2018 年 9 月 13 日；《"让这片叶子富裕更多百姓，这是我们'茶二代'的使命"贾伟：沉醉白茶芬芳》，《浙江日报》，2019 年 3 月 26 日；《湖州"茶二代"用自己的方式卖出好茶叶》，澎湃新闻网，2020 年 4 月 12 日；《南方有嘉木，苍山情深深》，央广网，2020 年 8 月 6 日；《放弃城市灯红酒绿回乡创业！这个"茶二代"说：赠人白茶，手有余香》，新蓝网·浙江网络广播电视台，2020 年 8 月 6 日；《后浪澎湃　未来已来》，央广网，2020 年 8 月 8 日；《浙江安吉吸引大学生回乡创业》，《中国青年报》，2022 年 3 月 1 日；《贾伟：走出茶山天地宽》，《江苏工人报》，2023 年 10 月 30 日，等等。

南方有嘉木，苍山情深深 [①]

央广网安吉8月6日消息（记者王贵山 王权 陈瑜艳 通讯员张秀青），据《元和郡县图志》记载："天目山高处有两峰，峰顶各一池，左右相对，故曰天目。"天目山是太湖流域和钱塘江流域的分水岭。十五年前，一个科学论断，开启了浙江生态文明建设的全新征程，成为一个时代巨变的分水岭。

石破天惊的论断

2005年8月15日，时任浙江省委书记的习近平同志来到浙江湖州市安吉县余村考察，此时的天目山天荒坪四周已满目疮痍，到处浓烟滚滚、污水横流，空气中弥漫着从石灰窑里传来的刺鼻的味道，长期掠夺式的开发造成大量的生态灾难，太湖蓝藻大面积暴发，引发国内外广泛关注，国家一道道关闭矿山的通知不断发来。矿山开采事故频发，上访人员大量增加，传统的经济发展方式已走到了尽头。

安吉的现状，引发了习近平同志深深的忧思。他坚定地指出："一定不要再想着走老路，还这样迷恋着过去的那种发展模式。所以，刚才你们讲了，下决心停掉一些矿山，这个都是高明之举。绿水青山就是金山银山。我们过去讲既要绿水青山，又要金山银山，实际上绿水青山就是金山银山。"

"绿水青山就是金山银山"，这一科学论断，为浙江的经济社会发展擘画出一幅全新的蓝图，也为中国未来发展进步指明了一条生态文

---

① 《南方有嘉木，苍山情深深》，央广网，2020年8月6日，https://baijiahao.baidu.com/s？id=1674256430295708588&wfr=spider&for=pc。

明建设的康庄大道。这在当时普遍追求 GDP 的风潮下，体现出巨大的理论勇气。

15 年来，安吉县坚定不移保生态、调结构、促转型，走出了一条生态良好、生产发展、生活富裕的绿色发展之路。如今，绿色已经成为浙江繁荣发展的基本底色，生态已经成为浙江高质量、高水平发展的金名片。

2020 年 3 月 30 日，时隔 15 年，习近平总书记再次来到安吉余村。走在曾经走过的乡村小路上，他看到青山叠翠、流水潺潺、道路整洁，家家户户都住进了美丽的楼房，群众生活富裕美满，村民们脸上洋溢着幸福的笑容，总书记十分高兴。时光如梭，当年的情形历历在目，这次来看完全不一样了，美丽乡村建设在余村变成了现实。余村现在取得的成绩证明，绿色发展的路子是正确的，路子选对了就要坚持走下去。

一片叶子撑起的产业

在安吉，距余村 30 多千米，有一个黄杜村，也是习近平到过的地方。

2003 年 4 月 9 日，习近平同志来安吉县调研时来到了黄杜村。20 世纪 90 年代，村民们尝试改变种植结构，开始大面积种植白茶，由于当时市场上白茶产量少，收益不错。

习近平走进茶园，望着连绵的白茶园，听着村民们的增收故事，对安吉依托生态发展白茶产业的路子给予充分肯定。他说，一片叶子富了一方百姓。习近平同志的鼓励极大激发了村民们的生产积极性，几年时间，黄杜村茶园面积从 1 000 亩发展到 5 000 多亩，村民人均年收入也从 400 余元增加到 7 000 多元。

随着其他地方茶叶产业的发展，市场竞争日益激烈，2010 年前后，村里的产业发展遇到了瓶颈。

贾伟回乡

贾伟是个"80 后"，他父亲贾小明是村里第一批开山种茶的茶农之一。

以前黄杜村穷，为"跳出农门"，贾伟发愤读书，考上了大学，学的是环境艺术设计专业，有一份很好的工作。他做梦也没想到，十年后会被叫回家乡，接手父亲的白茶产业。

我们见到贾伟的时候，他正在"语茉茶业"的会客厅里为客人制作茶混合饮料。少量的青柠、糖浆、朗姆酒，在雪克壶里摇晃 20 多下，加上泡好的安吉白茶、红茶，饰以新鲜的西柚片装饰，一杯色香味俱全、时尚新潮的摩揭陀新制茶饮在贾伟的精心调制下摆到了客人面前。中国传统的泡茶法萃取茶液，用现代饮料调制方法调饮，茶品新颖美观，充满仪式感，一品，味道确实不错。

说起刚回乡创业的那一段时光，贾伟说终生难忘。"第一年刚回来，没有客户，没有市场，家里有库存，却卖不出去。出去的钱是有的，回来的钱必须要把车上的茶叶卖掉才有，不卖掉可能就回不来了。背着茶叶一家一家去销售，很痛苦呢！老血都吐出来啦！"产品低端，没有市场竞争力，转型升级迫在眉睫。

为了推动初级农产品的转型升级，贾伟开始进行白茶标准化生产，申请食品生产许可认证，重新设计茶叶产品包装，注册成立"语茉茶业"。跑市场、参展会，把白茶产品打入超市和零售商店，开设网络商店，为客户个性化定制茶产品，贾伟忙得不亦乐乎。调整后的第一年，贾伟就卖掉了3 000多斤白茶，销量是父亲的5倍。贾伟还大胆改良传统工艺，进行安吉红茶新产品研制，他还投入资金改进生产工艺，挖掘品牌价值和文化内涵，却遭遇父亲贾小明的坚决反对。

苦难与辉煌

黄杜村产白茶，几十年来已经形成了一套成熟的工艺，贾伟却突发奇想创制新工艺，尝试加工红茶，没想到遇到了巨大挑战。

理想很丰满，现实很骨感。一次次实验、一次次失败，让贾伟品尝到创业的艰辛、挫折的磨难。

贾伟的父亲告诉我们："一锅茶五六千块钱，搞坏了，扔掉，搞坏了，又扔掉，真心痛，我们要干一年啊！就这样往水沟里倒。他这个学费交得高啊！不是一锅两锅，要好几万呀！"

贾伟也说："我父亲他们开始实在无法接受，说我们都做了几十年了，就你能耐啊？刚回来，路还不会走，就要飞啦？不脚踏实地，纨绔子弟啊！他对我失望极了。"

但失败并没有消磨贾伟的决心，三年中，贾伟一次次跑福建、下云南、去茶科所，向制作红茶的大师学习请教，回来后再进行不同工艺的试制，不断改进和提高工艺。

学费没有白交，坚持带来了欢喜，历经磨难，贾伟的红茶终于研制成功了，他为它取名为"安吉红"。如今，"安吉红"已经成为"语茉茶业"的特色主打产品，贾伟等年轻人还开发出了白茶碧螺春、桂花红茶，茶叶在形状上也有了改进，有龙形、凤形、扁形，还有"月里来香"等中秋礼盒等茶叶衍生产品。

贾伟的成功，赢得了父亲的信任，也赢得了全村人对做强做大茶叶产业的信心。现在，说起儿子，贾小明悄悄对我们说："蛮为他骄傲的。"

贾伟回乡创业的成功故事传到了山外，也带动了越来越多的年轻人回到家乡创业，投入白茶产业的创新探索中。这些年轻人学历高，有的还是中国农科院茶叶研究所的博士，他们视野开阔，有闯劲，他们的回归，为黄杜村的发展注入了更加强劲的动力。

贾伟不分亲疏，竭尽全力帮助这些年轻的创业者，体现出少有的成熟与大气："包括做红茶，做好了以后，我们旁边的人来学，我们都亲自教他们。我不仅影响我的表弟、堂弟，我们还通过成人学校，办安吉红茶进修班，我们当地的村民，隔壁村、乡的村民都来学，有几十人。今年有很多学生已经学成回去了。"

贾伟因此在当地赢得了良好的信誉，在青年人中很有威信。黄杜村所在的溪龙乡成立青年创业联盟，贾伟被推举为会长。联盟有40多名会员，大部分是"茶二代"，他们经常交流茶叶信息，探讨最新制茶工艺，分享成功经验。贾伟说："年轻人聚在一起，共同成长，共同发展，是很有意义的。最重要的是，可以用他们的成功带动更多的人创业致富。"

如今，这片叶子，这片被习近平总书记关心过的叶子，每年带给黄杜村4亿元的产值，全村人均年收入超过3.6万元，家家户户盖起了别墅，开上了小轿车。生活的好转，使黄杜村村民更加感激习近平总书记当年的鼓励。

嘉木情更长

2018年4月9日，贾伟和黄杜村的其他19名党员给习近平总书记写信，汇报村里种茶致富的情况，表示"吃水不忘挖井人，致富不忘党的恩"，提出愿意捐赠1 500万株白茶苗帮助中西部贫困地区的群众脱贫。

习近平总书记热情回信，肯定了他们的想法，指示：要增强饮水思源、不忘党恩的意识，弘扬为党分忧、先富帮后富的精神，这对于全面打赢脱贫攻坚战很有意义。

为落实好总书记的指示精神，在党支部会议上，贾伟提出了自己的建议："既然要做这个事情，就要把它做成、做实、做好，不是捐个东西就OK了，我们都种过茶，要把茶叶做成产业是不容易的。不要把茶苗给人家就可以了，还要帮他们把茶苗种活，帮助他们种好、护理、繁育、采摘加工，甚至建立自己的品牌，真正产生收益。"贾伟和村里的许多党员、志愿者、土专家，亲自到西部贫困地区选址，参与运苗、种植、培育，指导茶园管理。

2020年3月6日，由黄杜村捐赠给贵州普安县的2 000亩"白叶一号"第一次开采茶叶，短短几天，采摘量就达3 000多公斤。安吉白茶为普安百姓带来了第一批财富。

南方有嘉木，苍山情深深。

走在自家百亩茶园里，眺望满山遍野的垄垄翠绿，闻着茶园特有的清香，谈到种茶卖茶的感受，贾伟意味深长地对我们说："它输出的不仅仅是产品，还应该是一种理念、一种与茶叶相关的生活方式。提到我们安吉，提到黄杜，就会想住到我们黄杜村里来。住到安吉的民宿中，眼中看到的是万亩茶海、一片片竹林，喝着一杯茶，享受着这青山绿水带来的宁静，那抛弃烦恼的感觉，是特别放松的。我希望未来就是这样的……"

此时，阳光照着贾伟，他的脸上是青春的自信，眼里是对未来的畅想！

（六）盛茗

盛茗的祖父是盛振乾，他与刘益民一起被尊称为"安吉白茶之父"。盛振乾本来是黄杜村大山坞自然村村民，一辈子喜欢茶、懂茶、爱喝茶、会种茶，所以被刘益民看中，一起进行浙北地区茶树品种选育实验研究。经过多年孜孜不倦的研究，他们从安吉天荒坪镇大溪村的野生白茶树上找到并培育成功了"白叶一号"安吉白茶。盛振乾成为第一个种出安吉白茶的茶农，也成了全县第一个白茶专业户。首种成功的盛振乾，开始推广"白叶一号"安吉白茶，希望可以与尚在贫困中的其他村民一起脱贫致富。盛振乾免费将茶苗送给乡亲们，并且尽心尽力地教授他们茶园种植、管理技术，不仅授人以鱼，还授人以渔。

盛茗，1996年出生，是著名的"茶三代"。盛茗的父亲盛勇亮也是一位茶农，对安吉白茶的故事也是从小耳濡目染，祖父和父辈们对白茶文化的热爱、对白茶种植的用心、对白茶品牌的推广、对白茶产业发展的付出，盛茗看在眼里，所以她对安吉白茶有种从心底萌生的热爱与敬畏。媒体主要关注盛茗大学毕业后，没有选择留在上大学的繁华城市北京，而是选择回到黄杜村，决心摒弃面朝黄土背朝天的种植方式和跑断腿、磨破嘴的销售方式，用市场、时代、科技和创新来进一步发展安吉白茶产业；从种植、管理、销售等各方面进行科技创新和数字赋能：无人机茶树施肥、数字化茶园监控、电商化品牌销售等，不仅使种植和管理更加高效，而且进一步打开销路、打响知名度。盛茗在天猫、京东、抖音等平台开设旗舰店，同时利用抖音、小红书等平台进行直播带货，均取得了不俗的销售成绩。

相关的主要宣传报道有（以报道时间为序）：《不负青春不负村——记有志于乡村振兴的湖州"留守青年"》，湖州在线，2018年12月24日；《圆梦乡村振兴的湖州"留守青年"》，光明图片，2018年12月25日；《"逆流"回乡求发展，湖州"留守青年"乡村寻梦记》，《文汇报》，2018年12月25日；《一株白茶变成十万亩茶田　三代茶农见证一片叶子的致富路》，《浙江日报》，2019年5月3日；《三代制茶人的传承，只为这一杯安吉白！》，网易新闻，2019年5月23日；《浙江安吉：青年返乡创业助力乡村振兴》，人民网，2019年6月11日；《"金川捐苗"计划，安吉白茶续写浙川百姓共富故事》，四川发布，2022年3月24日，等等。

"金川捐苗"计划，安吉白茶续写浙川百姓共富故事 [①]

祖辈把安吉白茶从高山上引到茶园里并种活了，父辈们坚守茶山，

---

① 《"金川捐苗"计划，安吉白茶续写浙川百姓共富故事》，四川发布，2022年3月24日，http：//www.scpublic.cn/news/getNewsDatail？id=673717。

把安吉白茶的品牌打出来了, 到了我们这一代, 安吉白茶又该走向哪里? 我认为是破圈创新, 是续写再富一方百姓的传奇。

——盛茗

结下不解之缘

"茗"乃春初之时采摘的刚抽芽的嫩芽, 意为极嫩之茶。1996 年的春天, "安吉白茶第一人"盛振乾的孙女呱呱坠地, 老人高兴地为其取名为"盛茗", 喻为茂盛的茶叶。那一年正是安吉白茶由茶山上的样茶向货架上的商品茶转型的关键之年, 盛家三代人可以说见证了安吉因茶而名、因茶而兴的历史。

出生在全县第一个种植"安吉白茶"专业户的盛家, 盛茗与安吉白茶的缘分自打娘胎里就结下了。"我还在妈妈肚子里的时候就跟着妈妈忙碌在茶山上。"盛茗边熟练地冲泡着刚炒制完成的头茶边打趣地说, "后来, 又听着爷爷盛振乾的'传奇'故事长大。"

盛振乾是溪龙乡黄杜大山坞自然村的一个土生土长的农民, 因喜欢喝茶, 也会种茶, 20 世纪 80 年代初, 他被聘为"浙北地区茶树品种选育实验研究"课题组茶技员。1981 年, 盛振乾在安吉天荒坪大溪村的野生白茶祖茶树上剪下枝条, 引至溪龙乡, 与课题组成员们一起做实验研究, 并着手在自己的茶园进行试种, 10 支、100 支、1 000 支, 慢慢繁殖培育……从当年的几支到如今全安吉县的 20 余万亩茶园, 安吉白茶只走过了短短 40 年的时光。

如果说爷爷引种安吉白茶的故事盛茗更多的是听长辈们口口相传, 那父辈们对安吉白茶的推广、品牌建立的付出, 盛茗则是亲眼所见。"父辈们真的是拿安吉白茶当自己的亲生孩子在培养和爱护, 我小时候甚至觉得我爸妈爱安吉白茶胜过爱我。"盛茗说。在她的印象里，父辈们不是在茶山上或者茶场里劳作，就是四处奔走在宣传推广安吉白茶的路上，从一株名不见经传的茶苗到如今享誉全国的名茶之一，对安吉白茶，父辈们可谓注入了全部的心血。

持续破圈创新

就是在这样耳濡目染的环境中，盛茗对安吉白茶有种天然的敬畏和热爱。五年前，大学毕业后，她放弃了北京的繁华，毅然决然地回到了这个小山村。"安吉白茶需要新鲜的血液。"盛茗说，"随着科技的发展和电商的崛起，面朝黄土背朝天的种植方式和跑断腿、磨破嘴的销售方式已经不适合安吉白茶的可持续发展。在种植方面，我和几个堂兄弟正致力于运用科技手段、数字化手段为安吉白茶赋能。如无人机施有机肥、数字化监管茶园等。"在打开销路、打响知名度方面，盛茗他们积极拓展电商平台，除了在天猫、微信商城等平台开设旗舰店外，最近还紧抓安吉白茶开采热点，创新尝试抖音直播，截至2022年3月，平均每天都有1万元以上的销售额。

当前，盛茗还跟堂兄弟们计划着以安吉白茶为原料，开发新品、延长产业链，提高鲜叶利用率，提高安吉白茶的附加值。"再比如茶园民宿、茶园亲子游……"对于未来，盛茗还有很多设想。

续写共富故事

饮水不忘挖井人，致富不忘党的恩。40年前，首种成功的盛振乾老人免费将茶苗送给其他村民，并尽心尽力地教授他们茶园种植、管理技术，不仅授人以鱼还授人以渔，带着十里八乡的乡亲们一起脱贫致富。"免费送茶苗和技术，这是爷爷的大爱无私，我们在继承祖辈制茶衣钵的同时，也不能忘记这至纯的初心。"继 2018 年黄杜村捐献的 15 000 万株"白叶一号"在三省五县落地生根后，2023 年，盛茗和家里的父辈们还一起参与了"金川捐苗"计划。

"我们首先在金川县安宁乡进行两亩地、共 6 000 株茶苗的试种。种植团队前去考察，挑选适合的山地。"说起此次捐赠，盛茗有些兴奋，"因为这是我们首次尝试在高原地区试种，整个过程我们也将会时刻跟进，并进行各个节点的数据收集，等试种成功后，我们将继续追加茶苗，扩大'白叶一号'在金川多地的种植面积。"

40 年前——

在黄杜村种下的这片叶子，实现了一片叶子富了一方百姓的传奇。

40 年后——

安吉白茶的茶二代和茶三代们，将不忘初心再出发，续写一片叶子再富一方百姓的故事。

第三节　黄杜村的相关学术论文和著作

与媒体出现大量追踪和报道不同，学术界较少关注黄杜村，学术成果不多，学术专著几乎没有。目前主要的学术论文和著作有（以发表时间为序）：

林修竹：《结对共建促先进　联动聚力助发展——中国农科院茶叶研究所党支部"结对共建"活动成效初显》，《发展》，2015 年第 3 期；卢晨昊：《实施乡村振兴战略路径研究——基于湖州市安吉县黄杜村的调查》，《上海农村经济》，2018 年第 11 期；张盈、谢函：《路

通　财通　产业通——"四好农村路"助推浙江安吉白茶新发展》，《中国公路》，2018 年第 12 期；黄程：《践行"四力"在黔线——以浙江新闻奖三等奖作品〈一片叶子的追寻〉为例》，《传媒评论》，2019 年第 10 期；陶悦清：《践行"四力"　用好"四心"——从"一片叶子的扶贫故事"谈网络专题策划要诀》，《传媒评论》，2019 年第 12 期；邱梦宇、程华超：《念好茶叶"致富经"　当好乡村振兴排头兵》，《中国农村金融》，2021 年第 2 期；方沁怡：《湖州市乡村产业振兴案例分析——以余村、鲁家村与黄杜村为例》，《经济研究导报》，2023 年第 1 期；陈述义、文叶飞：《"一片白叶"牵出山海情》，《当代贵州》，2019 年第 30 期；王国平：《一片叶子的重量：脱贫攻坚的"黄杜行动"》，浙江文艺出版社，2020 年 12 月版，等等。

《光明日报》记者王国平的《一片叶子的重量：脱贫攻坚的"黄杜行动"》从报告文学的角度讲述了黄杜村通过种植安吉白茶富起来和捐赠茶苗使西部三省五县的贫困群众富起来的故事，这篇报告文学作品关注时代巨变下"一片叶子富了一方百姓"和"一片叶子再富一方百姓"的生动实践，勾勒出中国特色社会主义新时代中国农民和中国乡村的新精神、新境界、新气魄、新格局、新气象。严格说来，《一片叶子的重量：脱贫攻坚的"黄杜行动"》是优秀的文学创作，并不属于学术著作。

学术论文方面，现有几篇文章的主题主要聚焦于以下几个方面：一是通过在黄杜村实地田野调查来研究乡村振兴战略路径；二是通过个案研究和比较研究，对当地乡村产业振兴案例进行分析；三是介绍黄杜村捐赠茶苗助力西部三省五县脱贫致富的山海情实践；四是通过中国农科院茶叶研究所第二党支部与黄杜村党组织"结对共建"的经验来探讨基层党支部如何在推进结对共建村当地的茶产业发展的同时，使党员在产业生产实践中得到教育和锻炼。

卢晨昊认为乡村振兴的原因在于：一是无论在西方还是东方，在工业化和城市化的进程中，农村的人口向城镇转移是一个必然的趋势；二是要想城镇发展，其实最根本的是扩大城镇发展的生态空间、整合发展资源，而作为城镇发展的根本动力和主要依存的乡村就必须得到振兴。现阶段乡村振兴面临的主要问题在于农民受教育程度较低、农业发展不充分、农村发展没有整体规划三个方面。通过对黄杜村的乡村振兴模式调研，富裕离不开产业的转型，离不开农民的致富理念、党员引领及公众的共同参与，必须从农民理念、农业转型、农村建设这三个方面下功夫：一是农村要脱贫致富，必须转换思维方式，在理念振兴上先下功夫；二是农村要产业发展，必须坚持绿色发展，在产业融合上做好文章；三是农村要治理有效，必须坚持干群合力，在激活农民活力上多出举措。[①] 方沁怡以余村、鲁家村与黄杜村为研究对象，进行乡村产业振兴的案例分析，研究产业振兴的现状、取得的经验、存在的问题，以及未来发展方向，认为只有产业兴旺，农村才能稳定，农民才能增收，农业才能发展。她认为余村是先污染后治理的典型成功案例，余村建设以生态保护为重心的美丽乡村并不是单纯追求环境改善，而是力求建设一个以绿色发展为基础、可持续发展产业为保障的美丽乡村，余村人以"两山"理念为引领，从"矿山经

---

① 卢晨昊：《实施乡村振兴战略路径研究——基于湖州市安吉县黄杜村的调查》，《上海农村经济》，2018年第11期，第43—45页。笔者根据原文整理。

济"转向"生态经济"，将培育乡村旅游新业态作为一项重要的经济发展路径。鲁家村不仅依靠盘活自身资源进行乡村产业发展，还利用外部资本发展乡村经济，双方共同对家庭农场等旅游资源进行统一规划、利用，大力开发种类丰富的农场项目，实现了乡村产业快速发展，鲁家的传统农业通过家庭农场模式实现了产业转型。（将农村三产融合作为农业现代化、产业化的重要内容）。鲁家村将建立家庭农场作为支柱产业和发展方向后，并不满足于这种产业单独发展的现状，利用家庭农场这个资源，鲁家村通过多种途径进行产业发展，推动"三产"深度融合、共同进步。她还认为黄杜村的主要经验在于绿色发展和"一村一品"。黄杜村虽然将白茶产业作为经济产业发展的重心和支柱，但是并没有盲目发展，而是将生态保护作为一切经济活动的基础：不在山体坡度大于25°以上的区域种植白茶，同时使用果菜茶有机肥代替化肥试点，逐步形成了良好的生物链。黄杜村在种植白茶的过程中，逐步形成了以"一村一品"为核心的白茶产业发展模式，黄杜村的白茶产业通过乡村品牌建设，获得了更大的知名度。[①] 林修竹认为"结对共建"以"组织建设联建、党员管理联管、产业发展联创"为主线，以促进"支部活动深化、科技成果转化、党员教育常态化"为目标，以茶产业发展为核心，茶叶所第二支部在梳理了自身优势，理清了"结对共建"对象发展瓶颈后，与安吉县溪龙乡黄杜村党总支部签订结对共建协议。协议规定了双方的共建内容与共建职责，明确共建举措，并涵盖了组织建设、制度规范、党员走访、项目

① 方沁怡：《湖州市乡村产业振兴案例分析——以余村、鲁家村与黄杜村为例》，《经济研究导报》，2023年第1期，第23—25页。笔者根据原文整理。

合作、技术帮扶和平台搭建等方面内容。在签订"结对共建"协议后，双方共同努力，通过"六联动"增强组织合力，创新党员管理方式，推动产业升级，实现组织互联、功能互补、力量互动，形成了一套"结对共建"的支部工作法：党员联管，教育与实践相结合；思想联教，推进素质提高；服务联抓，争做发展先锋；制度联建，深化"八八"战略；产业联创，加快茶业升级。"结对共建"活动的成效在于以茶产业为特色的"两富"图景初显，以茶产区为抓手的科研创新平台初步建立，以产、学、研为一体的党员先锋模范作用得到发挥。他还认为"结对共建"是推动茶产业转型升级的有效途径，"结对共建"是党建机制创新的有效平台，要共同探索"支部＋产业＋人才＋科技"的党建富民新模式，充分发挥党组织在工作理念、管理机制、人才资源、科学技术等方面的优势。[①]

第四节　黄杜村的相关档案

乡村档案整理、保存工作非常重要，是促进乡村振兴的基础性、支撑性工作之一。黄杜村民世代以务农为生，村庄历史也并不悠久，从建村开始到现在也并未出过家喻户晓的名人或者成功人士。村民虽然也喜好读书，但由于时代的局限和家庭经济条件的影响，大多也只是粗通文墨。长期以来黄杜村并没有档案保存的传统，也没有留下比

---

① 林修竹：《结对共建促先进　联动聚力助发展——中国农科院茶叶研究所党支部"结对共建"活动成效初显》，《发展》，2015年第3期，第72—73页。笔者根据原文整理。

较有价值的历史文献资料和历史文化信息。建村以来的历史主要存在于老一辈的口口相传中，或者散见于各级政府保存的文件档案和地方政府编撰的地方志当中。

在改革开放特别是农村经济体制改革之后，黄杜村的基层农业农村档案整理和保存工作渐渐走上了正轨，朝着法治化、规范化、现代化不断发展，也取得了一定的进展。黄杜村档案管理建立了规范的规章制度，树立了严谨的工作态度，保持了良好的工作作风，乡村档案工作服务能力不断提高。村里大力改善档案工作硬件设施，有专门的档案室，档案柜、档案袋、防盗监控等基础设备非常齐全。村里安排专职专人负责资料收集、档案整理保存和立卷归档的统一集中管理工作，细化档案分类，按照不同年份、产生途径、档案类别、保存期限等内容分门别类、依规存放、依法保管，个别档案建立信息化文档，实现档案线上云查找功能。同时，黄杜村加强对归档文件材料等的规范化保存和安全保密工作。黄杜村整理保留至今的档案、文献、文书等，颇具规范化、系统性、完整性、准确性等特点，具有较高的文献价值和史料价值。

黄杜村整理文书档案的优良传统一直在持续，包括村庄治理的方方面面，主要包括会议纪要、重要文件公告、档案台账、文书策划、活动方案等多个方面，长达40年的村庄档案基本上能够反映出黄杜村从公社到乡村，从计划经济到市场经济40多年以来村庄经济腾飞、社会文化变迁、乡村治理现代化、村落面貌翻天覆地变化的历史脉络。档案主要包括几个方面：

（一）会议记录，包括村"两委"会议记录、村民大会会议记录、生产队会议纪要等相关材料。

这些档案是村庄档案的重要形式，真实、全面地反映乡村的本来面貌，如实、准确地记录乡村决策的具体情况和决策内容和对重大问题做出的安排，它们可以作为会议情况和会议内容的原始凭证，起到留存备查的作用。黄杜村的历史档案，包括基层党的建设、村产业发展、基础设施建设、生产安排等各个方面，有助于更加深入了解村庄的发展脉络和总结黄杜村快速发展的历史经验。相关主要档案包括：《党员大会会议记录》《村民大会会议记录》《村民代表会议记录》《村党组织会议记录》《村民委员会会议记录》《全村村民小组长会议记录》《村骨干会议记录》《全村党员民主生活会会议记录》《村党组织发展工作会议记录》《党员、队长、村民代表会议民主测评会议记录》《全村老年人会议记录》《黄杜村捐苗工作动员会会议记录》《乡村两级班子面对面会议记录》等。

（二）重要制度文件、通知与各事项活动材料，包括上级文件、通知与黄杜村本级下发的各类文件，各重要事项相关材料，黄杜村组织各项活动形成的材料，等等。

这类档案主要记录了黄杜村具体的发展情况、黄杜村发展密切相关的各类政策文件、突发情况以及应对情况等，勾勒出茶旅融合、绿色发展和村庄欣欣向荣的真实面貌。相关主要档案包括：《安吉县委、政府和县直各部门下发的有关政策性规定、意见、通知》《浙江省妇联、湖州市妇联、安吉县妇联、县卫健委、溪龙乡人民政府、乡妇联等下发的有关文件、通知》《溪龙乡党委、政府下发的有关政策性规定、意见、通知》《村"两委"班子成员述职报告相关材料》《黄杜村

"不忘初心，牢记使命"主题教育活动材料》《黄杜村茶旅融合——旅游策划相关材料》《黄杜村大山坞征地相关材料》《黄杜村主题党日活动相关材料》《黄杜村扫黑除恶专项行动再推进相关材料》《上级机关下发的有关建党工作的意见、通知》《村关于开展流动人口管理工作相关材料》《村"两委"干部报酬、补贴调整相关材料》《计划生育工作等资料》《村"两委"班子、党员联系群众相关材料》《全国文明城市创建迎检相关工作安排、志愿者工作安排》《黄杜村碰损墙体赔偿相关材料》《"三八"妇女节、"五一"国际劳动节等系列活动形成的材料》《关于党员党费的相关材料》《关于开展党员主题教育活动的相关材料》《中共溪龙乡委员会关于对获得县级以上荣誉称号的先进集体先进个人进行通报表彰的通知》《中共溪龙乡委员会关于表彰 2004 年度"双十村示范，双百村整治"工作先进集体的通知》《中共溪龙委员会关于溪龙乡黄社村××××承包山界争议的处理决定》《关于庆祝建党一百周年活动的相关材料》《村民教育培训等相关材料》《村关于低收入农户情况材料》《关于开展流动人口管理工作相关材料》《黄杜村关于党员、干部队伍建设工作形成的材料》《关于开展党建工作及党费收缴管理的材料》《黄杜村关于加强党的建设和干部队伍建设工作的相关材料》《关于廉政建设的相关材料》《精品示范村建设中的后墙体正面和围墙改造相关材料》《森林管理工作相关材料》《黄杜村美丽乡村推进会和相关材料》《黄杜村关于新型农村合作医疗参保相关材料》《黄杜村关于开展统战工作形成的材料》《关于稳定完善山林承包责任制和发放〈中华人民共和国林权证〉工作的实施意见》《教育、卫生相关材料》《黄杜村关于开展关工委、老龄民政、慈善工作相关材料》

《溪龙乡黄杜村新农村建设项目报告》《计划生育相关材料》《黄杜村旅游规划设计相关材料》《黄杜村自来水泵房更换会议决议》《浙江省安吉县——湖南省湘西土家族苗族自治州古丈县"白叶一号"茶苗捐赠协议书》《浙江省安吉县——四川省广元市青川县"白叶一号"茶苗捐赠协议书》《浙江省安吉县——贵州省黔西南布依族苗族自治州普安县"白叶一号"茶苗捐赠协议书》《浙江省安吉县——贵州省铜仁市沿河土家族自治县"白叶一号"茶苗捐赠协议书》等。

（三）农村经济类档案台账，包括经济相关的协议、生产统计数据、财务报表、合同、税收材料等。

此类档案主要涉及农村经济活动中的各种资料、信息等。在经济发展过程中，此类档案非常重要，是农村基层经济工作中形成的第一手资料和农村社会经济发展的真实写照，记录了农村基层发展的重要工作信息，真实反映了基层经济工作的实际效果，对农村经济发展具有非常重要的意义，为相关部门决策决断提供精准有效的实践依据，为农民增产增收提供行之有效的策略依据，为学者研究历史提供了真实可靠的资料依据。相关主要档案包括：《黄杜村关于农业、经营管理、人口统计的相关材料》《黄杜村土地承包协议》《溪龙公社黄杜大队山林权属概况》《安吉县黄杜村社员自留山登记表》《黄杜村承包协议、承包合同等资料》《黄杜村联办鲜笋罐头厂经营承包合同公证书》《生产责任制、土地丈量等方面的资料》《年度统计资料、财务报表等资料》《农业播种面积等资料》《农户收支情况等资料》《农业税等相关资料》《黄杜村经济承包合同书、企业经营责任合同书》《浙江省安吉县锦新竹制工艺厂低值易耗品移交清单》《安吉县黄杜村口粮田承包合同》《白茶商品基地建设立项报告表》《黄杜村白茶商品基地建设规划资料》《黄杜村承包锦新竹制工艺厂的协议书等资料》《黄杜村承包厂房的协议书等资料》《安吉县黄杜村土地（大田）承包合同》《村党支部、村委会换届选举动员会会议记录》《村级货币资金收支明细公开表》《溪龙乡黄杜村新农村建设项目报告》《村级会计科目余额公开表》《村级货币资金收支明细公开表》《村级财务收入情况公开表》《村级财务支出情况公开表》《村级公益福利支出情况公开表》《村级管理费用支出情况公开表》《村级财务货币资金逐项逐笔公开表》《村级会计科目余额公开表》等等。

第五节　黄杜村党总支副书记徐正斌
（根据访谈记录整理）

徐正斌是地地道道的黄杜村本地人，现任黄杜村党总支副书记。

徐正斌出生于 1978 年，在他整个童年和青少年时期，黄杜村生活相当贫苦，因为尚未发现安吉白茶，黄杜村缺少收入来源，村民手里根本没有什么钱，人均收入为安吉全县的倒数第一。

那时候大家都一样穷，所以徐正斌对于穷的概念并不特别理解，感受也不是特别深刻。直到近年来，因为捐赠茶苗的关系，他去了四川、贵州、湖南等茶贫困山区，才发现那边乡村的贫穷程度，似乎并不亚于 30 年前的黄杜村。现实与过往的对比冲击不仅让他理解了黄杜村曾经的艰难岁月，也深刻意识到了捐赠茶苗这项工作的巨大意义。

徐正斌的父亲是地地道道的农民，共有兄弟姐妹六人。父亲弟兄分家的时候，分给了徐正斌家三间小茅房、一张桌子、四条板凳、两个碗、28斤米。虽然条件艰苦，但徐正斌的父母对于子女读书非常支持，比村里人思想上还是很前卫的，他们经常讲的是："我们这么穷，你要多读点书，得到更高的学历，才能改变命运，走向社会才不会过得太辛苦。"徐正斌听后很感动，穷人家的孩子早当家，但是从小看到父母这么辛苦，他也想更多地替父母分担。徐正斌读初一的时候大概12岁，第一年学费是778元。那时候，学费的压力还是挺大的，700多元基本上相当于农村一家人半年的所有收入了。到了后来初中毕业，徐正斌考虑到家里的经济条件，升学考试的时候就选择了读中专。因为当时中专三年，毕业就能就业，对当时家庭穷困又成绩不是特别冒尖的初中生来讲，读中师、中专是比读普通高中更好的选择。中专毕业的徐正斌，跟当时村里大部分人比，还算有一个不错的学历。

人到了青春期，可能就会出现叛逆期。读初中的时候，徐正斌也出现了一段叛逆期。那时候他没有小时候学习那么认真，有点拖拖拉拉，有点偷懒，成绩就不如小学时候好了，排在班级中上游的位置。他这样的成绩要读高中，也选不到特别好的学校。当时徐正斌还有一个比较擅长的技能——绘画。那时候他的初中学校校长是张思良，对他帮助很大。张校长看到徐正斌特别喜欢绘画，就鼓励他报考艺术类的学校，还为他选择了几所杭州比较有名气的艺术类学校，作为他的奋斗目标。徐正斌的梦想是考入中国美术学院，对于一个农村孩子来说，中国美术学院是神圣的、高不可攀的地方，是他一辈子的理想和追求。

作为艺术类考生，徐正斌虽然具有绘画天赋，但是并没有经过系统、专业的学习，各门专业课基础远远达不到录取的要求。张校长为徐正斌想了各种办法，帮忙联系他去杭州的培训学校，让他可以进行专业培训。徐正斌先在杭州转塘的一个学校培训，后来又在杭州市区庆春路的一个工业美术学校培训，这些学校都是艺术类专业培训方面很有水平的学校。在乡下初中的时候，徐正斌觉得自己画出来的东西特别棒，但是到了杭州的培训学校里面一对比，才知道一山更比一山高，才知道什么叫人才济济，跟城市里的孩子比起来，自己的作品不值得一提，好在徐正斌一直很努力，也一直在进步。

等到中考结束、发榜，自我感觉不错的徐正斌果然考上了，虽然考上的不是中国美术学院，但也是一个不错的学校，他还记得当时被录取到了广告设计专业。还没开心多久，天不遂人愿，因为种种原因录取的学校不能读了，这种事情在那个年代还是比较常见的。徐正斌家世世代代都是农民，什么也不懂，读不了也只能干着急。当时徐正斌正值十五六岁的年纪，成绩确实也不差，但一番折腾确实也对他造成了不小的心理打击。后来父母都劝他，让他还是去读书，亡羊补牢为时不晚，看看还有没有学校可以读，学校不好也没关系，起码他的人生多一个学历证书，他自己也多一技之长傍身。后来徐正斌就到湖州的一个中专学校读书，专业学的是丝绸设计。

没进校学习之前，徐正斌和家人都对丝绸设计这个专业很不了解，以为是去学习当裁缝。当时市面上女裁缝比较多，一个男孩子当裁缝，他们的心理上多少感觉有点别扭，有些不舒服。不过徐正斌还是去读书了，整个中专三年，徐正斌的各门功课成绩不错，文字功底也比较好，读书期间他还写了几篇报告文学在校报上公开发表。

　　因家庭经济困难，读书期间他半工半读的：一边读书，一边工作挣钱，多是从事跟自己专业相关的工作。当时，徐正斌父亲一个月的收入才200多元，徐正斌读书期间一个月的生活费也需要200元。生活费不单单是解决吃饭穿衣的问题，主要是学习用品花费特别高，上课需要用的水粉纸、水粉颜料，还有素描的素描纸都很贵，且一天要画很多张。徐正斌的支出家里面肯定是负担不起的，主要靠他自己省吃俭用和半工半读赚钱。为了买到便宜点的学习用品，他和同学一起走到很远的郊区一带买材料。徐正斌在学校里面喜欢制作墙壁画和粘贴画等，都是做出来之后，卖给学校隔壁的小礼品店，他当时主要以这样的方式给自己赚取生活费。

　　从古至今，湖州的丝绸行业一直比较兴盛发达，有很多全国知名的老字号丝绸企业，比如达昌、润昌、永艺等。徐正斌快毕业的时候就被学校推荐去润昌丝绸实习，进入公司的技术设计部。当时公司技术部门的主要领导对徐正斌很是照顾，派了一位老员工做他的师傅，指导他的设计工作。

　　走上工作岗位后徐正斌深深地感受到，进入社会工作和在学校里学习差别很大。在公司实习的日子里，徐正斌夜以继日地努力工作，如饥似渴地学习提高。公司安排他主要从事丝绸打样和裁剪的工作。丝绸制作工艺比较复杂，首先由设计师设计出图纸，然后根据设计图纸打样，再进行裁剪，接下来进入生产车间的其他工序。徐正斌要完成的这两项工作特别关键，后面生产车间的工人师傅能否有效衔接，就取决于这两道工序的效率和质量。徐正斌不负众望，没多久就把相关技术熟练掌握，得到了公司上下的一致好评。

　　中专毕业后，徐正斌又到永艺丝绸工作了几年，这段日子得到了很多锻炼的机会，很充实也很快乐，之后徐正斌选择了离职。徐正斌办理离职手续，要离开永艺丝绸的时候，公司的张总非常舍不得，对他说了一句话，让徐正斌记忆深刻："你走什么路，是你的自由，但你一定要好好地考虑要干什么，以后如果你有不顺心的，我们公司的大门永远为你敞开。"这句话让徐正斌一直温暖到现在。

　　徐正斌的父母告诉他，在学校里学习的时候，父母可以给他提供生活方面、经济方面的帮助，但毕业之后走上工作岗位，就不要指望父母了，因为父母没有能力、没有文化、没有资源、没有见识。所以徐正斌从毕业开始，到后来一步一步有了很多经历，完全都是自己在拿主意。他想去哪里，想选择哪个单位，想怎么样去挣钱，想怎么样去闯荡，都是自己想好了就去做。

　　离职之后徐正斌又到一个丝绸工厂里工作，因为徐正斌的工作态度端正，工作能力确实很强，厂里给徐正斌的工资也非常高。受不了老板的抠抠搜搜，厂子里有同事陆陆续续离职跳槽，后来徐正斌也离职，结束了令他疲惫的、多年在外的闯荡生涯，回到了阔别多年的家乡——黄杜村。居住了一段时间，他才彻底从身体上和心理上又重新融入了这个令他熟悉却又有些生疏的小山村。

　　令人意外的是，回村不久的一次村干部选举上，徐正斌被选进了村委会班子，得到了大概 1 200 票，称得上是高票当选。徐正斌为广大村民服务就是从这时候开始的，一直持续到现在。后来徐正斌问乡亲们为什么选择他，乡亲们说，做乡村的基层管理工作需要有文化、见过世面的人，你是中专毕业，能写会画，又在城市里打拼多年很有成绩，选你就对了。简单的话语令徐正斌感动不已，于是他立志要不负重托，好好造福乡亲们。徐正斌时刻铭记着自己是被乡亲们选举上来的，所以要为黄杜村老百姓做实事，要为黄杜村发展做贡献，在把黄杜村建设好的同时，把黄杜村"两委"班子建设好。

选举之后，徐正斌担任村委会副主任，村"两委"工作分工时根据他的专业特长，让徐正斌分管城建、物管、民政、残联和文化建设等工作，同时负责文体、宣传、文字材料等工作。徐正斌以前在企业上班的时候，因为技术过硬、操作熟练，所以会有很多空闲时间，会和工友打牌、下棋。而进入村委会工作后，徐正斌像变了一个人似的，每天忙忙碌碌，不让自己空闲下来。虽然那时候村"两委"成员每天的事务性工作还没有很多，但他每天依旧乐此不疲，每天都给自己安排很多事情干，一件事情一件事情地完成，到如今已经彻底养成了忙碌的习惯。

刚刚进入村委会工作的时候，因为对工作不熟悉，总是会出现错误，他心里觉得有些压力。还有就是他的电脑技术不高，而当时的很多工作都需要通过电脑完成了。徐正斌长期从事丝绸产品生产的相关工作，这些工作都是在车间里面完成的，所以他基本没使用过电脑。20世纪90年代，电脑还是个稀罕东西，农村出身的徐正斌都没有见过几次，连开机都不怎么会，村委会其他同志也都不会使用电脑。为了方便工作，徐正斌从零开始，购买了电脑相关书籍，一点一滴地努力学习电脑基础操作。他慢慢练习，大概过了半年，他不仅成了电脑高手，而且深刻领会了村"两委"的工作性质和工作环境，熟悉了日常事务性工作的处理方法，也有了自己的工作思路和工作方法，知道自己应该做什么，分管工作要如何超额完成和完美解决。从此工作也就走向正轨，生疏感荡然无存，顺畅感油然而生。

徐正斌认为，村委会作为基层组织，工作涉及全村百姓的切身利益，作为基层干部，必须得多用心、勤用心、下苦心。要想让自己的工作顺利进行，得到老百姓支持，首先要让乡亲们熟悉你、了解你、相信你，要每天都生活在乡亲们中间，跟乡亲们彻底打成一片，这样才能了解大家的真实想法，工作才能得到乡亲们的真实认可。虽然徐正斌主要负责文字工作，基本上都需要坐在办公室里完成，但是一有时间他就会走出村委会大院，跟村民们聊天、唠家常，谈村里的工作。徐正斌的小学是在村里读的，初中没有在本村读，后边在城里读中专在城里工作，刚开始村里有些人他不认识，不过很快就跟大家都熟悉了起来。这么多年以来，每次村委会换届选举，徐正斌都能继续高票留任，他非常感谢黄杜村的乡亲父老，觉得自己的努力没有白费，非常值得。

黄杜村地处浙西北山区，区域面积 11.5 平方千米，村域面积很大，占据整个溪龙乡的三分之一。全村有农户 420 户，人口 1 500 人。目前黄杜村最大的产业就是安吉白茶产业，全村老百姓收入都源自安吉白茶销售和茶苗销售。黄杜村区域内的白茶种植面积 1.2 万亩，但是村外、乡外、县外甚至省外的，还有 4 万多亩茶园，所以目前黄杜村总的茶叶种植面积有 5 万多亩，人均达到 100 亩以上。从农村经济信息统计报表上面的数据看，2021 年黄杜村人均收入 6.2 万元，集体经济收入 126 万元。但是从实际情况来说，黄杜村人均纯收入远远高于 6.2 万元。黄杜村一个下属党支部对外宣传介绍说，黄杜村人均收入 15 万元，徐正斌认为，黄杜村人均收入不敢说有 15 万元，但是绝对在 10 万元以上。

黄杜村因茶闻名、因茶而富，成为"安吉白茶第一村"全都是因为这片茶叶子。徐正斌认为，其实黄杜村一路走来，道路也是很曲折、很艰难的。20 个世纪 90 年代以前，黄杜村特别穷，没有特色，没有资源，因为是在山区，只能搞种植。村里耕地面积比较少，只有 905 亩，还主要是梯田和山地。那时候还有成群结队的野生动物出没，野猪、野兔子、野猫之类，经常在夜里糟蹋庄稼。这种情况下老百姓没法种地，也没有多少收成，日子特别清苦。

黄杜村的一批老干部为了村里的发展，为了村民摆脱贫困，想过很多办法，走过很多条路。众所周知，安吉县素有"中国第一竹乡"的美誉，是毛竹之乡、竹地板之乡。安吉县竹资源产量丰富，竹产业发展极富特色。黄杜村也产毛竹，但是因为可耕地和可用林地都非常少，所以分到每家每户手里就更是少得可怜，村民没办法依靠产量赚钱。而且毛竹加工的初级产品也不值几个钱，需要继续深加工才会有产品附加值。但就当时的黄杜村来说，根本不会有企业来这个毫无资源的穷山村投资。徐正斌父母那一辈，也就只能从土地里种点东西，或者到附近工地上干点零活来补贴家用，黄杜村也曾经尝试过引进一些工艺品厂企业，但是各个工厂效益不佳，后来干脆都迁出去了。村里还搞过其他农产品的种植，鼓励村民种辣椒、种杨梅、种板栗等，集资办过辣椒厂，还搞过红壤开发等，最终也都没有成功，没有摘掉贫困村这顶帽子。

徐正斌后来才知道，当时有两位先辈——刘益民先生和盛振乾先

生，于 20 世纪 90 年代在安吉县的领导下开发出安吉白茶，成为首先
最初开发的吃螃蟹的人。正是他们开发的安吉白茶最终改变了黄杜村
老百姓的穷苦命，这两位先辈现在也被尊称为"安吉白茶之父"。现
在说的安吉白茶其实是一个区域品牌，是安吉产的白茶产品的一个大
名称。两位先辈最初开发的安吉白茶品种名字叫"玉凤"，后来改名
为"白一号"，再后来改为现在大家都非常熟悉的"白叶一号"。当时
"玉凤"茶培养出来之后，黄杜村老书记看到了这个特殊品种，非常
感兴趣，号召村民们进行种植。

黄杜村刚开始种植安吉白茶的时候，乡里召集全村 9 个生产队长
开会，提出给 9 个队长每人 1 万元的无息贷款，让他们回去带头种植
安吉白茶，结果绝大多数生产队长不敢要，包括徐正斌父亲在内。用
徐正斌的话讲，自己父亲不仅穷，胆子也小。现在茶余饭后，徐正斌
偶尔也会跟父亲开玩笑，说他们家现在每天努力辛勤地种植白茶，但
是经济条件跟其他村民比算不上好，都是因为当时父亲胆子太小了。
假如那个时候接受了这 1 万元贷款作为启动资金，先别人一步进行种
植，基础就会好得多，后边也会走得更快，走得更稳。当然，也不能
怪他的父亲，那时候农村老百姓都是这个观念、眼光和格局，他们首
先想到的是风险，假如这个种植计划失败了，自己还不起贷款是要坐
牢的。老百姓就是因为穷怕了，所以才会有后顾之忧，因为当时的 1
万元对他们来讲是天价，是梦里都见不到的数字，他们也害怕这个白
茶种植跟之前一样不能带来富裕。当时只有两个队长接受了贷款，后
边果然就是他们在村里发展得最好，现在都是数一数二的老板。

安吉白茶种植取得了巨大成功。伴随着白茶产业的快速发展，黄

杜村民的生活也越来越好，2003年人均收入已经5 000多元。时任浙江省委书记习近平同志也来到黄杜村考察，站在当时的茶园里称赞黄杜村"一片叶子富了一方百姓"，这句特别经典的话给了黄杜村民莫大的鼓舞。也正是在得到了充分的肯定之后，各级政府各部门也提供了很多实实在在的帮助，从此黄杜村的白茶产业走上了向前飞跃发展的高速公路，还有很多外县、外市、外省的客人陆陆续续前来取经、交流、学习。

都说妇女能顶半边天，当时安吉县和溪龙乡领导的思维比较超前，想到了白茶种植产业发展过程中，让妇女同志起冲锋作用，甚至起主导作用，所以找到了典型人物宋昌美。宋昌美不仅自己种植得好，还带领广大妇女同志一起发家致富，形成了良好的正向效应。

2005年，宋昌美带领黄杜村妇女同志成立了女子茶园合作社，合作社开垦了自己的安吉白茶园区，地点就在以前的溪龙乡老林厂。这个安吉白茶园区后来被评为国家级标志性示范园。徐正斌认为，园区获奖是个标志性事件，标志着妇女同志在白茶产业发展当中有着举足轻重的地位，也标志着黄杜村的安吉白茶产业从此开始走向了巅峰。鉴于女子茶园合作社社员中党员人数比较多，于是成立了女子茶园合作社党支部，黄杜村党组织又多了一个党支部。

徐正斌和村"两委"为村里白茶产业的迅速壮大和快速发展尽心竭力地忙碌着：做好规划蓝图，不仅鼓励支持村民们扩大种植面积，多采用绿色无公害的技术手段，做出健康绿色纯天然的好茶，而且大力加强村庄基础设施建设，做好各白茶产业园区的后勤服务保障工作；提醒全村茶农和各茶场要牢固树立市场意识、品牌意识和商标意识，注册子商标，做大做强自己的品牌，做出自己的风格和特色，争取在市场竞争中立于不败之地。

对于黄杜村能够发展到今天，取得如此成就的原因，徐正斌和村"两委"班子也有过深入思考并总结提炼出三句话：第一，自然环境的优势。大自然给了黄杜村独特的气候条件，独特的土壤酸碱度天然就特别适宜种植安吉白茶，这里生产的茶叶品质是最优秀的。第二，黄杜村民穷困之下依然勤劳努力又充满智慧的品质优势。黄杜村的大量荒山丘陵本来不适合种植粮食作物，后来都被黄杜村民千方百计一点一点地开发出来种植白茶。黄杜村民针对安吉白茶的生产加工、经营销售都有一套独特的技术和工艺，这些都不是专业技术部门教的，绝大部分都是他们自己在实践当中学习摸索总结出来的。第三，最根本也是最重要的，就是各级党委、政府和各部门对黄杜村的扶持和支持。县乡两级对白茶产业发展都有着清晰的远景和近景规划，有的放矢，不打无把握之仗。白茶种植刚启动时给予政策和资金支持，之后对采茶炒茶设备、技术、交通基础设施、采茶工招聘等一系列情况予以支持。只要黄杜村有要求、有需求，各级党委、政府和各部门就一定会有求必应，倾其所能。徐正斌还记得供电系统和银行机构对黄杜村提供了大量帮助，每年炒茶季用电量特别巨大，之后用电量又归于正常，需要的技术投入就很大。黄杜村茶农经营过程中每次遇到资金难题，各个银行机构也能及时地帮助解决。

徐正斌特别赞赏安吉县及时注册"安吉白茶"这个商标的行动。安吉白茶是安吉县研制的，安吉县种植安吉白茶也是时间最早的，但是周边各县市紧随其后也在种植，长兴县的安吉白茶种植面积也非常大，假如安吉县没有及时注册这个商标，极有可能被长兴县抢先一步注册，那就变成了"长兴白茶"。长兴县的和平镇有条街，名字叫"中国白茶第一街"，黄杜村民都认为"中国白茶第一街"应该设在黄杜村才对，这也成为徐正斌内心的一丝遗憾。

2008年，安吉县为了安吉白茶能够打开国际市场、创造全球效应，组织了7家本县优秀茶叶企业到波兰参加国际展销会，大获成功。黄杜村的雅思茶场就是当时的7家参与者之一，到现在每年还能收到来自波兰的订单。徐正斌觉得这也是当时安吉县的一个大手笔。

在安吉白茶的种植和产业发展方面，黄杜村具有一定的优势，每年会有许多茶产业的业内人士来到黄杜村学习交流，其中安徽省来的人最多。安徽省本就是茶苗种植和茶叶生产大省，茶产业发展实力和前景在全国名列前茅，徐正斌觉得，安徽省来人应该不是来学习具体的技术和工艺，而是来学习各级党委、政府对茶产业发展的规划、引导和支持的具体措施。

徐正斌每天忙着处理村里的大小事务，自己家虽然也经营茶场，但无论从规模到产量再到效益，在村里都不算很好，自家经济条件当然也不能跟很多村里人比。但他已经非常满足了，家人也都很支持他的工作，这一点也让他非常满足，感到非常幸福。

黄杜村民一直都具有感恩之心，也具有同情心和同理心，也一直愿意从事慈善事业，这也许是因为黄杜村民自己也都是穷苦出身的缘故。只要看到一些地方受灾受难贫苦的新闻报道，黄杜村民都会在党员干部的带领下积极捐款、捐物。2008年汶川地震期间，四川省青川县受到的损失非常严重，因为通往外界的道路全部被毁，通信也完全中断，等地震的消息传送出去已经是 30 个小时之后了，当看到青川县地震受灾非常严重并且关注度不够时，黄杜村"两委"号召党员群众捐款支援青川灾区建设，受到黄杜村民的热烈响应，大家都自愿地进行捐款。徐正斌记得当时黄杜村共收到善款 5 万元，是整个安吉县捐款最多的一个自然村。谁能想到十几年后，徐正斌会带着捐赠的安吉白茶茶苗来到青川县，继续帮助当地困难群众致富奔小康。

正因为常怀感恩之心，黄杜村民一直不忘党的恩情和总书记的亲切关怀，希望能够为党分忧。2018 年，在习近平总书记来黄杜村考察 15 周年之际，在全国上下决战脱贫攻坚的关键时刻，黄杜村民想要做点什么来回报总书记、回报党。经过全村的热烈讨论，黄杜村民愿意捐献出 1 500 万株茶苗来帮助中西部地区贫困群众脱贫致富，让当地人民的生活彻底好起来。2003 年，习近平总书记来黄杜村考察，勉励、肯定黄杜村大力发展白茶产业。

接下来就有了徐正斌和黄杜村另外 19 名党员一起给习近平总书记写信汇报的故事，总书记的重要批示让黄杜村一下名满天下。在国务院扶贫办的帮助下，1 500 万株"白叶一号"茶苗顺利在中西部三省五县的贫困山区生根发芽，并苗壮成长。在整个过程中，徐正斌和村"两委"成员、种茶大户先是考察了很多地方，确定了茶苗受捐地，又在茶苗种植之后千里奔赴，现场做技术指导，走遍了三省五县的安吉白茶种植茶园。虽然身体上确实非常疲惫，但是当亲眼看到捐赠的"白叶一号"茶苗一天天长大，开出嫩叶，变成味道甘甜的茶叶，当地困难群众一天天富起来，他们的心情无比激动，徐正斌深深地感到，全国人民就是一个大家庭，原来尽自己的绵薄之力去帮助自己的家庭成员是如此快乐。

西部三省五县中的青川县令徐正斌印象最为深刻。2008 年汶川地震灾后重建，浙江省对口援建的就是青川县，黄杜村为青川县竭尽所能地捐款，当地人对浙江人对黄杜村的来客充满了信任，就像对待自己的亲人一样，这让徐正斌非常感动。当地人种茶的主动性非常强，种植的效果也非常好。

经过四五年的接触，黄杜村和各受捐地之间产生了深厚的感情连接。伴随着各受捐地通过种植安吉白茶脱贫致富，黄杜村民欣喜于各受捐地取得的巨大成就，同时也隐忧于各地仍然缺乏继续前进的增长点。徐正斌和黄杜村"两委"想到了黄杜村和各受捐地村联合成立"白叶一号"乡村振兴党建联盟，在共同加强村基层党的建设的同时，把决战脱贫攻坚的感情延续下去，互通有无，把中西部地区的美好引入浙江，把浙江的乡村振兴经验传播开来，更好地促进当地发展。徐正斌走过了三省五县，他认为这些地方发展虽然晚了一些，但都有自己的特色、特征和特点，例如，青川县有特色菌类和一些农副产品。羊肚菌在当地非常有名，营养价值高，口感也好，市场认可度很高，价格也比较适中，黄杜村就组织协调起来，通过安吉县各农副产品集市、各景区（包括黄杜村）、各主要商场里进行售卖。短短一年时间，中西部各村的农副产品在安吉的销售额超过 300 万元。

徐正斌对共同富裕也有自己的理解，他认为共同富裕的第一步是精准脱贫，达到"两不愁、三保障"，接下来继续发展，最终达到物质富裕和精神富裕相结合的共同富裕。黄杜村要把美丽乡村的建设理念、人居环境美化理念、基础设施建设理念、文明行为规范理念等都带给中西部地区各共建村。

在村"两委"和黄杜村老百姓的共同努力下，大家撸起袖子加油干，黄杜村的近景和远景规划一定会实现，黄杜村的未来一定会更加美好！

第六节　安吉县黄杜村：一片金叶子的故事

矢志追梦，才有奋进的力量；奋力创业，才有事业之成功。20年来，黄杜村党员群众做精、做深、做足"一片叶子富了一方百姓"文章，走出了一条景美、人和、民富、村强的共同富裕之路。黄杜人用"一片金叶子"的高质量发展，闯出了共同富裕的新路。

党的坚强领导是农村脱贫致富的根本保证。黄杜村位于浙西北山区，耕地少、山地多，收入低于全县平均水平，是远近闻名的"北大荒"。1990年盛阿林担任村党支部书记，带领村民兴修水利，改善交通，改建学校危房，办砖窑厂，努力找寻致富道路。1995年10月，叶海珍担任溪龙乡党委副书记、乡长。通过调研走访，叶海珍发现黄杜村适合种植刚刚研制成功的安吉白茶，决心推广种植。叶海珍艰难地拉来资金，和培育出安吉白茶的盛振乾合作，开始在黄杜村推广白茶种植。因为尚未看到发展前景，村里人都不愿意种植，这时候村支书盛阿林站了出来，成为第一批"吃螃蟹"的人。乡村两级党组织贯彻"干部带头、以点示范、政策扶持、科技指导"的方针，叶海珍还千方百计取得县里资金支持，建立计生扶贫白茶基地、青少年劳动教育基地等作为样板种植工程，并进行经济补助，村民参加白茶种植培训，每次补助 5 元；村民种植白茶，每亩补助 30—50 元。在乡村两级党组织的不断努力和模范带头作用下，村民终于选择了种植白茶。随着白茶产业迅速发展，黄杜村一举脱贫致富，成为富裕村。黄杜人一步一个脚印，扎扎实实地实践出"幸福生活都是奋斗出来的"真理。

黄杜村素有"中国白茶第一村"的美誉，白茶第一村诞生的过程就是黄杜人践行科学精神的过程。安吉自古就是茶乡，"茶圣"陆羽《茶经》有言：好茶"生安吉、武康二县山谷"，但长期以来因为品种不佳，安吉茶质量不高、销路不好、不受欢迎。到 1981 年，高级农艺师、安吉县林科所茶叶研究所主任刘益民和黄杜村茶农盛振乾建立课题组，专门研究湖州茶区的茶树品种。经过很多年良种选育、繁殖培养等复杂过程，又通过对茶叶的生产、产量、品质等层层把控，终于研制出了安吉白茶，其香气浓郁、味道鲜爽，经检验氨基酸含量在 6% 以上，远高于一般茶品的 2%—4%。研制成功后，盛振乾也第一个开始种植安吉白茶。刚开始种植，黄杜人就主动联系中国农业科学院茶叶研究所和浙江大学寻求帮助。中国农业科学院茶叶研究所为黄社量身定制茶园病虫害无人机防治技术和减少化学农药使用系统方案。当地发明了"母子商标"模式，即在安吉白茶母商标下，引导各企业和农户注册自己的白茶子商标，上下同心，做大、做强安吉白茶品牌，使其成为享誉海内外的安吉标志。村里建设白茶产业街，大力发展民宿旅游，2021 年，黄杜村旅游接待人次 30.5 万人。村庄"三季鲜花飘香，四季树木常绿"，环境优美、村容整洁，全村都是旅游景点，人人都是美好风景。黄杜村不仅守住了家乡的绿水青山，而且源源不断地得到了金山银山。

2018 年，村支书盛阿伟萌生了向西部贫困山区捐赠茶苗、助力其脱贫攻坚的想法，得到了村"两委"班子的一致同意。村党总支提出向贫困地区捐赠白茶苗的帮扶方案，得到全村村民的积极响应，但捐赠到哪里，如何对接受捐地区，大家并无计划。国务院扶贫办派出工作组进行了两轮受捐地考察，黄杜人作为考察组重要成员深入贵州、湖南、四川等省份，仔细考察当地的海拔、土壤、湿度、气候等情况，于 2018 年 7 月确定了捐苗地点。村里制定好苗标准，党员干部带头认捐，1 500 万株上等茶苗培育任务很快落实。为了受捐地能够种出好茶叶，2018 年 8 月，黄杜村邀请三省五县受捐地技术代表来村里接受了两个月的系统培训，手把手地提供技术指导，倾囊相授。10 月 18 日，黄杜人租来冷藏车，将承载着深情厚谊的茶苗正式送往祖国西部。茶苗移交后，村党总支每个月都会带着村里种植白茶十几年以上的土专家往返受捐地，现场指导当地村民种植技巧和管护经验，累计 400 余人次奔波近 20 万千米。截至目前，黄杜人已累计捐赠茶苗 2 240 万株，种植面积达 6 217 亩，成功带动受捐地 2 064 户 6 661 人脱贫。黄杜人给当地带去的不仅仅是茶苗，还有思维的变革、理念的更新、产业模式的升级。

伴随着共同富裕这一重大战略任务部署渐次展开，黄杜人先富帮后富、"捐好扶贫茶苗，结出富裕果实"、东西携手一起奔向共同富裕的黄杜故事，激励着全国人民团结奋斗，阔步新征程。黄杜人用"一片感恩叶，携手奔小康"的深情，描绘出"南方有嘉木，苍山情深深"的感人画卷。

参考文献

一、著作

1.《毛泽东选集（第 1 卷）》，人民出版社，1991 年版。

2.《毛泽东选集（第 3 卷）》，人民出版社，1991 年版。

3.《毛泽东选集（第 4 卷）》，人民出版社，1991 年版。

4.《毛泽东文集（第 1 卷》)，人民出版社，1993 年版。

5.《邓小平文选（第 3 卷）》，人民出版社，1993 年版。

6.《江泽民文选（第 1 卷）》，人民出版社，2006 年版。

7.《胡锦涛文选（第 2 卷）》，人民出版社，2016 年版。

8.《胡锦涛文选（第 3 卷）》，人民出版社，2016 年版。

9.《习近平谈治国理政》，外文出版社，2014 年版。

10.《习近平谈治国理政》（第 2 卷），外文出版社，2017 年版。

11.《习近平谈治国理政》（第 3 卷），外文出版社，2020 年版。

12.《习近平关于"三农"工作论述摘编》，中央文献出版社，2019 年版。

13.《习近平关于防范风险挑战、应对突发事件论述摘编》，中央文献出版社，2020 年版。

14.《乡村振兴战略规划（2018—2022 年）》，人民出版社，2018 年版。

15.《高举中国特色社会主义伟大旗帜　为全面建设社会主义现代化国家而团结奋斗——在中国共产党第二十次全国代表大会上的报告》，人民出版社，2022 年版。

16. 浙江省地方志编纂委员会编：《浙江通志·茶叶卷》，中华书局，2001 年版。

17. 安吉县地方志编纂委员会编：《安吉县志》，浙江人民出版社，1994 年版。

18. 温菊梅：《安吉白茶志》，浙江古籍出版社，2023 年版。

19. 费孝通：《江村经济》，商务印书馆，2001 年版。

20. 王毓玳、吕瑾：《浙江灾政史》，杭州出版社，2013 年版。

21. 陈旭麓：《近代中国社会的新陈代谢》，生活·读书·新知三联书店，2017 年版。

22. 贺雪峰：《新乡土中国》（修订版），北京大学出版社，2013 年版。

23. 吴毅：《小镇喧嚣——一个乡镇政治运作的演绎与阐释》，生活·读书·新知三联书店，2007 年版。

24. 曹锦清：《黄河边的中国》，上海文艺出版社，2000 年版。

25. 温铁军、张孝德主编：《乡村振兴十人谈——乡村振兴战略深度解读》，江西教育出版社，2018 年版。

26. 金耀基：《从传统到现代》，时报文化出版企业有限公司，1993 年版。

27. ［美］明恩溥：《西方视野里的中国形象：中国乡村生活》，午晴、唐军译，时事出版社，1998 年版。

28. ［英］萨比娜·阿尔基尔：《贫困的缺失维度》，科学出版社，2010 年版。

29. ［印］阿玛蒂亚·森：《以自由看待发展》，任赜、于真译，中国人民大学出版社，2002 年版。

30. 王小林：《贫困概念的演进》，社会科学文献出版社，2012 年版。

31. 张彦：《社会研究方法》，上海财经大学出版社，2011 年版。

32. 风笑天：《现代社会调查方法》，华中科技大学出版社，2009 年版。

33. 李小云：《参与式发展概论：理论—方法—工具》，中国农业大学出版社，2001 年版。

34. 吴征阳：《场域视域下贫困治理研究》，吉林大学出版社，2021 年版。

35. 贾可卿：《共同富裕与分配正义》，人民出版社，2018 年版。

36. 李晓宁：《缩小居民收入差距：基于初次分配效率与公平的视角》，经济科学出版社，2017 年版。

37. 白雪秋、聂志红、黄俊立等：《乡村振兴与中国特色城乡融合发展》，国家行政学院出版社，2018 年版。

38. 王颂吉：《中国城乡融合发展研究》，科学出版社，2021 年版。

39. 范恒山等；《中国区域协调发展研究》，商务印书馆，2012 年版。

40. 王思斌：《社会工作导论》，北京大学出版社，1998 年版。

二、论文

1. 习近平：《扎实推进共同富裕》，《求是》，2021 年第 20 期。

2. 习近平：《在解决"两不愁三保障"突出问题座谈会上的讲

话》，《求是》，2019 年第 16 期。

3. 王兴福：《太平军经略浙江述评》，《浙江学刊》，1991 年第 2 期。

4. 姜爱林：《改革开放前新中国土地政策的历史演变》，《唐都学刊》，2003 年第 3 期。

5. 朱丽君：《统修族谱：一个北方家族的宗族意识与当代重建》，《河北学刊》，2019 年第 5 期。

6. 费孝通：《农村、小城镇、区域发展——我的社区研究历程的再回顾》，《北京大学学报》，1995 年第 2 期。

7. 霍军亮、刘琪：《中国特色反贫困理论的内在本质、实践样态与世界意义》，《学习与实践》，2022 年第 4 期。

8. 仝志辉、温铁军：《资本和部门下乡与小农户经济的组织化道路——兼对专业合作社道路提出质疑》，《开放时代》，2009 年第 4 期。

9. 贺雪峰：《乡村建设的重点是文化建设》，《广西大学学报》（哲学社会科学版），2017 年第 4 期。

10. 范建华：《乡村振兴战略的理论与实践》，《思想战线》，2018 年第 3 期。

11. 涂圣伟：《脱贫攻坚与乡村振兴有机衔接：目标导向、重点领域与关键举措》，《中国农村经济》，2020 年第 8 期。

12. 刘晓雯、李琪：《乡村振兴主体性内生动力及其激发路径的研究》，《干旱区资源与环境》，2020 年第 8 期。

13. 中共浙江省委理论学习中心组：《浙江如何实现全面建成小康

社会》，《求是》，2015年第9期。

14. 秦国伟：《社会性弱势群体能力贫困及治理——基于阿玛蒂亚·森"可行能力"视角的分析》，《理论界》，2010第4期。

15. 顾益康、陈东凌：《从乡土经济向市场经济的历史跨越——浙江农村改革开放二十年回顾与展望》，《浙江经济》，1998年第10期。

16. 吴丽萍：《中国农民可行能力贫困研究——以阿马蒂亚·森可行能力理论为视角》，《西安石油大学学报》（社会科学版），2015年第3期。

17. 杨龙、谢昌凡、李萌：《脱贫人口返贫风险管理研究——基于"三区三州"M县的调查》，《乡村治理》，2021第2期。

18. 林聚任、马光川：《改革开放四十年来的中国村庄的发展与变迁》，《社会发展研究》，2018年第2期。

19. 王太明、王丹：《后脱贫时代相对贫困的类型划分及治理机制》，《求是》，2021第2期。

20. 贺雪峰：《村庄类型及其区域分布》，《中国乡村发现》，2018年第5期。

21. 贺建军：《社会企业与农村社区化》，《人文杂志》，2016年第7期。

22. 龚建文：《从家庭联产承包责任制到新农村建设——中国农村建设30年回顾与展望》，《江西社会科学》，2008年第5期。

23. 王莹、孙超：《基于乡村振兴视野下内生脱贫激励机制研究》，《西南林业大学学报》（社会科学版），2019年第4期。

24. 韩俊：《以习近平总书记"三农"思想为根本遵循　实施好乡

村振兴战略》，《管理世界》，2018 年第 8 期。

25. 傅熠华：《利用多元线性回归对农民政治参与进行分析预测——基于全国 272 个村庄 3993 份问卷的调查》，《国家行政学院学报》，2014 年第 2 期。

26. 孟鑫：《新时代我国走向共同富裕的现实挑战和可行路径》，《东南学术》，2020 年第 3 期。

27. 张红霞、刘元珍：《论农村生态文明建设中农民的思想政治教育》，《毛泽东思想研究》，2008 年第 4 期。

28. 吴忠民：《中国现阶段社会矛盾凸显的原因分析》，《马克思主义与现实》，2013 年第 6 期。

29. 李瑾瑜：《贫困文化的变迁与农村教育的发展》，《教育理论与研究》，1993 年第 1 期

30. 王维民、黄娅：《从概念隐喻看政府的意识形态与执政理念——以国务院 < 政府工作报告 >（1978—2011）为例》，《西南交通大学学报》（社会科学版），2012 年第 3 期。

31. 黄祖辉：《准确把握中国乡村振兴战略》，《中国农村经济》2018 年第 4 期。

32. 黄中伟：《工业发展型农村经济发展模式——以浙江为例》，《老区建设》，2004 年第 5 期。

33. 梁成艾：《"职业农民"概念的历史溯源与现代扩张——基于乡村振兴战略之视角》，《农村经济》，2018 年第 12 期。

34. 温铁军：《中国生态文明转型与社会企业传承》，《中国农业大学学报》（社会科学版），2019 年第 3 期。

35. 范昕墨：《乡村振兴战略背景下的农村基础设施建设——基于公共经济学的视角》，《改革与战略》，2018 年第 9 期。

36. 吴春梅、林星：《村庄治理中的集体主义精神培育》，《学习与实践》，2014 年第 11 期。

37. 刘姣：《"社会企业＋合作社＋农户"实现乡村振兴模式路径研究——以中国扶贫基金会善品公社为例》，《财富时代》，2021 年第 12 期。

38. 霍军亮：《乡土文化变迁视阈下农村思想政治教育的困境与对策》，《学习与实践》，2016 年第 9 期。

39. 程恩富、刘伟：《社会主义共同富裕的理论解读与实践剖析》，《马克思主义研究》，2012 年第 6 期。

40. 杨宜勇、王明姬：《共同富裕：演进历程、阶段目标与评价体系》，《江海学刊》，2021 年第 5 期。

41. 廖彩荣、陈美球：《乡村振兴战略的理论逻辑、科学内涵与实现路径》，《农林经济管理学报》，2017 年第 6 期。

三、报纸

1. 习近平：《在全国脱贫攻坚总结表彰大会上的讲话》，《人民日报》，2021 年 2 月 26 日第 1 版。

2. 习近平：《在中央农村工作会议上的讲话》，《人民日报》，2020 年 12 月 30 日，第 1 版。

3. 习近平：《主动把握和积极适应经济发展新常态》，《人民日报》（海外版），2014 年 12 月 15 日，第 1 版。

4.习近平:《健全城乡发展一体化体制机制 让广大农民共享改革发展成果》,《人民日报》,2015年5月25,第1版。

5.习近平:《人民有信仰民族有希望国家有力量》,《人民日报》,2015年3月1日,第1版。

6.习近平:《加大推进新形势下农村改革力度 促进农业基础稳固农民安居乐业》,《人民日报》,2016年4月29日,第1版。

7.习近平:《高举新时代改革开放旗帜 把改革开放不断推向深入》,《人民日报》,2018年10月26日,第1版。

8.《习近平、李克强、王沪宁、赵乐际、韩正分别参加全国人大会议一些代表团审议》,《人民日报》,2018年3月9日,第1版。

9.刘鹤:《坚持和完善社会主义基本经济制度》,《人民日报》2019年11月22日,第6版。

10.闻言:《深入实施乡村振兴战略,书写好中华民族伟大复兴的"三农"新篇章——学习 < 习近平关于"三农"工作论述摘编 >》,《人民日报》,2019年7月9日,第6版。

11.燕继荣:《探索共同富裕的政策表达》,《社会科学报》,2021年9月30日,第1版。

12.陈先义:《用爱国主义精神滋养民族浩然之气》,《解放军报》,2015年10月1日,第4版。

13.赵人伟、李实、丁赛:《中国居民财产分布研究》,《中国经济时报》,2005年4月25日,第1版。

14.虞云耀:《共产党人与社会主义核心价值观》,《光明日报》2014年5月7日,第1—2版。

15. 中华人民共和国国务院新闻办公室：《人类减贫的中国实践》，《人民日报》，2021 年 9 月。

16. 曾薇：《红色资源与社会主义核心价值观的内在统一》，《中国社会科学报》，2015 年 3 月 13 日，第 B03 版。

17. 北京市习近平新时代中国特色社会主义思想研究中心：《激活道德力量　助推乡村振兴》，《光明日报》，2019 年 1 月 23 日，第 5 版。

18. 中共浙江省委、浙江省人民政府：《构建共建共治共享的乡村治理新格局》，《农民日报》，2019 年 6 月 11 日，第 2 版。

19. 朱隽：《让乡村振兴的"车头"更有力》，《人民日报》，2019 年 9 月 19 日，第 1 版。

20. 刘志彪：《推进供给侧结构性改革须优化升级产业链》，《经济参考报》，2020 年 11 月 3 日，第 1 版。

21. 中共中央印发：《中国共产党农村基层组织工作条例》，《人民日报》，2019 年 1 月 11 日，第 1 版。